La Tercera Puerta

La Tercera Puerta

En busca del secreto del éxito
de Bill Gates, Steven Spielberg
y Lady Gaga

ALEX BANAYAN

conecta

Papel certificado por el Forest Stewardship Council®

Título original: *The Third Door*
Primera edición: noviembre de 2018

© 2018, Alex Banayan
Publicado por acuerdo con Currency, un sello de Crown Publishing Group,
una división de Penguin Random House LLC
© 2018, Penguin Random House Grupo Editorial, S. A. U.
Travessera de Gràcia, 47-49. 08021 Barcelona
© 2018, Alfonso Barguñó Viana, por la traducción
© Emanu, por la ilustración de la carrera de obstáculos en la página 243.
Publicado con permiso del ilustrador

Printed in Spain – Impreso en España

ISBN: 978-84-16883-50-9
Depósito legal: B-22.970-2018

Compuesto en M. I. Maquetación S. L.

Impreso en Black Print CPI Ibérica
Sant Andreu de la Barca (Barcelona)

CN83509

Penguin
Random House
Grupo Editorial

Para mamá y papá,
Fariba y David Banayan,
quienes lo hicieron posible

Y para Cal Fussman,
quien convirtió este sueño en realidad

Índice

PASO 4

Caminar por el barro

PASO 5

Entrar por la Tercera Puerta

PASO 1

Deja de hacer cola

La vida, los negocios, el éxito… son como una discoteca.

Siempre hay tres entradas.

Está la Primera Puerta: la entrada principal, donde nace la cola y da la vuelta a la esquina, donde el 99 por ciento de las personas aguarda con la esperanza de poder entrar.

Está la Segunda Puerta: la entrada VIP, por donde acceden los multimillonarios, los famosos y los de buena familia.

Pero nadie nos cuenta que siempre, siempre… hay una Tercera Puerta. Es la entrada que te obliga a dejar la cola, meterte en el callejón, llamar a la puerta cientos de veces, abrir una ventana, colarte por la cocina… Siempre hay un modo.

Ya se trate de cómo Bill Gates vendió su primer programa de software o de cómo Steven Spielberg se convirtió en el director más joven de la historia de Hollywood, todos lo hicieron entrando… por la Tercera Puerta.

1
Mirando el techo

—Pase por aquí…

Caminé por el suelo de mármol y doblé una esquina para entrar en una sala con relucientes ventanales que iban del suelo al techo. Se veían veleros navegar, el suave oleaje en la orilla, y el sol de la tarde se reflejaba en el puerto deportivo y llenaba la sala con un resplandor brillante y celestial. Seguí a la asistente por un pasillo. En la oficina había unos sofás con los cojines más pomposos que jamás había visto. Las cucharillas de café relucían de una manera desconocida para mí. La mesa de la sala de conferencias parecía haber sido tallada por el mismo Miguel Ángel. Llegamos a un largo pasillo cuyas paredes estaban llenas de cientos de libros.

—Se los ha leído todos —dijo la asistente.

Macroeconomía. Ciencia computacional. Inteligencia artificial. Erradicación de la polio. La asistente tomó un libro sobre el reciclaje de las heces y me lo puso en las manos. Lo hojeé con las manos sudorosas. Casi cada página estaba subrayada y resaltada, y tenía anotaciones en los márgenes. No pude evitar sonreír: los garabatos tenían la caligrafía de un colegial.

Continuamos por el pasillo hasta que la asistente me dijo que esperara un momento. Me quedé allí, inmóvil, contemplando una enorme puerta de cristal esmerilado. Debí contenerme para no tocarla y comprobar lo gruesa que era. Mientras esperaba, pensé en todo lo que me había llevado hasta allí: la bufanda roja, el cuarto de baño de San Francisco, el zapato en Omaha, la cucaracha en el Motel 6, el…

Y entonces se abrió la puerta.

—Alex, Bill ya puede atenderte.

Estaba de pie frente a mí, despeinado, con la camisa torpemente metida en el pantalón, bebiendo una lata de Coca-Cola Light. Esperé a que saliera alguna palabra de mi boca, pero fue en vano.

—Hombre, ¿qué tal? —dijo Bill Gates con una sonrisa que le alzó las cejas—. Pasa…

Tres años antes, en la habitación de un universitario novato

No paraba de dar vueltas en la cama. Había un montón de libros de Biología sobre el escritorio, devolviéndome la mirada. Sabía que tenía que estudiar, pero, cuanto más miraba los libros, más quería cubrirme con la manta.

Me volví hacia la derecha. Había un póster del equipo de fútbol americano de la Universidad de California del Sur. Cuando lo colgué, los colores eran muy vívidos. Ahora parecía confundirse con la pared.

Me puse boca arriba y contemplé el silencioso techo blanco.

«¿Qué demonios me pasa?»

Desde que tengo memoria, mi objetivo era ser médico. Es lo que ocurre cuando eres hijo de inmigrantes judíos persas. Casi puede decirse que salí del vientre de mi madre con las letras «Dr.» estampadas en la espalda. En tercero de primaria, para Halloween llevé el pijama de quirófano. Sí, yo era «ese niño».

Nunca fui el chico más listo del colegio, pero era constante. Es decir, constantemente obtenía notables bajos y constantemente empollaba guías de estudio. Me faltaban excelentes, pero tenía empeño. En el instituto, me dediqué a «rellenar casillas»: voluntario en un hospital, clases de refuerzo de ciencias, obsesión por la selectividad. Pero estaba demasiado ocupado tratando de sobrevivir para darme un respiro y preguntarme qué casillas estaba rellenando. Al empezar la universidad, no me imaginé que un mes después estaría pulsando el botón de repetición del despertador cuatro o cinco veces cada mañana, y no porque estuviera cansado, sino porque estaba aburrido. De todos modos, seguí arrastrándome a las clases, rellenando las casillas de los cursos de preparación para Medicina como si fuera una oveja siguiendo el rebaño.

Y ahí estaba: tumbado en la cama, mirando el techo. Había ido a la universidad en busca de respuestas, pero solo tenía más preguntas. «¿Qué es lo que de verdad me interesa?» «¿En qué quiero licenciarme?» «¿Qué quiero hacer con mi vida?»

Di más vueltas en la cama. Los libros de Biología eran como dementores que me absorbían la energía vital. Cuanto más temía abrirlos, más pensaba en mis padres (corriendo por el aeropuerto de Teherán, huyendo a Estados Unidos como refugiados, sacrificándolo todo para proporcionarme una educación).

Cuando recibí la carta de admisión de la USC, mi madre me dijo que no podría ingresar en esta universidad porque no teníamos suficiente dinero. Aunque mi familia no era pobre y yo me había criado en Beverly Hills, como muchas familias, llevábamos una doble vida. Vivíamos en un buen barrio, pero mis padres tuvieron que asumir una segunda hipoteca para pagar las facturas. Nos íbamos de vacaciones, aunque a veces veía avisos en la puerta de casa advirtiéndonos de que nos iban a cortar el gas. La única razón por la que mi madre me permitió inscribirme en la USC fue que, el día antes de que expiraran las admisiones, mi padre se pasó la noche en vela, con lágrimas en los ojos, convenciendo a mi madre de que haría lo que fuera necesario para llegar a fin de mes.

Y ¿así es como se lo pagaba? ¿Quedándome en la cama y cubriéndome con las mantas?

Miré al otro lado de la habitación. Mi compañero, Ricky, estaba sentado al pequeño escritorio de madera haciendo ejercicios, balbuceando cifras como una máquina registradora. Los trazos del lápiz parecían burlarse de mí. Él tenía un camino claro. Ojalá yo lo tuviera. Pero no tenía nada más que un techo que se negaba a contestarme.

Entonces pensé en el tipo al que había conocido el fin de semana antes. Se había licenciado en Matemáticas el año anterior. Solía sentarse a un escritorio como el de Ricky, balbuceando cifras igual que él, y ahora servía helados a pocos kilómetros del campus. Me di cuenta en ese momento de que un título universitario ya no era garantía de nada.

Volví a mirar los libros. «Estudiar es lo último que quiero hacer.»

Me puse de nuevo boca arriba. «Pero mis padres han sacrificado todo para que lo único que tenga que hacer sea estudiar.»

El techo seguía mudo.

Di otra vuelta y hundí la cara en la almohada.

La mañana siguiente, me arrastré hasta la biblioteca con los libros de Biología bajo el brazo. Pero, por mucho que me esforzara por estudiar, no tenía fuerzas. Necesitaba un empujón, algo que me inspirara. De modo que me levanté de la silla, deambulé por los pasillos de la sección de biografías y cogí un libro sobre Bill Gates. Pensé que leer acerca de alguien que había tenido éxito me daría alguna idea. Y así fue… pero no como esperaba.

Ahí estaba un tipo que había fundado su empresa cuando tenía mi edad, la había convertido en la corporación más valiosa del mundo, había revolucionado la industria, había sido el hombre vivo más rico y luego había dejado su cargo de CEO en Microsoft para transformarse en el filántropo más generoso del planeta. Pensar en lo que había logrado Bill Gates era como estar al pie del Everest y atisbar la cima. No podía dejar de preguntarme: «¿Cómo fueron los primeros pasos del ascenso?».

Casi sin saberlo, me encontré leyendo una tras otra las biografías de personas con éxito. Steven Spielberg escaló el Everest de la dirección cinematográfica, pero ¿cómo lo hizo? ¿Cómo logró un chico que había sido rechazado de la escuela de cine convertirse en el director de estudio más joven de la historia de Hollywood? ¿Cómo consiguió Lady Gaga, a los diecinueve años y cuando era camarera en Nueva York, su primer contrato discográfico?

Volví una y otra vez a la biblioteca en busca del libro que me diera las respuestas. Pero, unas semanas más tarde, seguía con las manos vacías. No había ni un solo libro que se ocupara de esta fase de la vida en la que yo me encontraba. Cuando nadie conocía sus nombres, cuando nadie les concedía una cita, ¿cómo se las apañaron para lanzar sus carreras? Fue entonces cuando me irrumpió una de esas ingenuas ideas que solo se pueden tener a los dieciocho años: «A ver, si nadie ha escrito el libro que sueño con leer, ¿por qué no lo escribo yo?».

Era una idea absurda. Si ni siquiera era capaz de escribir un trabajo trimestral sin que me lo devolvieran con la mitad de las páginas llenas de tinta roja. Decidí no hacerlo.

Sin embargo, a medida que pasaron los días, la idea no me abandonaba. Lo que me interesaba no era tanto escribir un libro como embarcarme en una «misión»: un viaje con el que responder a estas preguntas. Me dije que por qué no iba a hablar con Bill Gates, él me podría dar el Santo Grial de los consejos.

Comenté esta idea con mis amigos y me di cuenta de que no era el único que estaba mirando el techo. Ellos también ansiaban respuestas. «¿Y si aceptara esta misión por todos nosotros?» ¿Por qué no llamar a Bill Gates, entrevistarlo, investigar a otros iconos, plasmar lo que descubriera en un libro y compartirlo con toda mi generación?

Me imaginé que lo más difícil sería costearla. Viajar para entrevistar a todas estas personas supondría dinero, un dinero que no tenía. Estaba hasta el cuello con las tasas de la matrícula y ya no me quedaban ahorros del Bar Mitzvah. Tenía que encontrar otra solución.

Dos noches antes de los exámenes finales de otoño, cuando estaba de nuevo en la biblioteca y decidí darme un descanso navegando por Facebook, vi que un amigo había colgado un *post* explicando que buscaban gente para participar en el concurso *El precio justo*. Grababan el programa a pocos kilómetros del campus. Era uno de aquellos concursos que veía en casa cuando estaba enfermo. Seleccionaban a un miembro del público para concursar, le mostraban un premio y, si le asignaba el precio más cercano sin pasarse, lo ganaba. Nunca había visto un programa entero, pero no parecía muy difícil…

«¿Y si voy al programa para ganar algo de dinero y financiar así la misión?»

Era una idea absurda. Lo grababan la mañana siguiente. Tenía que estudiar para los exámenes finales. Pero la idea no dejaba de rondarme la cabeza. Para demostrarme que era una idea nefasta, abrí un cuaderno y escribí las mejores y peores consecuencias posibles.

PEORES CONSECUENCIAS POSIBLES

1. Suspender los exámenes finales
2. Acabar con toda probabilidad de entrar en la facultad de Medicina
3. Que mamá me odie
4. No… mamá me matará
5. Que en la tele salga gordo
6. Que todos se rían de mí
7. No llegar ni a aparecer en el programa

MEJORES CONSECUECIAS POSIBLES

1. Ganar suficiente dinero para financiar la misión

Busqué en internet cómo calcular las probabilidades de ganar. De las trescientas personas del público, solo gana una. Con el móvil, calculé la operación: una probabilidad del 0,3 por ciento.

Por esto precisamente es por lo que no me gustan las matemáticas.

Miré el 0,3 por ciento de la pantalla, y luego el montón de libros de Biología sobre el escritorio. Pero solo podía pensar: «¿Y si…?». Me sentía como si alguien me hubiera atado una cuerda alrededor del estómago y estuviera tirando lentamente.

Decidí hacer lo lógico: estudiar.

Pero no estudié para los exámenes. Estudié cómo intentar ganar *El precio justo*.

2

El precio justo

Cualquiera que haya visto *El precio justo*, aunque solo sea durante treinta segundos, y haya oído al presentador entonar «¡A JUGAR!», sabe que los concursantes visten de forma llamativa y tienen una personalidad cautivadora que llena la pantalla. En el programa simulan que seleccionan a los concursantes de manera aleatoria… pero, hacia las cuatro de la madrugada, después de buscar en Google «Qué hacer para que te elijan en *El precio justo*?», descubrí que la selección no era en absoluto aleatoria. Un productor entrevista a los miembros del público y escoge a los más desenfadados. Si le gustas al productor, este escribe tu nombre en una lista que entregan a un productor encubierto que te observa de lejos. Si el productor encubierto marca tu nombre, el presentador te llamará. No era suerte: había un sistema.

A la mañana siguiente, abrí el armario y cogí la camisa roja más llamativa que tenía, una gran chaqueta acolchada y unas gafas de sol amarillo neón. Me parecía bastante a un tucán gordinflón. «Perfecto.» Conduje hasta el estudio de la CBS, dejé el coche en el aparcamiento y me acerqué a la mesa de admisiones. Dado que no sabía quién era el productor encubierto, imaginé que podía ser cualquiera. Abracé a los guardias de seguridad, bailé con los conserjes, coqueteé con las señoras mayores…, incluso bailé break-dance, y eso que yo no sé bailar break-dance.

Me puse en la cola con el resto de los miembros del público, en un laberinto de vallas a las puertas del estudio. Fui avanzando hasta que, al final, ya casi era el momento de que me entrevistaran. «Ahí está mi hombre.» La noche anterior me había pasado horas buscando información sobre él. Se llamaba Stan y era el productor encargado de seleccionar a los concursantes. Sabía de dónde era, a qué colegio había ido y que utilizaba un portapapeles que nunca llevaba encima. Su ayudante, que estaba sentada en una silla detrás de él, lo custodiaba. Cuando Stan seleccionaba a un concursante, se volvía hacia ella, le guiñaba el ojo y entonces ella anotaba el nombre.

Un acomodador nos indicó a diez de nosotros que diéramos un paso al frente. Stan estaba a unos tres metros y caminaba de una persona a otra. «¿Cómo te llamas? ¿De dónde eres? ¿Qué haces?» Sus movimientos tenían ritmo. Oficialmente, Stan era el productor, pero, para mí, era el segurata. Si no anotaban mi nombre en el portapapeles, no participaría en el concurso. Y, ahora, el segurata estaba delante de mí.

—Hola, mi nombre es Alex, soy de Los Ángeles y estoy en el curso preparatorio de Medicina en la USC.

—¿Para Medicina? Entonces debes de estar todo el día estudiando. ¿Cómo es que tienes tiempo para mirar *El precio justo*?

—Eh… ¿qué? ¡Oh! ¿Este programa es *El precio justo*?

Ni siquiera sonrió por compasión.

Necesitaba redimirme urgentemente. En uno de los libros de negocios que había leído, el autor afirmaba que el contacto físico acelera las relaciones personales. Tuve una idea.

Tenía que tocar a Stan.

—¡Stan, Stan, ven aquí! ¡Quiero enseñarte un apretón de manos secreto!

Puso los ojos en blanco.

—¡Vamos, Stan!

Se acercó y chocamos las manos.

—¡Tío, así no se hace! —le dije—. Pero ¿qué edad tienes?

Stan soltó una risita y le enseñé a chocar la mano, luego el puño y cogernos por el antebrazo. Se rio un poco más, me deseó suerte y se fue. No guiñó el ojo a su asistente. Ella no escribió nada en el portapapeles. Así de sencillo: se había acabado.

Fue uno de aquellos momentos en que ves tu sueño, casi puedes tocarlo y, sin más, se esfuma, se cuela entre tus dedos como la arena. Y lo peor es que sabes que podrías haberlo conseguido si te hubieran dado otra oportunidad. No sé qué me entró, pero me puse a gritar a todo pulmón.

—¡STAN! ¡STAAAN!

Todos me miraron.

—¡STAAAAAAAAAN! ¡Vuelve!

Stan se dio la vuelta, asintió ligeramente y me miró como diciendo «Vale, vale: ¿y ahora qué te pasa?».

—Eh… eh…

Le miré de arriba abajo: llevaba un jersey negro de cuello alto, tejanos y una bufanda roja y lisa. No sabía qué decirle.

—Eh… eh… ¡TU BUFANDA!

Entrecerró los ojos. Ahora sí que no sabía qué decir.

Respiré hondo, lo miré con toda la intensidad que pude reunir y dije:

—STAN, SOY UN ÁVIDO COLECCIONISTA DE BUFANDAS, TENGO 362 EN MI HABITACIÓN Y ME FALTA UNA COMO LA TUYA. ¿DÓNDE LA HAS COMPRADO?

Se rebajó la tensión y Stan empezó a reírse a carcajadas. Parecía que supiera lo que estaba haciendo, y se reía menos de lo que había dicho que de por qué lo había dicho.

—¡Oh!, entonces quédatela —bromeó, quitándosela y ofreciéndomela.

—No, no, no —contesté—. ¡Solo quiero saber dónde la has comprado!

Me sonrió y se volvió hacia su asistente. Y ella garabateó algo en el portapapeles.

Esperé frente a las puertas del estudio a que abrieran. Una mujer joven se paseaba por allí y me di cuenta de que estaba observándonos y miraba las etiquetas con nuestros nombres. Del bolsillo trasero de su pantalón sobresalía un distintivo plastificado. Tenía que ser la productora encubierta.

Fui en busca de su mirada, le hice caras graciosas y empecé a mandarle besos. Comenzó a reírse. Luego me puse a bailar a lo

Travolta y se rio todavía más. Miró el nombre de mi etiqueta, sacó una hoja de papel del bolsillo y anotó algo.

Tendría que haberme sentido el rey del mundo, pero fue entonces cuando me di cuenta de que me había pasado la noche entera tratando de averiguar cómo entrar en el concurso, pero que aún no sabía cómo se jugaba. Con el móvil, busqué en Google «Cómo jugar a *El precio justo*». Treinta segundos después, un guardia de seguridad me quitó el móvil de las manos.

Miré a mi alrededor y vi que hacía lo mismo con todos los demás. Después de cruzar los detectores de metales, me senté en un banco. Sin el móvil, me sentía indefenso. Una mujer mayor con el pelo gris que estaba sentada a mi lado me preguntó qué me pasaba.

—Sé que parecerá una locura —le dije—. Tuve la idea de venir aquí y ganar algo de dinero para financiar mi sueño, pero nunca antes he visto un programa entero y ahora se han llevado mi móvil, así que no puedo saber cómo va el concurso y…

—Oh, cariño —dijo pellizcándome la mejilla—. Yo sigo el programa desde hace cuarenta años.

Le pedí consejo.

—Corazón, me recuerdas a mi nieto.

Se inclinó hacia mí y me susurró:

—Apuesta siempre a la baja.

Me contó que, si superaba el precio, aunque solo fuera por un dólar, perdería. Pero que si proponía una cifra, a pesar de que fuera diez mil dólares inferior, todavía tenía una oportunidad. A medida que hablaba, sentí como si estuviera descargando décadas de experiencia en mi cerebro. Fue entonces cuando se me encendió la bombilla.

Le di las gracias, me volví hacia el tipo que tenía a mi derecha y le dije:

—Hola, me llamo Alex, tengo dieciocho años y nunca he visto un programa entero. ¿Algún consejo?

Luego me acerqué a otra persona. Y después a un grupo. Acabé conociendo casi a la mitad del público y de todos ellos aprendí algo.

Al fin se abrieron las puertas del plató. Cuando entré, me pareció que olía a los años setenta. De las paredes colgaban cortinas amarillas y turquesa y entre ellas bailaban unas luces doradas y verdes. En la pared del fondo, habían pintado unas flores psicodélicas. Lo único que faltaba era una bola de discoteca.

Comenzó a sonar la sintonía y tomé asiento. Guardé la chaqueta y las gafas debajo del mismo. Había llegado la hora de la verdad.

Si había que rezar, aquel era el momento. Bajé la cabeza, cerré los ojos, me puse una mano sobre la cara. Entonces oí una voz profunda y cavernosa que venía de arriba. Se alargaba en cada sílaba. Cada vez era más fuerte. Pero no era Dios. Era el dios de la tele.

—DESDE EL ESTUDIO DE BOB BARKER EN LA CBS DE HOLLYWOOD, EMPIEZA… *¡EL PRECIO JUSTO!* CON NUESTRO PRESENTADOR, ¡DREW CAREY!

El dios de la tele llamó a los primeros cuatro concursantes. No fui el primero, ni el segundo, ni el tercero, pero el cuarto… sentí que era yo. Me incliné hacia delante y… no fui yo.

Los cuatro concursantes se subieron a unos podios parpadeantes. La primera ronda la ganó una mujer que llevaba unos tejanos de tiro alto, unos *mom jeans*. Llegó a una ronda de bonificación. Cuatro minutos después de empezar el programa, llamaron a un quinto concursante para ocupar el podio de Mom Jeans.

—ALEX BANAYAN, ¡A JUGAR!

Salté del asiento y el público explotó conmigo. Mientras bajaba las escaleras chocando manos, me pareció sentir que el público era parte de mi familia lejana y que todos mis primos habían venido a la fiesta: sabían que no tenía ni idea de lo que estaba haciendo y les encantaba. Llegué al podio sin perder ni un segundo y Drew Carey dijo:

—Siguiente premio, por favor.

—¡UNA SILLA MODERNA DE PIEL CON OTOMANA!

—¿Qué dices, Alex?

«A la baja. A la baja.»

—¡Seiscientos dólares!

El público se rio y el resto de los concursantes apostaron a continuación. El precio real: mil seiscientos sesenta y un dólares. Ganó una mujer joven que dio un salto y empezó a gritar. Quienquiera que haya ido a un bar de un campus universitario conoce a alguien como ella: la Chica Uau. Es aquella que, cada vez que se mete un chupito de tequila entre pecho y espalda, grita «¡Uau!».

Jugó la ronda de bonificación y luego llegó nuestro turno.

—¡UNA MESA DE BILLAR!

«Mis primos tienen una. ¿Cuánto podría costar?»

—¡Ochocientos dólares! —dije.

El resto de los concursantes apostaron más alto. Drew nos dijo el precio real: 1.100 dólares. Yo fui el único que no se pasó.

—¡Alex! —dijo Drew—. Ven aquí.

Me subí al otro escenario en un santiamén. Drew miró el logo de la USC en mi camiseta roja.

—Encantado —me dijo—. ¿Vas a la universidad? ¿Qué estudias?

—Administración de empresas —contesté sin dudar. Era mitad verdad: también estaba estudiando Administración de empresas. Pero ¿por qué decidí no mencionar la preparación para Medicina cuando me vi en la televisión nacional? Quizá me conocía más profundamente de lo que quería admitir. Aunque no tuve tiempo de pensarlo, porque el dios de la tele ya estaba anunciando el premio de mi ronda de bonificación.

—¡UN JACUZZI NUEVO!

Era una bañera con luces LED de seis plazas con una cascada. Para un novato de universidad, era oro. ¿Cómo la metería en mi habitación? No tenía ni idea.

Me propusieron ocho precios. Si escogía el bueno, el jacuzzi era mío. Aposté por el de 4.912 dólares. Pero el precio real era de… 9.878 dólares.

—Alex, al menos tienes una mesa de billar —dijo Drew. Luego miró a cámara—. No se vayan. ¡Nos vamos a la ruleta de la suerte!

Llegó el espacio para la publicidad. Los ayudantes de producción llevaron al escenario una ruleta de tres metros de diámetro, que parecía una máquina tragaperras gigante cubierta de luces y brillantina.

—Eh, perdone —le dije a uno de los ayudantes—. Disculpe, una pregunta rápida. ¿Quién hace girar la rueda?

—¿Quién? Tú la haces girar.

Me explicó que los que habíamos ganado las rondas iniciales continuábamos con la rueda. Tenía veinte cifras: cada múltiplo de cinco hasta cien. Quien lograra la más alta pasaría a la ronda final. Si alguien caía en el cien, tendría un premio extra en metálico.

Comenzó a oírse la sintonía y me apresuré a colocarme entre Mom Jeans y la Chica Uau. Drew Carey se puso en el centro y alzó el micrófono.

—¡Bienvenidos de nuevo!

Mom Jeans fue la primera. Se acercó a la ruleta, la hizo rodar y… TIC, TIC, TIC… ochenta. El público la ovacionó e incluso yo me di cuenta de que era una puntuación increíble.

Me acerqué a la rueda y la hice rodar… TIC, TIC, TIC… ¡ochenta y cinco! El público estalló y la conmoción fue tal que estuvo a punto de caerse el techo.

La Chica Uau avanzó, tiró y… cincuenta y cinco. Estuve a punto de celebrarlo, pero el público permaneció en silencio. Drew Carey le dio otra oportunidad. Según supe, era como en el blackjack. Podía lanzar de nuevo y, si la suma de las dos cifras superaba la mía sin pasarse de cien, ganaría. Volvió a tirar y… otro cincuenta y cinco.

—¡Alex! —exclamó Drew—. Eres el afortunado que irá al escaparate final. ¡*El precio justo* no acaba aquí!

Me llevaron a un lado del escenario mientras una nueva tanda de concursantes jugaba para ver quién sería mi contrincante en la ronda final. Veinte minutos después, lo supe. Su nombre era Tanisha y había arrasado, como si se hubiera pasado la vida en Costco estudiándose los precios. Había ganado un juego de maletas de mil dólares, un viaje a Japón de diez mil dólares y, en la ruleta, había sacado el cien redondo. Competir contra ella era como David contra Goliat, con la diferencia de que David se había olvidado el tirachinas en casa.

Durante la pausa para la publicidad previa a la ronda final, me di cuenta de que nunca había llegado a ver el programa hasta ese punto. Y, además, nadie me había dado consejos sobre esa parte porque no se imaginaban que iba a llegar.

Tanisha pasó por mi lado. Extendí el brazo para tenderle la mano.

—Buena suerte —dije.

Me miró de arriba abajo.

—Sí, la vas a necesitar.

Tenía razón. Necesitaba ayuda inminente, así que me dirigí a Drew Carey y alcé los brazos.

—¡Drew! Me encantaste en el programa *Whose Line Is It Anyway*.

Le di un abrazo, él me apartó y me palmeó el brazo un poco incómodo.

—Drew, ¿podrías explicarme cómo funciona El reto del aparador?

—En primer lugar —respondió—, se llama El reto del escaparate.

Me lo explicó como si estuviera hablando con un niño de parvulario y, antes de que me diera cuenta, la sintonía estaba volviendo a sonar. Me fui corriendo al podio. Seis cámaras del tamaño de una ametralladora me apuntaron a la cara. Desde arriba, me iluminaban unas luces cegadoras. A mi izquierda, Tanisha estaba bailando. «Mierda, aún tendré que ir a la biblioteca a estudiar esta noche.» A mi derecha, Drew Carey dio un paso al frente y se ajustó la corbata. «Oh, Dios, mamá me matará.» Subieron el volumen de la música. Avisté a la mujer mayor que me había pellizcado la mejilla. «Concéntrate, Alex, concéntrate.»

—¡Bienvenidos de nuevo! —exclamó Drew—. Estamos con Alex y Tanisha, ¡allá vamos! Buena suerte.

»¡ESTÁIS AQUÍ PARA EMBARCAROS EN UNA MONTAÑA RUSA DE ACCIÓN Y AVENTURA! ¡EL PRIMER PREMIO ES UN VIAJE AL PARQUE DE LA MONTAÑA MÁGICA DE CALIFORNIA!

Con toda la excitación, no oí el resto de los detalles. «¿Cuánto podía costar una entrada a un parque temático? ¿Cincuenta dólares?» Lo que no había oído fue que era un paquete VIP, con limusina, entradas sin colas, comidas incluidas... para dos personas.

Del segundo premio todo lo que pude oír fue «Bla, bla, bla, ¡un viaje a Florida!». En mi vida había comprado un billete de avión. «¿Qué puede costar? ¿Unos cien dólares? No..., ¿tal vez doscientos?» Pero de nuevo no me había enterado de que también incluía un coche de alquiler y cinco noches en un hotel de primera clase.

—¡Y, ADEMÁS, DISFRUTARÉIS DE UNA ACTIVIDAD DE GRA-VEDAD CERO!

Parecía una atracción de feria. «¿Cuánto podría costar? ¿Otros cien dólares?» Más tarde supe que era la forma que utilizaba la NASA para entrenar a los astronautas. Quince minutos en gravedad cero cuestan cinco mil dólares.

—¡Y, POR ÚLTIMO... UNA AVENTURA EN ALTA MAR GRACIAS A ESTE INCREÍBLE VELERO NUEVO!

Las puertas se abrieron y una modelo señaló con los brazos la maravilla: un reluciente velero de color perla. Cuando por fin logré calmarme y observar con atención, el barco parecía relativamente pequeño. ¿Cuatro...?, no, ¿cinco mil dólares, como mucho? De nuevo, no escuché la información de que era un barco Catalina Mark II de seis metros de eslora con un tráiler y una cabina interior.

—¡EL QUE GANE ESTE ESCAPARATE NO TENDRÁ TIEMPO PARA ABURRIRSE: UN VIAJE A LA MONTAÑA MÁGICA, UNAS VA-CACIONES A FLORIDA Y UN VELERO NUEVO! ¡TODO ESTO SERÁ SUYO SI ACIERTA EL PRECIO... JUSTO!

La ovación del público resonó en las paredes del estudio. Las cámaras iban de un lado a otro. Mientras calculaba la suma total, una cifra me vino a la mente y sentí que era la correcta. Me incliné hacia delante, cogí el micro y con toda la confianza que pude reunir, grité:

—¡Seis mil dólares, Drew!

Silencio sepulcral.

Me quedé ahí de pie durante lo que me parecieron minutos, sin comprender por qué el público había enmudecido. Entonces me di cuenta de que Drew Carey no había anotado mi respuesta. Lo miré y vi que parecía estupefacto, parecía casi patidifuso. Comprendí la indirecta. Me encogí de hombros, me acerqué el micro a la boca y, tímidamente, dije:

—Era... broma...

El público aplaudió de forma atronadora. Drew resucitó y me pidió una respuesta definitiva. «En realidad esa era mi respuesta definitiva.» Miré el barco, luego al público.

—¡Chicos, tenéis que ayudarme!

Los gritos se perdieron en la confusión.

—Alex, necesitamos una respuesta —me presionó Drew.

El público empezó a corear una cifra una y otra vez, pero apenas podía discernirla. Me pareció oír «treinta».

—Alex, necesitamos una respuesta.

Cogí el micro.

—Drew, me voy a fiar del público. Trece mil dólares.

—Sabes que hay una diferencia entre trece y treinta mil, ¿verdad? —dijo Drew inmediatamente.

—Por supuesto que lo sé. Solo me estoy quedando contigo. —Fingí pensar en voz alta— Me parece que son veinte mil. ¿Más de veinte mil?

El público gritó: ¡SÍIIII!

—¿Treinta mil?

—¡SÍIII!

—¿Unos veintinueve mil?

—¡NOOOO!

—Vale —concluí mirando a Drew—. El público dice «treinta mil», así que me quedo con treinta mil.

Drew Carey anotó el precio.

—Tanisha —dijo—. Este es tu escaparate. Buena suerte.

Estaba concentradísima. Ella seguía bailando. Yo seguía sudando.

—UN QUAD NUEVO, UNAS VACACIONES RURALES EN ARIZONA Y UN CAMIÓN POR ESTRENAR… ¡Y TODO SERÁ TUYO SI ADIVINAS… EL PRECIO JUSTO!

Hizo su apuesta y llegó el momento de mostrar los precios.

—Tanisha, empezaremos por ti —dijo Drew—. Un viaje a Phoenix, Arizona, y un Dogde Ram de 2011. Has dicho «veintiocho mil novecientos noventa y nueve dólares» y el precio real es de… treinta mil trescientos treinta y dos. ¡Una diferencia de mil trescientos treinta y tres dólares!

Tanisha se inclinó hacia atrás y alzó las manos hacia el techo.

«Bueno —pensé—, todavía quedan veinticuatro horas para el primer examen final. Si voy a la biblioteca directo desde el estudio, me quedarán seis horas para estudiar Biología, tres para…»

Drew anunció mi precio y el público hizo la mayor ovación de todo el día. Los productores me indicaron por señas que sonriera. Me incliné para comprobar la cifra que había frente a mi podio.

Yo había dicho 30.000 dólares. El precio real era de… 31.188 dólares.

Había ganado a Tanisha por 145 dólares.

Mi expresión pasó del miedo del día antes de exámenes al histerismo de «he ganado la lotería». Salté del podio, choqué los cinco con Drew, abracé a las modelos y corrí hacia el velero.

Drew Carey se dio la vuelta y miró a cámara.

—Gracias por mirar *El precio justo*. ¡Hasta otra!

3

El almacén

Vendí el velero a un comerciante de barcos por dieciséis mil dólares, que, para un estudiante universitario, son como un millón de pavos. Me sentía tan rico que compré un montón de chipotle para mis amigos: «¡Guacamole gratis para todos!». Pero, después de las vacaciones, cuando volví a la universidad para el trimestre primaveral, la fiesta se había acabado. Me costó mucho no atender con desinterés las clases mientras imaginaba cómo sería aprender de Bill Gates. Conté los días hasta el verano, cuando por fin podría centrarme completamente en mi misión.

Justo antes de que acabaran las clases, tuve una reunión rutinaria con mi tutora. Estuvo mirando el ordenador y comprobando las «casillas no marcadas» de mi expediente.

—Oh-oh, señor Alex, tenemos un problemilla.

—¿Qué ocurre?

—Parece que le faltan créditos. Para seguir en el curso preparatorio de Medicina, tendrá que hacer un curso de Química este verano.

—¡No! —protesté, sin poder contenerme—. Es decir, tengo otros planes.

La tutora se volvió lentamente en su silla, apartándose del ordenador y dirigiendo la mirada hacia mí.

—No, señor Alex. Los estudiantes del curso preparatorio de Medicina no tienen otros planes. O se matricula en Química el próximo miércoles o quedará fuera del curso preparatorio. O se sube al tren, o lo deja pasar.

Volví pesaroso a mi habitación. Ahí estaban los sospechosos habituales: el techo blanco, el póster de fútbol de la USC y los libros de Biología. Pero había algo diferente. Me senté al escritorio para escribirles un correo a mis padres diciéndoles que iba a dejar el curso preparatorio de Medicina para ponerme a estudiar Empresariales. Pero, por mucho que quisiera teclear, las palabras no me salían. Para casi cualquier otra persona, cambiar de estudios no es algo tan grave. Pero, en mi caso, después de que mis padres me repitieran durante años que su mayor sueño era que yo estudiara Medicina, cada vez que pulsaba una tecla me parecía que estaba destrozando sus esperanzas, una por tecla.

Me forcé a acabar el correo y lo envié. Esperé la respuesta de mi madre, pero nunca llegó. Cuando la llamé, no respondió.

Aquel fin de semana, fui a visitar a mis padres. Cuando crucé la entrada de casa, encontré a mi madre sentada en el sofá, sollozando, con un pañuelo arrugado en la mano. Mi padre estaba a su lado. Mis hermanas, Talia y Briana, también estaban en el salón, pero, al verme, se escabulleron.

—Lo siento, mamá, pero tienes que confiar en mí.

—Si no vas a ser médico —dijo—, ¿qué harás con tu vida?

—No lo sé.

—¿Qué esperas hacer con un grado en Empresariales?

—No lo sé.

—Entonces ¿cómo vas a mantenerte?

—¡No lo sé!

—Tienes razón: ¡no lo sabes! No sabes nada. No sabes cómo es el mundo real. No sabes lo que es empezar de cero en un país nuevo. Pero lo que yo sí sé es que, si eres médico, si puedes salvar a la gente, eso puedes hacerlo en cualquier lugar. Meterse en una aventura no es una carrera. Es un tiempo que no vas a recuperar.

Miré a mi padre, con la esperanza de que me echara un cable, pero lo único que hizo fue negar con la cabeza.

El torbellino emocional duró todo el fin de semana. Sabía lo que debía hacer. Así que hice lo que siempre había hecho.

Llamar a mi abuela.

Mi abuela es como una segunda madre para mí. De niño, mi

lugar favorito en el mundo era su casa. Allí me sentía seguro. Su número de teléfono fue el primero que memoricé. Siempre que discutía con mi madre, le contaba mi versión de la historia a mi abuela y así ella lograba que mi madre me diera un respiro. Por eso, cuando la llamé, sabía que me entendería.

—Creo... —dijo con una voz muy suave—, creo que tu madre tiene razón. No vinimos a Estados Unidos y lo sacrificamos todo para que ahora vengas tú y lo eches todo por la borda.

—No lo estoy echando por la borda. No entiendo cuál es el problema.

—Tu madre quiere que tengas la vida que nosotros nunca tuvimos. En una revolución, pueden llevarse tu dinero, tu empresa... pero, si eres médico, no pueden arrebatarte lo que sabes. Y, si lo que no te gusta es la Medicina —añadió—, pues no pasa nada. Pero, en este país, un grado no es suficiente. Necesitas un máster.

—Si se trata de eso, puedo estudiar un máster en Administración de Empresas o de Derecho.

—Si es así, entonces está bien. Pero te lo advierto: no quiero que te conviertas en uno de esos chicos que se «pierden» y luego tratan de encontrarse a sí mismos viajando por el mundo.

—¡Solo estoy cambiando de carrera! Estudiaré un máster en ADE o algo parecido.

—Bueno, pues si este es tu plan, hablaré con tu madre. Pero necesito que me prometas que, pase lo que pase, acabarás el grado y te sacarás un máster.

—Sí, lo prometo.

—No —contestó ella, endureciendo su voz—. No me vale con: «Sí, lo prometo». Dime *jooneh man* que te sacarás el máster.

Jooneh man es la mayor promesa que se puede hacer en lengua persa. Mi abuela me pedía que lo prometiera por su vida.

—De acuerdo. Lo juro.

—No. Di: *jooneh man*.

—Vale. *Jooneh man*.

Los días eran cada vez más calurosos y, por fin, llegó el verano. Vacié mi dormitorio y volví a casa. Pero ya el primer día me sentí inquieto. Si quería tomarme en serio la misión, necesitaba un lugar serio en el que trabajar.

Aquella tarde, a última hora, cogí las llaves del coche de mi madre de su mesita y fui a su despacho, subí por las escaleras hasta el almacén y encendí las luces. Era un lugar diminuto, lleno de telas de araña. Había viejos archivadores, cajas de almacenaje destartaladas y una silla hecha polvo frente a un tambaleante escritorio de madera.

Cargué las cajas en el coche y las llevé a nuestro garaje. A la mañana siguiente, moví algunas estanterías, pasé el aspirador por la moqueta y colgué una banderola de la USC sobre la puerta. Después, instalé una impresora y diseñé tarjetas de visita con mi nombre y mi número. Me senté al escritorio, puse los pies sobre la mesa y sonreí: me parecía estar en un despacho esquinero de un rascacielos de Manhattan. Aunque, en realidad, se parecía más al armario de Harry Potter.

Aquella primera semana llegaron docenas de paquetes marrones de Amazon, los abrí y saqué los libros que había comprado con el dinero de *El precio justo*. Llené una balda entera de la estantería con los libros sobre Bill Gates. Luego, otra con los de política, otra con los de emprendedores, escritores, atletas, científicos y músicos. Me pasé horas en el suelo, ordenándolos por altura en las estanterías, cada uno de ellos como mis pilares.

En la fila más alta, coloqué un solo libro, con la cubierta hacia fuera, como si de un santuario se tratara: *Delivering Happiness*, de Tony Hsieh (se pronuncia «shay»), el CEO de Zappos. Cuando me golpeó por primera vez la crisis sobre «¿qué quiero hacer con mi vida?», me ofrecí voluntario en una conferencia empresarial en la que regalaban este libro. No sabía quién era ni a qué se dedicaba su empresa, pero los estudiantes universitarios nunca dicen que no a algo gratis, así que me llevé un ejemplar. Más tarde, cuando mis padres se pusieron histéricos porque quería cambiar de carrera y yo me martirizaba sobre si había sido una buena decisión, vi el libro de Hsieh en el escritorio. En el título aparecía la palabra «*happiness*», felicidad, así que lo cogí para distraerme. Pero no pude soltarlo. Leer sobre el periplo de Hsieh (sobre la fe que tuvo a pesar de todo lo que podía ir mal) me ayudó a encontrar ese coraje en mi interior que no sabía que tenía. Leer sobre su sueño me motivó para perseguir el mío. Por eso coloqué el libro en la estantería más alta. Siempre que necesitara recordar lo que podía ser posible, solo tenía que alzar la vista.

Mientras le daba los últimos retoques al almacén, me di cuenta de que nunca me había preguntado exactamente quiénes eran las personas «más exitosas». ¿Cómo iba a decidir a quién entrevistar?

Llamé a mis mejores amigos, les conté el problema y les pedí que vinieran a verme al almacén. Más tarde aquella misma noche, fueron llegando como si de una primera rueda de identificación se tratara.

Primero vino Corwin: el cabello despeinado cayéndole sobre los hombros, una cámara de vídeo en la mano. Nos habíamos conocido en la USC, donde él estudiaba Cine. Siempre parecía que estuviera meditando o de cuclillas en el suelo, mirando por el visor de la cámara. Corwin era nuestra mirada fresca.

Después llegó Ryan: mirando el móvil y estudiando estadísticas de la NBA, como de costumbre. Nos conocimos de niños en la clase de Matemáticas y aprobé gracias a él. Era nuestro tipo de las cifras.

El siguiente fue Andre: también mirando el móvil, solo que, conociéndolo, sin duda estaba escribiendo a una chica. Nos habíamos hecho amigos a los doce y ya entonces era un mujeriego.

Luego apareció Brandon: con un libro naranja frente a su rostro, leyendo mientras entraba. Podía leerse un libro en un día. Era nuestra Wikipedia andante.

Y, por último, Kevin: con una enorme sonrisa y cuya presencia dio vida al almacén. Era la energía que unía al grupo. Era nuestra llama olímpica.

Nos sentamos en el suelo y comenzamos una tormenta de ideas: si pudiéramos crear la universidad ideal, ¿quiénes serían nuestros profesores?

—Por ejemplo, Bill Gates nos enseñaría Empresariales —comencé—. Lady Gaga, Música…

—¡Mark Zuckerberg, Tecnología! —gritó Kevin.

—Warren Buffett, Economía —añadió Ryan.

Así estuvimos durante una media hora. La única persona que no había sugerido un nombre era Brandon. Cuando le pregunté qué pensaba, alzó el libro naranja y señaló la portada.

—Este es el tipo con quien necesitas hablar —afirmó con el dedo en el nombre del autor—. Tim Ferriss.

—¿Quién? —pregunté.

Brandon me tendió el libro.

—Léetelo —me aconsejó—. Va a ser nuestro héroe.

Seguimos proponiendo nombres —Steven Spielberg para Cine, Larry King para Periodismo— y, al poco rato, ya teníamos la lista. Después de que mis amigos se fueran a casa, escribí los nombres en una ficha y me la guardé en la cartera para motivarme.

A la mañana siguiente salté de la cama, más determinado que nunca. Saqué la ficha y observé los nombres. La certidumbre de poder entrevistarlos a todos antes de que acabara el verano fue el combustible para ponerme en marcha. Si entonces hubiera sabido lo que me esperaba —lo apaleado y destrozado que muy pronto iba a estar—, tal vez no habría empezado. Pero eso es lo bueno de ser ingenuo.

PASO 2
Corriendo por el callejón

4

El Juego de Spielberg

Lista en mano, me fui directo al almacén, me senté al escritorio y abrí el portátil. Pero, al mirar la pantalla, una sensación fría y vacía me recorrió el cuerpo. Mi único pensamiento fue… «y, ahora, ¿qué?»

Era la primera vez que no tenía un profesor que me conminara a ir a clase. Nadie me decía qué debía estudiar o qué deberes tenía. Odiaba rellenar casillas, pero ahora que no las tenía, me daba cuenta de cuánto dependía de ellas.

Solo más tarde supe lo cruciales que son estos momentos para cualquiera que decide comenzar algo nuevo. Muchas veces lo más difícil de alcanzar un sueño no es cumplirlo, sino superar el miedo a lo desconocido cuando careces de un plan. Un profesor o un jefe que te diga lo que debes hacer te facilita mucho la vida. Pero nadie cumple su sueño desde la comodidad de la certidumbre.

Dado que no tenía ni idea de cómo conseguir las entrevistas, me pasé todo el día enviando correos a todos los adultos que conocía para pedirles consejo. Me dirigí a profesores, padres de amigos y a cualquiera que pareciera más o menos sensato. La primera persona que accedió a reunirse conmigo fue una administradora que trabajaba en la USC. Al cabo de unos días, quedamos en una cafetería del campus. Cuando me preguntó a quién quería entrevistar, saqué la ficha de la cartera y se la enseñé. Sus ojos recorrieron los nombres y empezó a sonreír.

—No debería decírtelo —comenzó, bajando la voz—, pero Steven Spielberg vendrá a la escuela de Cine dentro de dos semanas para un evento de recaudación de fondos. No se permite que vengan estudiantes, pero…

No supe el alcance real de esta norma hasta mucho después. El primer día del curso de la escuela de Cine, el decano les deja muy claro a los estudiantes que bajo ningún concepto pueden asistir a las recaudaciones de fondos ni presentarse a los donantes. Pero, por entonces, yo no lo sabía, así que me quedé sentado en la cafetería con una sola pregunta en la cabeza: «¿Cómo lograré entrar?».

«Es un evento modesto», me dijo, y, si me ponía traje, ella podría conseguirme una entrada como su «ayudante».

—Mira, no te puedo garantizar que hables con Spielberg —añadió—, pero, si cruzas la puerta, no debería ser difícil. Una vez dentro, todo dependerá de ti. Así que, yo que tú, me prepararía. Ve a casa y ve todas las películas de Spielberg. Lee todo lo que puedas sobre él.

Así lo hice. De día, leía una de sus biografías de seiscientas páginas y, de noche, veía sus películas. Finalmente, llegó el día. Abrí el armario, saqué mi único traje y salí por la puerta.

El patio exterior de la escuela de Cine se había transformado y parecía cualquier cosa menos una facultad. Una alfombra roja se extendía a lo largo de un pasillo, mesas con cócteles flanqueaban los jardines excelentemente cuidados y camareros con esmoquin llevaban bandejas con aperitivos. Me coloqué entre los donantes mientras la decana de la facultad de Cine pronunciaba sus primeras palabras. No era mucho más alta que el podio, pero su presencia acaparó la atención del público.

Con las manos temblorosas, me alisé la americana y avancé poco a poco. A tres metros de mí, estaban Steven Spielberg, el director de *Star Wars*, George Lucas, el CEO de Dreamworks Animation, Jeffrey Katzenberg, y el actor Jack Black. Al entrar estaba nervioso, pero entonces empezó a cundir el pánico. ¿Cómo podía interrumpir a Spielberg cuando estaba enfrascado en una conversación con el hombre que había creado a Darth Vader y a Luke Skywalker? ¿Qué le iba a decir? «Perdona, George, ¿nos permites un segundo?»

Mientras la decana seguía con su discurso, me acerqué un poco más. Tenía a Spielberg tan cerca que podía ver la costura de su blazer gris-grafito. Llevaba una gorra de repartidor de periódicos pasada de moda que le cubría el cabello ralo, y unas leves arrugas, simpáticas, rodeaban sus ojos. Allí estaba —el hombre que había creado *E.T.*, *Jurassic Park*, *Indiana Jones*, *Tiburón*, *La lista de Schindler*, *Lincoln*, *Salvar al soldado Ryan*—, y lo único que tenía que hacer era esperar a que la decana terminara su discurso.

Los aplausos llenaron el patio. Traté de dar unos últimos pasos hacia Spielberg, pero mis pies se habían convertido en piedras. Se me formó un gran nudo en la garganta. Sabía lo que estaba ocurriendo. Era exactamente la misma sensación que tenía siempre que me acercaba a una chica del colegio de la que estaba enamorado. Lo llamaba «El Pavor».

La primera vez que lo sentí tenía siete años. Durante el almuerzo, me senté a una gran mesa de la cafetería y miré a mi alrededor: Ben tenía patatas chips y barras de muesli, Harrison se zampaba un bocadillo de pavo sin corteza, y ahí estaba yo, con una pesada fiambrera llena de arroz persa, estofado verde y alubias rojas. Cuando la abrí, el olor se esparció por todas partes. Los niños me señalaban y se reían, preguntándome si tenía huevos podridos para almorzar. Desde aquel día, jamás sacaba la fiambrera de mi mochila ni comía hasta que acababa el colegio y estaba solo.

El Pavor comenzó siendo un miedo a ser percibido como alguien diferente, pero, a medida que fui creciendo, se convirtió en algo mucho más omnipresente. Lo sentía cada vez que los compañeros del colegio me llamaban «el Gordo Banayan», cada vez que los profesores me gritaban por hablar cuando no era mi turno y cada vez que una chica se mordía el labio y negaba con la cabeza cuando le decía que me gustaba. Todos estos momentos se fueron sumando, uno tras otro, hasta que El Pavor se transformó en un ente vivo con respiración propia.

Me aterrorizaba que me rechazaran, me mortificaba cometer errores. Por esta razón, El Pavor me paralizaba el cuerpo en los momentos más inoportunos, secuestraba el control de mis cuerdas vocales y convertía mis palabras en un ridículo balbuceo y tartamudeo. Y nunca lo sentí tan atenazador como aquel día que estaba a unos pocos pasos de Steven Spielberg. Lo miré, con la esperanza de encontrar el momento de actuar. Pero, antes de darme cuenta, Spielberg ya había cambiado de lugar.

Lo vi pasar de un grupo a otro, sonriendo y saludando. Parecía que la fiesta orbitaba a su alrededor. Miré el reloj: todavía me quedaba una hora. Me fui al servicio para refrescarme la cara.

Lo único que me aliviaba era que, probablemente, Spielberg podría reconocerse en lo que me estaba ocurriendo. Porque lo que intentaba era ser como Spielberg con el propio Spielberg.

Steven Spielberg comenzó su carrera cuando tenía más o menos mi edad. He leído varias versiones, pero, según él, esto fue lo que ocurrió: se subió a un autobús que daba un tour por los estudios Universal de Hollywood, dio una vuelta por el lugar y luego saltó del autobús, se metió en un cuarto de baño y desapareció detrás de un edificio. Vio cómo el autobús se iba y se pasó el resto del día en los estudios.

Paseando, se topó con un tipo llamado Chuck Silvers que trabajaba para Universal TV. Charlaron un rato. Cuando Silvers supo que Spielberg era un director novel, le extendió un pase de tres días. Spielberg acudió los siguientes tres días y, el cuarto, fue de nuevo a los estudios, vestido con traje y con el maletín de su padre. Spielberg llegó a la entrada, saludó con la mano, dijo «¡Hola, Scott!» y el guardia le devolvió el saludo. Durante tres meses, Spielberg llegaba a la entrada, saludaba y entraba sin problemas.

En las instalaciones del estudio, se presentaba a estrellas de Hollywood y a ejecutivos, y los invitaba a comer. Se coló en estudios de filmación y en salas de edición, absorbiendo toda la información que podía. Era un chico al que acababan de expulsar de la escuela de Cine, así que, a mi modo de ver, era su forma de responsabilizarse de su propia educación. Algunos días incluso se llevaba un traje de más en el maletín, dormía en algún despacho y al día siguiente se lo ponía para seguir aprendiendo.

Al final, Chuck Silver se convirtió en el mentor de Spielberg. Le aconsejó que dejara de deambular y volviera cuando tuviera un buen corto. Spielberg, que hacía cortos desde los doce años, comenzó a escribir una película de veintiséis minutos llamada *Amblin'*. Después de pasarse meses dirigiendo y editando hasta la extenuación, se la enseñó a Chuck Silvers. Era tan buena que, al verla, una lágrima rodó por la mejilla de Silvers.

Telefoneó a Sid Sheinberg, el vicepresidente de producción de Universal TV.

—Sid, tengo algo que quiero que veas.

—Tengo un maldito montón de cintas por ver… Con suerte saldré de aquí a medianoche.

—Voy a ponerla en la cola del pabellón de proyección. De verdad, tienes que verla esta noche.

—Maldita sea… ¿de verdad crees que es algo importante?

—Sí, maldita sea, creo que es importante. Si no la ves, lo hará otro.

Después de que Sid Sheinberg viera *Amblin'*, quiso conocer a Spielberg de inmediato.

Spielberg fue corriendo a los estudios Universal y allí mismo Sheinberg le ofreció un contrato de siete años. Y así fue como Spielberg se convirtió en el director más joven del mayor estudio de la historia de Hollywood.

Cuando leí por primera vez esta historia, pensé que Spielberg había aprovechado el «juego social»: trabajar en una red de relaciones en las instalaciones y establecer contactos. Pero la palabra *«networking»* me trajo a la mente la imagen de intercambiar tarjetas en una feria profesional. No era solo un juego social. Era algo más. Era el Juego de Spielberg:

1. Saltar del autobús
2. Encontrar a un Topo
3. Pedirle ayuda para entrar

Me di cuenta de que el paso más importante era «encontrar a un Topo»: una persona que estuviera en la organización y que quisiera arriesgar su reputación para que otro entrara. Si Chuck Silvers no le hubiera ofrecido a Spielberg un pase de tres días ni hubiera llamado al vicepresidente de producción para que viera el corto, Spielberg nunca habría logrado el contrato.

Por descontado, Spielberg poseía un talento increíble, pero también otros directores noveles. Hubo una razón por la que él consiguió un contrato cuando tantos otros no lo lograban.

No fue magia. Ni solo suerte. Fue el Juego de Spielberg.

Me miré en el espejo del baño. Sabía que si era incapaz de abordar a Spielberg cuando estuviera delante de mí, la misión habría acabado antes de empezar.

Deambulé por el patio hasta divisarlo de nuevo. Cuando Spielberg se dirigía hacia una parte del patio, yo iba hacia la otra. Cuando se paraba a hablar con alguien, yo me paraba a mirar el móvil. Después de ir al bar a buscar una Coca-Cola, eché un vistazo al patio y se me congeló el corazón: Spielberg se dirigía hacia la salida.

Sin pensar, tiré el vaso y fui tras él. Me escurrí entre la muchedumbre de donantes, toreando camareros y esquivando mesas. Spielberg estaba a unos pocos pasos de la salida. Ralenticé el paso, para ajustar mi entrada a la perfección. Pero no había tiempo para la perfección.

—Eh, disculpe, señor Spielberg… Me llamo Alex y estudio en la USC. ¿Puedo… puedo hacerle algunas preguntas rápidas mientras le acompaño al coche?

Paró de caminar y volvió la cabeza por encima del hombro, con las cejas sobresaliendo de la montura de sus gafas metálicas. Alzó los brazos.

Me dio un abrazo.

—¡Llevo cuatro horas en un campus universitario y eres el primer estudiante que veo! Me encantaría escuchar tus preguntas.

Aquella calidez disipó por completo El Pavor y, mientras caminábamos hacia el aparcacoches, le expliqué mi misión. Las palabras brotaron casi inconscientemente. No era una charla de ascensor. Era en lo que yo creía.

—Señor Spielberg, sé que nos acabamos de conocer, pero —se me hizo un nudo en la garganta—, ¿estaría… estaría dispuesto a que le hiciera una entrevista?

Se paró de nuevo y, despacio, se volvió hacia mí, con la boca cerrada y los párpados contraídos como dos enormes puertas de acero.

—Normalmente, diría que no —contestó—. No suelo conceder entrevistas a no ser que sean para mi fundación o para promocionar una película.

Pero su mirada se suavizó.

—Aunque normalmente diría que no…, por alguna razón te voy a dar un quizá.

Se calló un momento, miró al cielo y entrecerró los ojos, pese a que la luz del sol no brillara demasiado. Nunca sabré qué fue lo que pensó, pero, al final, bajó la vista y la clavó en mis ojos.

—Hazlo posible —añadió—. Sal al mundo y consigue las otras entrevistas. Entonces, vuelve a contactarme y veremos qué se puede hacer.

Hablamos durante otro minuto y luego se despidió. Se encaminó hacia el coche, pero, de repente, se dio la vuelta y me volvió a mirar por última vez.

—¿Sabes? —dijo, sosteniéndome la mirada—, hay algo en ti que me dice que de verdad vas a hacerlo posible. Creo en ti. Creo que puedes lograrlo.

Llamó a su ayudante y le dijo que me tomara los datos. Spielberg se subió al coche y desapareció. El ayudante me pidió una tarjeta, así que busqué en el bolsillo trasero y saqué una de las que había hecho en el almacén. Entonces, oí una voz atronadora.

—¡NO!

Era la decana de la escuela de Cine. Interpuso su brazo entre nosotros y me arrebató la tarjeta.

—¿Por qué le das esto?

Ojalá hubiera podido decir, con toda tranquilidad: «Oh, el señor Spielberg le ha pedido a su ayudante que me tome los datos». En cambio, me quedé allí, petrificado. Miré al ayudante, esperando que le diera alguna explicación, pero en cuanto la decana me vio mirándolo, le hizo un gesto para que se fuera…, sin mi tarjeta, sin mi número, sin ni siquiera mi nombre.

—Ya deberías saberlo —me soltó con una mirada cortante—. Aquí no se hacen estas cosas.

Me preguntó si era un estudiante de Cine, con tal rabia en la voz que casi me hizo retroceder un paso. Empecé a tartamudear, lo cual, incluso para mí, pareció una admisión de culpa.

—Os lo dije —me recriminó—. ¡Os dije el primer día que no toleraríamos este tipo de comportamiento!

Me disculpé con mil palabras, sin ni siquiera saber de qué me estaba disculpando. Dije cualquier cosa para paliar su ira. Siguió riñéndome hasta que se me anegaron los ojos de lágrimas. Aunque no medía más de metro y medio, parecía sermonearme desde un púlpito. Un minuto después, se fue echando chispas.

Pero, antes de que pudiera moverme, se dio la vuelta y vino de nuevo hacia mí.

Volvió a mirarme con desprecio.

—Aquí hay normas.

Levanto el brazo y señaló hacia la calle para que me largara.

5

De cuclillas en el baño

Al despertar a la mañana siguiente, la voz de la decana continuaba retumbando en mis oídos. A última hora de la tarde, seguía sin poder levantar cabeza, así que fui de mala gana al almacén para buscar inspiración en la estantería.

Sobresalía un libro de color naranja: *La semana laboral de 4 horas*, de Tim Ferriss. Era el libro que me había traído Brandon. Lo cogí y me estiré en el suelo. Desde la primera página, me pareció que Tim Ferriss estaba hablándome a mí directamente. Sus palabras me absorbieron tanto que durante una hora no dejé de leerlo excepto para coger un bolígrafo y subrayar mis pasajes preferidos.

El libro comenzaba con Tim Ferriss participando en el campeonato mundial de tango.

En las siguientes páginas, Ferriss recorría Europa en motocicleta, hacía kick-boxing en Tailandia y submarinismo en una isla privada de Panamá.

Dos páginas después descubrí una frase que casi me hizo gritar «¡Sí!»: «Si has cogido este libro, lo más probable es que no quieras quedarte sentado frente a un escritorio hasta los 62».

El capítulo dos se titulaba «Las normas que cambian las normas».

El capítulo tres consistía en cómo superar el miedo.

El capítulo cuatro fue tan potente que me pareció que Ferriss destrozaba con un bate de béisbol mi crisis sobre qué era lo que quería hacer con mi vida:

«¿Qué deseas realmente?» es una pregunta demasiado vaga para provocar una respuesta con sentido y que te empuje a actuar. Olvídalo.

«¿Cuáles son tus objetivos?» se presta inevitablemente a confusión y a conjeturas. Para reformular la pregunta, necesitamos dar un paso atrás y valorar la situación en su conjunto...

¿Qué es lo contrario de felicidad? ¿Tristeza? No. Igual que el amor y el odio son dos caras de la misma moneda, la felicidad y la tristeza también lo son. [...] Lo contrario del amor es la indiferencia, y lo contrario de la felicidad —y este es el quid de la cuestión— es el aburrimiento.

Ilusión es el sinónimo llevado a la práctica de la felicidad, y es precisamente lo que deberías aspirar a conseguir. Es el curalotodo. Cuando te aconsejan que te dediques a tu «pasión» o «a lo que te haga feliz», en mi opinión se están refiriendo al mismo concepto: ilusión.

Tres páginas después, había una sección entera titulada «Cómo conseguir que George Bush padre o el CEO de Google se pongan al teléfono».

«¡Gracias, Dios!»

Abrí la página web de Ferriss y vi que había escrito otro libro. Lo compré de inmediato. Si *La semana laboral de 4 horas* trataba de lanzar una carrera profesional, *El cuerpo perfecto en 4 horas* consistía en mejorar la salud. Pasé las páginas hasta un capítulo titulado «La dieta de los carbohidratos lentos: cómo perder 10 kilos en 30 días sin hacer ejercicio». Parecía que lo hubiera escrito un embaucador, pero Ferriss había utilizado su cuerpo como conejillo de indias para demostrar que funcionaba, así que, ¿qué podía perder? La respuesta: mucho, mucho peso. Siguiendo sus instrucciones, perdí veinte kilos durante el verano. Hasta nunca, Gordo Banayan. Mi familia se quedó de piedra y pronto se sumaron al método de Ferriss. Mi padre perdió diez kilos; mi madre, veinticinco; mi prima, treinta.

Éramos tan solo algunos de los millones de personas que seguían a Tim Ferriss por la red, leyendo cada *post* de su blog y compartiendo cada uno de sus tuits. Internet había cambiado el mundo, y un mundo nuevo necesita profesores nuevos. Tim Ferriss era ese hombre.

Ahora su nombre estaba en el primer puesto de mi lista, y *La semana laboral de 4 horas* me dio todas las herramientas para contactarlo.

Mientras releía el libro, me di cuenta de algo en la página de la dedicatoria que no había pillado la primera vez.

> El 10 % de los derechos percibidos por el autor se donan a organizaciones educativas sin ánimo de lucro, como <DonorsChoose.org>.

«Un momento... DonorsChoose...»

Ya tenía a mi Topo.

Cuando fui voluntario en el congreso empresarial durante mi primer año de universidad, aquel en el que me dieron el libro de Tony Hsieh, vi a un asistente peleándose con las muletas, así que le pregunté si necesitaba ayuda.

—No, no, no te preocupes —me dijo.

Se llamaba César y era el jefe de operaciones de DonorsChoose. Seguimos coincidiendo los siguientes días y desde entonces habíamos mantenido el contacto.

César me contó que <DonorsChoose.org> es una página web en la que cualquiera puede hacer donativos para los colegios más necesitados. Los futuros donantes pueden escoger entre peticiones de todo el país: libros ilustrados para guarderías de Detroit o microscopios para estudiantes de secundaria de St. Louis. Eliges el proyecto que más te atraiga y puedes donar tanto dinero como quieras.

Después de algunas búsquedas en Google, supe que Tim Ferriss y el CEO de DonorsChoose habían estado en el mismo equipo de lucha libre del instituto. Ferris incluso tenía una plaza en la junta de asesores sin ánimo de lucro.

Escribí a César y le propuse si quería comer conmigo. Una vez juntos, le pregunté si podía ayudarme a conocer a Ferriss. César me aseguró que su CEO le pasaría mi petición de entrevista.

—Cuenta con ello —zanjó.

Una semana después, César me escribió diciendo que su jefe ya le había enviado la petición a Ferris. Y, si eso fuera poco, me mandó una pila de tarjetas de regalo de DonorsChoose para regalárselas a las personas que entrevistara, a modo de agradecimiento. Cada una tenía un valor de cien dólares —que un donante importante había pagado— y eran las mismas que Stephen Colbert regalaba a los invitados de su programa.

El verano avanzaba y las tarjetas llegaron, pero no así la respuesta de Tim Ferriss. Encontré la dirección de correo de la ayudante de Ferriss y le mandé unas líneas. Pero no hubo respuesta. Así que volví a escribirle. En vano.

No quería molestar a César pidiéndole más ayuda y, muy pronto, no iba a tener por qué hacerlo. Una noche, tarde, mientras limpiaba la bandeja de entrada de mi correo, una *newsletter* me llamó la atención:

> **Conferencia Evernote: Regístrese ahora** | A la
> Conferencia Evernote asistirán los autores superventas
> Tim Ferriss y Guy Kawasaki, y habrá sesiones para
> desarrolladores y usuarios.

El acontecimiento era en san Francisco. «Si puedo hablar con Ferriss personalmente sobre mi misión, estoy seguro de que accederá a que le entreviste.»

Con el dinero de *El precio justo* me compré un billete de avión. Estaba tan entusiasmado que incluso fui a Niketown para comprarme una bolsa de viaje negra azabache para los viajes. Hice las maletas la mañana de la conferencia y, antes de salir por la puerta, cogí una tarjeta de regalo de DonorsChoose, me la guardé en el bolsillo y me fui.

La sala de conferencias de San Francisco estaba a rebosar. Hasta donde me alcanzaba la vista, había centenares de jóvenes con sudaderas con capucha buscando sitio para sentarse. Me fijé en que muchos de ellos llevaban *La semana laboral de 4 horas* bajo el brazo. Se me retorció el estómago cuando me di cuenta de la realidad: allí no era el único que quería hablar con Tim Ferriss.

Tal vez el 99 por ciento de las personas no hayan oído su nombre, pero, para cierto nicho, y seguramente para todos los que estaban en la conferencia, Tim Ferriss era más importante que Oprah Winfrey.

Dado que no quería dejar nada al azar, recorrí los pasillos para encontrar un asiento que estuviera lo más cerca posible, para alcanzar a Ferriss tras su discurso. Había un asiento libre al lado de las escaleras que subían al escenario, a la derecha. Tras sentarme, se apagaron las luces y comenzó la conferencia... y Tim Ferriss subió al escenario por la izquierda.

Escruté frenéticamente la sala de conferencias. Fui hasta el fondo para tener una mejor perspectiva, y entonces lo localicé: unos servicios al lado de la salida izquierda del escenario.

Me deslicé poco a poco hasta los aseos de hombres y me metí en uno de los baños. De cuclillas, al lado del lavabo, pegué el oído a la pared de azulejos para escuchar el discurso de Ferriss y estar listo para salir en el momento adecuado. Estuve un buen rato de cuclillas, con el olor a orín inundándome las fosas nasales. Pasaron cinco minutos, luego diez..., por fin media hora después, oí los aplausos.

Corrí hasta la puerta del servicio y allí estaba, a dos pasos de mí, solo. De nuevo, en el momento más inoportuno, El Pavor me selló la boca. Con desesperación, saqué la tarjeta de regalo del bolsillo y la planté frente a la cara de Ferriss.

—Oh —respondió, dando un paso atrás. Miró la tarjeta—. ¡Increíble! ¿Cómo conoces DonorsChoose? Formo parte de la junta de asesores.

«Ah, no me digas.»

El Pavor dejó de atenazarme y le conté a Ferriss mi misión. Le dije que esperaba entrevistar a todo el mundo, desde Bill Gates y Lady Gaga hasta Larry King y Tim Ferriss.

—Qué divertido —repuso al oír su nombre.

—Lo digo en serio.

Saqué del bolsillo los correos impresos que le había enviado.

—Llevo escribiendo a su ayudante desde hace semanas.

Ferriss miró los correos, rio, y empezamos a hablar de mi misión. Al final, me dio un apretón en el hombro y me dijo que le parecía genial. No podría haber sido más simpático. Me aseguró que contactaría conmigo en unos días.

Pero, al volver a casa, los días se convirtieron en semanas y seguía sin tener una respuesta de Ferriss.

Lo que no sabía era que Ferriss ya había contestado a mi primera petición de entrevista un mes antes, diciéndole al CEO de DonorsChoose «Gracias, pero no, gracias». Supongo que el CEO no tuvo el valor de darme la respuesta, y solo lo supe años después.

Seguí escribiendo al ayudante de Ferriss, con la esperanza de que me respondiera. Los libros empresariales aseguran que la perseverancia es la clave del éxito, así que escribí un correo tras otro: un total de treinta y un mensajes. Cuando los correos breves no obtuvieron respuesta, envié otro de nueve párrafos. Le expliqué al ayudante que entrevistarse conmigo sería «una de las mejores inversiones que Tim podía hacer». Traté de mantenerme optimista y agradecido, acabando siempre los correos con un «¡Gracias de antemano!». Pero, escribiera como escribiese los correos, seguía recibiendo la callada por respuesta. Al final, llegó un correo de la mano derecha de Ferriss diciéndome que no haría la entrevista en los próximos meses, si es que la hacía.

No entendía qué había hecho mal. Ferriss me había dado un apretón en el hombro. Tenía a un Topo.

«Si no puedo acceder a Tim Ferriss, ¿cómo diablos voy a llegar hasta Bill Gates?»

No dejé de escribir al ayudante de Ferriss, con la esperanza de que algo cambiara. Luego, un día, como de la nada, Ferriss dijo que sí. Y no solo dijo que sí, sino que además quería hacer la entrevista por teléfono al día siguiente. Casi di un salto, gritando: «¡La perseverancia funciona!».

Mucho después, cuando ya era demasiado tarde, me enteré de la verdadera razón por la que Ferriss dijo que sí. Había llamado al CEO de DonorsChoose y le había preguntado qué demonios pasaba conmigo. Gracias a Dios, la respuesta del ejecutivo fue que, a pesar de que yo era un poco torpe, tenía un buen corazón. Y esto conllevó que Ferriss dijera que sí. Pero yo no lo supe, así que me convencí de que, sin que importara mi problema, la perseverancia era la respuesta.

Menos de veinticuatro horas después, estaba hablando con Ferriss por teléfono. Tenía una libreta llena de preguntas y, obviamente, la primera era sobre la perseverancia. En *La semana laboral de 4 horas* leí que Ferriss había conseguido su primer empleo después de la universidad al escribir correos una y otra vez al CEO de una *start-up* hasta que le dio un puesto. Quería saber toda la historia.

—No fue un, dos, tres y estás contratado —me contó Ferriss.

Al final de su último año en la universidad, Ferriss escribió el proyecto final de carrera sobre esa *start-up*, con la intención de forjar una relación con el CEO, que había acudido como conferenciante invitado a una de sus clases. Pero, cuando reunió el valor para pedirle trabajo, recibió una respuesta negativa. Ferriss envió más correos al CEO. Cuando le contestó que no una docena de veces, Ferriss decidió que era el momento del Avemaría. La escribió que la siguiente semana «iba a estar por la zona» —aunque él vivía en Nueva York y el CEO en San Francisco— y dijo que sería genial pasar a verlo.

—De acuerdo —contestó el CEO—. Podemos vernos el martes.

Ferriss compró un billete, voló a California y llegó a tiempo para su cita. Uno de los ejecutivos le preguntó:

—Así que no vas a dejar de incordiarnos hasta que te demos un empleo, ¿verdad?

—Pues sí —respondió Ferriss—, si así es como quieres verlo.

Obtuvo un puesto… como es natural, en el departamento de ventas.

—Es importante resaltar —me contó Ferriss— que nunca fui maleducado. Tampoco me hice pesado. No es que le escribiera seis veces por semana.

El tono de Ferriss cambió, como si estuviera lanzando una indirecta, aunque yo no pude captarla (algo que ahora me avergüenza).

Pero sentía que algo se me escapaba, porque con su tono parecía estar golpeándome la cabeza como si fuera un saco de boxeo.

—¿Dónde crees que se encuentra el límite? —pregunté.

—Si notas que alguien se molesta, deberías rebajar la presión. —Golpe directo—. Tienes que ser educado y deferente, y reconocer que, si estás escribiendo tantos correos es que estás pidiendo limosna. —Golpe directo—. Hay una línea muy fina que separa al perseverante del molesto.

Gancho en la barbilla.

Si hubiera tenido más experiencia entrevistando, habría profundizado más hasta saber qué quería decirme. Pero, en lugar de ello, preferí volver al terreno seguro, así que busqué un nuevo tema en mi cuaderno.

—¿Cómo lograste credibilidad antes de ser un autor reconocido?

—Bueno, ser voluntario en las organizaciones adecuadas es una forma fácil de lograr una asociación con credibilidad —respondió. Aligeró el tono y yo me relajé. Me contó que cuando era un simple empleado, fue voluntario en la Asociación de Emprendedores de *start-ups* de Silicon Valley, donde organizó eventos importantes, lo cual le proporcionó una razón creíble para mandar correos a personas con éxito. En lugar de decir, «Hola, soy Tim Ferriss, recién licenciado», podía decir, «Soy Tim Ferriss, organizador de eventos en la Asociación de Emprendedores de *start-ups* de Silicon Valley». Esta legitimidad significaba una gran diferencia.

—Un segundo paso es escribir para publicaciones reconocidas o aparecer en ellas —continuó—. Y esto puede ser tan fácil como hacer preguntas y respuestas con alguien: entrevistarlo y publicar la entrevista en la red.

En otras palabras, Ferriss no generó su credibilidad de la nada, sino que la tomó prestada al asociarse con publicaciones y organizaciones conocidas. La expresión «tomar prestada la credibilidad» se me grabó en la mente.

Cuando Ferriss comenzó a escribir *La semana laboral de 4 horas*, me dijo, no tenía experiencia previa publicando, así que envió correos a puerta fría a autores para pedirles consejo. Me dijo que le había funcionado bien, así que le pedí que me explicara tácticas para escribir ese tipo de correos a desconocidos.

—La composición general de mis correos —me contó— cuando escribo a alguien ocupado, es la siguiente:

> Estimado Fulano de Tal,
>
> Sé que está muy ocupado y que recibe cientos de correos, así que solo le pediré sesenta segundos para leer este:
> [Aquí escribes quién eres: añades una o dos líneas para mostrar tu credibilidad.]
> [Aquí es donde formulas tu pregunta lo más concreta posible.]
> Entiendo perfectamente que esté demasiado ocupado para responder, pero incluso una respuesta de una línea o dos me ayudaría muchísimo.
>
> Atentamente,
> Tim

Me estaba dando precisamente el tipo de consejos que necesitaba. Me recomendó que nunca escribiera a nadie para pedirle que «se pusiera al teléfono», que «tomara un café conmigo» o que «me diera información».

—Escribe las preguntas en el correo —me dijo—. Puede ser algo tan sencillo como: «Me gustaría proponerle una relación que podría tomar esta u otra forma. ¿Estaría dispuesto a considerarlo? Creo que con una llamada sería más rápido, pero, si lo prefiere, le podría enviar un par de preguntas por correo». Y nunca escribas algo así como «es algo perfecto para usted», o «le encantará porque sé esto y lo otro de usted». No utilices superlativos ni palabras exageradas porque —y en este momento casi se le escapó una risa burlona— no te conocen y darán por supuesto, con bastante justicia por otro lado, que es muy difícil que puedas saber qué es perfecto para ellos. Tampoco recomiendo acabar con algo así como «¡Gracias de antemano!». Es molesto y arrogante. Mejor escribir lo contrario: «Sé que está muy ocupado, así que, si no puede responder, lo comprenderé perfectamente». Y, sobre todo, controla la frecuencia de los correos. No escribas mucho. De verdad —soltó un largo suspiro—, no es algo que alegre el día a la gente.

Para nada era consciente de que Ferriss estaba tratando de protegerme de mí mismo. Más de un año después, cuando estaba repasando viejos correos, me topé con los que le había enviado al ayudante de Ferris. Fue entonces cuando me di cuenta de lo idiota que había sido.

—Bueno, chico —zanjó Ferriss cuando nuestra conversación se iba acabando—. Tengo que irme.

Me dijo adiós y colgó.

Parte de mí desea poder retroceder en el tiempo, zarandear a mi yo adolescente y explicarle lo que había ocurrido. Si hubiera aprendido esta lección, todo habría sido distinto cuando fui a Omaha a encontrarme con Warren Buffett.

6

El Tiempo Qi

Una vez, Steve Jobs dijo: «No puedes conectar puntos mirando al porvenir. Solo los conectas cuando miras hacia atrás. Así que debes confiar en que, de alguna forma, los puntos se conecten en el futuro».

Estas palabras encajan a la perfección con el congreso de negocios en el que conocí a César. Una tarde, me sentía fuera de lugar como estudiante voluntario en una sala llena de ejecutivos cuando uno de los conferenciantes, Stefan Weitz, me saludó para que me sintiera más cómodo. Era director en Microsoft y aquella noche charlamos un rato. Le escribí al comenzar el verano para explicarle mi misión, comimos juntos e insistió en que debía añadir una persona más a mi lista.

—Qi Lu.

El nombre se pronuncia «Chi Lu» y nunca había oído hablar de él. Aunque le agradecía a Stefan su ayuda, pensé que tal vez no le había explicado bien mi misión.

—Quiero hablar de personas de las que, en fin, mis amigos quieran aprender algo, personas que todo el mundo conozca…

—Confía en mí… —me interrumpió Stefan alzando la mano—. Qi Lu es alguien a quien quieres conocer.

Organizó una entrevista y así fue como, la última semana de verano, me encontré en Seattle caminando por el último piso del rascacielos de Microsoft. Era sábado y todos los pasillos estaban vacíos. Las oficinas estaban desiertas. Las luces de todos los despachos estaban apagadas excepto una. Al final del pasillo, una sombra tras el cristal se levantó y se dirigió hacia la puerta. Qi Lu la abrió y me invitó a entrar.

Era un hombre delgado, de unos cuarenta años. Llevaba una camiseta por dentro de unos tejanos gastados, calcetines blancos y sandalias. Me estrechó la mano entre las suyas y me dijo que me pusiera cómodo. En lugar de volver a su escritorio, se sentó en una silla a mi lado. El despacho estaba decorado austeramente. No había cuadros en las paredes, ni diplomas enmarcados. Increíble.

Qi Lu creció en un pueblo a las afueras de Shangai, China, sin agua corriente ni electricidad. Era un pueblo tan pobre que la gente padecía deformidades por malnutrición. Allí vivían cientos de niños, pero solo había un maestro. A los veintisiete, Qi Lu estaba ganando el sueldo de su vida: siete dólares al mes. Veinte años después, es el presidente de los servicios en línea de Microsoft.

Casi negué con la cabeza, sin poder creérmelo. Incapaz de pensar en una pregunta coherente, alcé las manos y pregunté: «¿Cómo lo hiciste?».

Qi sonrió con humildad y me dijo que de niño quería construir barcos. Era tan flaco que no superó los requisitos de peso, lo cual le obligó a centrarse en los estudios. Ingresó en la Universidad de Fudan, una institución de élite en Shangai, donde se licenció en ciencia computacional. Y fue entonces cuando una revelación le cambió la vida.

Comenzó a pensar en el tiempo. Particularmente, en la cantidad de tiempo que malgastaba en la cama. Dormía ocho horas al día, pero se dio cuenta de que hay una cosa en la vida que nunca cambia: ya seas arrocero o presidente de Estados Unidos, el día solo tiene veinticuatro horas.

—En cierta forma —reflexionó—, puede decirse que Dios es justo con todos. La pregunta es: ¿utilizarás este don de Dios de la mejor forma posible?

Leyó sobre personas excepcionales de la historia que habían reconfigurado sus pautas de sueño y se propuso crear su propio sistema. Primero, prescindió de una hora de sueño, luego de otra y luego de otra. Llegó a dormir una sola hora al día. Se obligaba a despertarse con duchas de agua fría, pero fue incapaz de mantener el ritmo. Al final, se dio cuenta de que el tiempo de sueño mínimo que necesitaba para funcionar de manera óptima era de cuatro horas por noche. Desde entonces, no ha dormido más.

La constancia es parte de su secreto.

—Es como conducir un coche —me contó—. Si siempre conduces a cien kilómetros por hora, el coche apenas sufre ni se avería. Pero si aceleramos y apretamos el freno con frecuencia, el motor se acaba resintiendo.

Qi se levanta cada mañana a las cuatro, corre ocho kilómetros y está en su despacho a las seis. Come frugalmente durante todo el día, sobre todo frutas y vegetales, que guarda en fiambreras. Trabaja dieciocho horas, seis días por semana. Y Stefan Weitz me dijo que en Microsoft se rumorea que Qi trabaja el doble de rápido que los demás. Lo llaman el «Tiempo Qi».

El Tiempo Qi parece un modo de vida fanático, incluso perjudicial para la salud. Pero, cuando pensé en ello teniendo en cuenta las circunstancias de Qi, lo vi más como un medio de supervivencia que como un experimento estrafalario. Pensémoslo. Con tantos compañeros brillantes en China, ¿cómo podía resaltar Qi? Si ganamos cuatro horas de vigilia, y las multiplicamos por 365 días, tenemos 1.460 horas extra, o dos meses adicionales de productividad cada año.

A los veinte años, Qi dedicó su tiempo extra a escribir ensayos y a leer libros, con el objetivo de cumplir su sueño de estudiar en Estados Unidos.

—En China —explicó—, si quieres ir a Estados Unidos, debes superar dos pruebas. El coste es de sesenta dólares. Mi salario mensual, creo, era el equivalente a siete dólares.

Necesitaba ocho meses de salario solo para participar en los exámenes de ingreso.

Pero no perdió la esperanza, y todo aquel esfuerzo obtuvo su recompensa un domingo por la noche. Normalmente, los domingos iba en bici a su pueblo para visitar a su familia, pero ese día estaba lloviendo a cántaros y como el trayecto duraba horas, Qi se quedó en su habitación. Aquella noche, un amigo fue a pedirle ayuda. Un catedrático de la Universidad Carnegie Mellon iba allí para dar una conferencia sobre verificación de modelos, pero, debido a la lluvia, la asistencia era vergonzosamente baja. Qi aceptó ayudarle acudiendo a la conferencia y formuló algunas preguntas. Después, el catedrático felicitó a Qi por sus observaciones y le preguntó si había hecho alguna investigación sobre la cuestión.

Qi no solo había investigado algo, sino que además había publicado cinco artículos. Este es el poder del Tiempo Qi: le permitía ser la persona más preparada allá donde fuera.

El catedrático le pidió leer los artículos. Qi fue corriendo a su habitación para enseñárselos. Después de que los leyera, le preguntó si estaría interesado en estudiar en Estados Unidos.

Qi le confesó sus problemas económicos y el catedrático le dijo que le exonerarían de realizar los exámenes de sesenta dólares. Qi presentó su candidatura para la universidad y, meses después, recibió una carta: Carnegie Mellon le ofrecía una beca completa.

Siempre que leía algo sobre Bill Gates, Warren Buffett u otros ejemplos de éxito meteórico, me preguntaba hasta qué punto sus logros eran resultado de coincidencias milagrosas. Si aquel domingo por la noche no hubiera llovido, Qi habría ido a ver a su familia, no habría conocido al profesor y nada de eso hubiera ocurrido. Al mismo tiempo, no era una coincidencia que Qi hubiera escrito esos cinco artículos. Le pregunté sobre la suerte, y me dijo que cree que no es completamente aleatoria.

—La suerte es como un autobús —explicó—. Si pierdes uno, siempre llegará otro. Pero, si no estás preparado, nunca podrás subirte a uno.

Dos años después de que finalizara su beca en el Carnegie Mellon, un amigo lo invitó a comer. En la mesa, había una persona que no conocía. El nuevo conocido le preguntó a Qi en qué estaba trabajando y Qi le contó que trabajaba para IBM investigando plataformas de comercio electrónico.

El amigo de su amigo trabajaba en Yahoo, que, por entonces, era conocido por ser un importante directorio web. Le pidió a Qi que el siguiente lunes pasara a verlo por su despacho y Qi accedió.

Cuando llegó a las oficinas de Yahoo, había una oferta de trabajo sobre la mesa.

Yahoo tenía planes secretos para construir una plataforma de comercio electrónico y buscaba a alguien que la dirigiera. Qi se unió a la empresa, asumió el mando del proyecto y dedicó casi cada segundo de su tiempo a codificar. Durante tres meses, redujo sus horas de sueño a una o dos por noche. Trabajó tanto que padeció el síndrome del túnel carpiano y tuvo que llevar una muñequera. Qi pensó que merecía la pena porque, al final, creó lo que ahora conocemos como Yahoo Shopping.

Le ascendieron para dirigir el nuevo gran proyecto de la empresa: Yahoo Search. Volvió a ser una maratón, pero Qi no bajó el ritmo. Además de asumir más proyectos de ingeniería, Qi se pasaba los fines de semana en la biblioteca leyendo montones de libros sobre liderazgo y gestión.

Me di cuenta de que el Tiempo Qi no consistía solo en dormir menos. Se trataba de sacrificio: sacrificar placeres a corto plazo por una ganancia a largo plazo. En solo ocho años en Yahoo, le nombraron vicepresidente ejecutivo, un cargo en el que debía supervisar a más de tres mil ingenieros.

Después de casi una década en la empresa, Qi decidió que la marca de los diez años era una buena oportunidad para darse un descanso. Durante su última semana en Yahoo, los empleados diseñaron unas camisetas para la fiesta de despedida en las que podía leerse: «Yo trabajé con Qi. ¿Y tú?».

Qi estaba pensando en volver a China con su familia cuando recibió una llamada del CEO de Microsoft, Steve Ballmer. Microsoft quería crear un motor de búsqueda. Qi se reunió con Ballmer y decidió no volver a China. Aceptó la oferta de convertirse en presidente de los servicios en línea.

Mientras Qi me contaba todas las noches que trabajó en el motor de búsqueda Bing, tuve una extraña sensación en el estómago. Mis pensamientos empezaron a divagar, y un recuerdo lejano relampagueó en mi mente.

Tenía cinco años. Por la noche, tuve una pesadilla, así que salí de la cama y me fui a la habitación de mis padres. Cuando estaba de camino, vi una luz azul por debajo de la puerta de su habitación. Asomé la cabeza y vi a mi madre sentada al escritorio, escribiendo en el ordenador. Noche tras noche, salía de la cama y espiaba a mi madre mientras trabajaba y el resto de la familia dormía. Más tarde supe que la empresa de coches usados de mi padre había quebrado, lo cual significaba que mi madre tenía que mantener a flote a la familia. Quizá, a su manera, el sacrificio de mi madre era como el sacrificio de Qi.

En ese momento, mientras escuchaba a Qi, comprendí por qué mi madre lloró cuando le dije que iba a dejar el curso preparatorio de Medicina. A su modo de ver, le estaba dando la espalda a todo eso por lo que ella había trabajado tanto. La culpabilidad por lo desagradecido que había sido fue tan dolorosa que empecé a avergonzarme. Entonces, Qi llevó la conversación hacia un lugar totalmente inesperado.

—Por cierto —dijo—, gracias por lo que estás haciendo. Lo que te motiva a seguir con tu misión es, en cierta forma, lo mismo que me motiva a mí. Cada minuto de cada día consiste en dar más poder a las personas para que sepan más, hagan más y sean más. Creo que, en muchos aspectos, lo que haces es un buen ejemplo de ello.

Se ofreció a ayudar en todo lo que pudiera. Saqué la ficha con los nombres de todas aquellas personas que quería entrevistar y se la enseñé. Qi asintió con la cabeza y resiguió la lista con el dedo.

—La única a la que conozco personalmente es Bill Gates.

—¿Crees que… crees que estaría interesado?

—Sí, sin duda deberías tener una oportunidad de conversar con él. Le hablaré de tu libro.

—¿Tal vez podría escribirle un correo?

Qi sonrió.

—Estaré encantado de pasárselo.

7

La Reserva Oculta

—¡El jodido Bill Gates! —gritó Corwin.

Alzó el vaso para brindar por las buenas noticias. Brandon, Ryan y yo hicimos lo mismo. Chocamos los vasos y seguimos celebrándolo en el comedor durante el resto de la noche.

Mi segundo año en la universidad no podría haber empezado mejor. Me sentía tan feliz que tuve que contenerme para no ir bailando al aula. Incluso me lo pasaba mejor en las clases. Unos días después, de camino a la biblioteca, recibí un mensaje del ayudante de Qi.

Hola Alex,

He contactado con la oficina de BillG y, por desgracia, no pueden aceptar tu petición...

Leí el mensaje de nuevo, pero mi mente se negaba a aceptarlo. Llamé a Stefan Weitz, mi Topo en Microsoft. Me contó que seguramente no era el propio Bill Gates quien había rechazado la entrevista; su jefe de gabinete era quien tomaba la mayoría de esas decisiones.

—¿Hay alguna posibilidad de que pueda verme cara a cara con el jefe de gabinete? —pregunté—. Solo necesito cinco minutos. Tengo que hablar con él personalmente.

Stefan me contestó que esperara un poco y que vería qué se podía hacer.

Pero era incapaz de quedarme quieto. Aquella noche decidí canalizar toda mi frustración en un Tiempo Qi. Qi no nació en el Tiempo Qi, sino que decidió adoptarlo. Y, ahora, yo iba a tomar la misma decisión. A partir de entonces, cada mañana me levantaba a las seis, me iba al escritorio y escribía correos a puerta fría para lograr entrevistas. Cuando todos me rechazaron, lo intenté con otras personas que no estaban en mi lista. Llegué a levantarme todavía más pronto y trabajé aún más duro, pero con ello solo conseguí que me rechazaran el doble de rápido. No, no, no, no, no, no, no.

Algunas negativas me dolieron más que otras, como la de Wolfgang Puck. Respondí a unas preguntas de un concurso por Twitter, gané un par de entradas para un acontecimiento de alfombra roja con vino y comida, y allí me acerqué al conocido chef. Cuando le pedí una entrevista, me dijo:

—¡Me encantaría! Pásate por el restaurante y la hacemos mientras comemos.

Me abrazó como si fuéramos viejos amigos. Al día siguiente, envié un correo a su representante, como si ella también fuera una vieja amiga mía.

Hey, *****,

Me llamo Alex y estudio en la USC. Anoche hablé con Wolgang en el evento de la alfombra roja de la LAFW y me dijo que contactara contigo para que pudiera hacerle una entrevista. Me aconsejó que lo mejor sería pasarme a la hora de comer por «el restaurante» (y, sinceramente, no estoy muy seguro de a cuál se refería, jaja)...

No me contestó. Así que insistí una, dos e incluso cuatro veces. Estaba claro que no había aprendido la lección de Tim Ferriss. Un mes después, me respondió la representante de Puck.

Hey, Alex,

Sí, hemos recibido tus correos, y, oye, he estado pensando en la respuesta adecuada. Así que, mira, sé que

te tomarás este consejo de forma constructiva: cuando
contactes con las personas con más éxito del mundo, te
sugiero que no comiences con un «Hey, Larry King» o
«Hey, George Lucas»... Es mejor comenzar, por respeto,
con un «Estimado Sr. King» o «Estimado Sr. Lucas».
Pero, en fin, me estoy yendo por las ramas...
Se lo comenté a Wolfgang antes de que volara a Nueva
York y, aunque parece una buena oportunidad, por
desgracia, no tendrá tiempo porque estará muy ocupado
hasta final de año con la apertura de CUT en Londres y
sus actividades actuales en el hotel Bel Air. Wolfgang me
ha pedido que te responda de su parte para decirte que
lo siente mucho, pero que no puede participar...

A medida que los días o de otoño pasaban, estaba cada vez más abatido, y cada negativa azotaba la confianza que sentía en mí mismo. Levantarme antes de que saliera el sol cada mañana para que me rechazaran continuamente fue como tumbarme en la calzada para que un camión me atropellara, diera marcha atrás y volviera a atropellarme. Pero hubo una persona que no me trató como un animal en la cuneta y, le doy gracias a Dios por él, porque seguramente fue quien salvó la misión.

La mayoría de las personas conocen a Sugar Ray Leonard como el seis veces campeón mundial de boxeo, cuya sonrisa perfecta aparece en los anuncios de 7 Up y Nintendo. Si conoces este deporte, sabes que Sugar Ray es el rey de los golpes rápidos y ágiles y que se convirtió en un fenómeno global en los juegos olímpicos de 1976.

Después de acudir a la firma de libros y de que los guardias de seguridad me apartaran, utilicé el modelo de correo a puerta fría de Tim Ferriss para mandársela a quien llevaba las relaciones públicas de Sugar Ray. Quedamos y se convirtió en mi Topo. Le escribí a Sugar Ray una carta en la que le contaba que tenía diecinueve años y que, después de leer su autobiografía, había sentido que sus consejos eran lo que mi generación necesitaba. Tan pronto como mi Topo le llevó la carta, Sugar Ray me invitó a su casa.

Me recibió en la puerta con un chándal negro y me enseñó su

casa gimnasio. En cuanto entré, me pareció estar en la cueva de las maravillas de *Aladdín*, solo que el oro que cubría las paredes no era un tesoro enterrado, sino las medallas de oro y las placas talladas con las palabras CAMPEÓN DEL MUNDO. Del techo, colgaba un saco de boxeo y mancuernas y cintas de correr flanqueaban el sofá, en el centro. Todo aquel ambiente reluciente se ajustaba a mi imagen de Sugar Ray, pero, cuando nos sentamos y empezamos a hablar, pronto me di cuenta de que no tenía ni idea de lo que había bajo todo aquel brillo.

Me contó que había crecido en el seno de una familia con nueve hijos, en Palmer Park, Maryland. Iban tan justos de dinero que en una Navidad los únicos regalos que hubo bajo el árbol fueron las manzanas y las naranjas que su padre había podido robar del supermercado en el que trabajaba. Su padre había boxeado en la marina, así que a los siete años Ray decidió probar. Se subió al cuadrilátero en el No. 2 Boys Club a las afueras de Palmer y, en cuestión de segundos, ya estaban dándole tortazos. La nariz le empezó a sangrar, las piernas le quemaban mientras se movía por la lona. Se fue derrotado, sintiendo pálpitos en la cabeza, y volvió a casa a leer sus tebeos.

Seis años después, su hermano mayor le invitó a probar de nuevo. Ray regresó al gimnasio y volvieron a darle otra una paliza. Aquella vez, sin embargo, decidió seguir. Era más joven, más bajo, más flaco y menos experimentado que el resto de los boxeadores, así que no le quedó otro remedio que buscarse algo que lo distinguiera.

Una mañana se visitó para ir al colegio y caminó junto a sus hermanos hasta la parada del autobús. Cuando el autobús amarillo se acercó a la acera, sus hermanos subieron, pero él se detuvo. Lanzó la mochila al autobús, se ató bien las zapatillas y, cuando el autobús arrancó, empezó a correr tras él hasta el colegio. Aquella tarde también corrió junto al autobús de camino a casa. Lo hizo también los siguientes días. Y los otros. Corría aunque hiciera calor, lloviera o nevara: a veces hacía tanto frío que se le formaba escarcha en la cara. Persiguió el autobús un día tras otro tras otro.

—No tenía experiencia —me contó Sugar Ray—, pero tenía corazón, disciplina y deseo.

Cuando pronunció esta última palabra, me miró de un modo un poco diferente y me preguntó qué era lo que me motivaba para perseguir mi sueño. Hablamos de la misión, y Sugar Ray me hizo sentir tan cómodo que le confesé lo cansado que estaba de que me negaran entrevistas. Me pidió la lista. Al leerla, negó sutilmente con la cabeza, como si entendiera algo que a mí se me escapaba. Entonces comenzó a contarme la historia de una de sus peleas más importantes, y la lección que de ella se desprendía era justo lo que yo necesitaba.

Cinco años después de convertirse en profesional, Sugar Ray se subió al cuadrilátero con Thomas «La Cobra» Hearns. La Cobra no solo estaba invicta, sino que además había ganado casi todos sus combates por KO. Era famoso por su largo golpe con la izquierda que noqueaba a sus oponentes, el cual los preparaba para el auténtico terror que parecía salir de la nada: el derechazo mortal de La Cobra.

Decenas de miles de personas llenaron el Caesars Palace y millones lo vieron por la televisión de pago. Se publicitó como «La Hora de la Verdad». Quien ganara, sería nombrado el indiscutible campeón del mundo de peso welter.

Al sonar la campana, el izquierdazo largo de La Cobra impactó en el ojo izquierdo de Sugar Ray. Golpe tras golpe tras golpe, los párpados de Ray se amorataron y se hincharon hasta tal punto que no podía ver nada. Sugar Ray aguantó los primeros asaltos, pero en el duodécimo iba por detrás en las puntuaciones. Se echó hacia delante en su taburete, en una esquina del cuadrilátero, con el ojo izquierdo palpitando. Trató de abrírselo, pero fue incapaz, de modo que con aquel ojo solo veía la mitad.

La única forma de ganar era franquear la zona de ataque del brazo derecho de La Cobra. Era una locura empezar así, pues con la visión mermada era casi un suicidio. Su entrenador se puso de cuclillas frente a él y le clavó la mirada.

—La estás cagando, hijo. La estás cagando.

Aquellas palabras desencadenaron una potente sensación en Ray que se extendió por todo su cuerpo. Treinta años después, mientras estábamos sentados en el sofá, hizo que volvieran a cobrar vida.

—Puede que tengas el corazón; sigues luchando, luchando, luchando, pero la mente dice: «Venga, tío, olvídalo. No lo necesitas». El corazón y la mente no van juntos, pero deben ir juntos. Todo debe conectarse. Todo debe conectarse para alcanzar ese nivel, esa cúspide.

»Puede que tengas el deseo, el anhelo, el sueño, pero tiene que ser algo más. Debes desearlo hasta el punto de que duela. La mayoría de las personas nunca llegan tan lejos. Nunca apelan a lo que llamo la "Reserva Oculta", un depósito secreto de fuerza. Todos la tenemos. Cuando cuentan que una madre ha levantado un coche para salvar a su hijo atrapado debajo de él… es esa fuerza a la que me refiero.

Sonó la campana del asalto décimo cuarto y Sugar Ray salió disparado, como si la sangre de sus venas se hubiera convertido en adrenalina pura y concentrada. Lanzó veinticinco golpes consecutivos y La Cobra se desplomó en las cuerdas, cayó al suelo y se levantó dando tumbos. Ray volvió a la carga. La Cobra volvió a tambalearse, pero la campana lo salvó. Al comenzar el siguiente asalto, Ray seguía a tope y descargó sobre la cabeza de Hearns una tormenta de golpes. Después, cuando solo faltaba un minuto, La Cobra renqueó hasta las cuerdas. El árbitro paró el combate. Ray era el indiscutible campeón del mundo.

La historia quedó flotando en el aire, y luego Sugar Ray se levantó del sofá, fue hacia la puerta y me indicó que lo siguiera.

—Quiero enseñarte algo.

Recorrimos un pasillo tenuemente iluminado. Me dijo que no me moviera y desapareció tras una esquina. Un minuto después, volvió con su cinturón de oro del campeonato mundial. Una suave luz resplandecía en las rugosidades. Sugar Ray se acercó y me lo puso alrededor de la cintura.

Retrocedió, dejando que la sensación me inundara.

—¿Cuántas veces te han dicho «No puedes entrevistar a este tipo de gente»? ¿Cuántas veces te han dicho «De ninguna manera»? No dejes que nadie te diga que no puedes cumplir tu sueño. Cuando tienes una visión, debes aferrarte a ella. Debes seguir luchando. Las cosas se pondrán feas. Te dirán que no. Pero tienes que seguir presionando. Debes seguir luchando. Tienes que utilizar tus Reservas Ocultas. No será fácil, pero es posible.

»Al leer en tu carta que tenías diecinueve años, recordé cómo me sentía yo a tu edad. Estaba exultante, emocionado, hambriento. Quería la medalla de oro más que nada en el mundo. Y, cuando te miro… —hizo una pausa, dio un paso hacia mí y me señaló la cara con el dedo—, no dejes que nadie te arrebate esto.

Paso 3

Encontrar a tu Topo

8

El mentor soñado

Fue una suerte tener aquella charla con Sugar Ray porque durante el resto del otoño no dejé de recibir negativas. Las vacaciones se esfumaron más rápido de lo que hubiera deseado y ya estábamos en enero, en la primera semana del semestre de primavera, y la perspectiva de contactar con mis ídolos era desalentadora.

Una tarde, me encontraba en el aparcamiento de un CVS, con el cielo encapotado y un helado de cucurucho de chocolate y brownie en la mano. Aunque la vida te apalee, siempre te quedará el helado.

Me sonó el teléfono en el bolsillo. Abrí los ojos como platos al ver el prefijo del área de Seattle. De repente, sentí como si las nubes grises se disiparan y una luz blanca empezara a iluminarme.

—Así que quieres entrevistar a Bill, ¿no?

Era el jefe de gabinete de Bill Gates.

Stefan Weitz, mi Topo en Microsoft, había intercedido en la llamada. Para preservar la intimidad del jefe de gabinete, no mencionaré su nombre.

Comencé a explicarle mi misión, pero me dijo que no era necesario porque Stefan y Qi Lu ya lo habían hecho.

—Me encanta lo que estás haciendo —me dijo—. Es una iniciativa admirable. Me encanta que lo hagas para ayudar a los demás y me encantaría apoyarte —al oírlo, sentí que ya lo tenía al 99 por ciento—, pero la cuestión es que solo estás al cinco por ciento. No se lo puedo proponer a Bill. Te falta impulso.

«¿Impulso?»

—Mira —añadió—, no puedo proponerle una entrevista a Bill cuando el libro ni siquiera tiene editor. Ni siquiera cuando Malcolm Gladwell nos contactó para su libro *Fuera de serie* podía garantizarla. Ahora bien, si logras más entrevistas, si consigues un contrato con Penguin o Random House, entonces podemos sentarnos y pensar cómo presentárselo a Bill. Pero, antes de que pueda ocurrir nada de esto, necesitas generar más impulso.

Se despidió y colgó, dejándome confuso, con tres palabras resonando en mi cabeza: «¿Cinco por ciento?». Lo siguiente que recuerdo es estar en el almacén, con la cabeza apoyada en las manos y esas palabras retumbando en mi mente.

A este paso, para cuando acabara la misión, mis amigos estarían en sus mecedoras. Si las gestiones de Qi Lu solo me habían hecho avanzar un 5 por ciento en el camino hacia Bill Gates, entonces debía de estar en un -20 por ciento con personas como Warren Buffett y Bill Clinton. Y con todos los exámenes y los deberes que tenía en la universidad, seguramente...

«Espera... Bill Clinton...»

Un vago recuerdo empezó a rondarme la cabeza:

«¿No me dijeron en verano que Bill Clinton y Richard Branson iban a dar una charla en un crucero o algo así? ¿Y que había un tipo que lo organizaba?».

Abrí el portátil, busqué en Google «Bill Clinton Richard Branson crucero» y encontré un artículo en <FastCompany.com>:

En 2008, Elliott Bisnow, un empresario con varias compañías a su nombre, fundó Summit Series, un «congreso anticongreso» que serviría como una sociedad de ayuda mutua entre jóvenes emprendedores. Comenzó con 19 personas en un viaje de esquí y, en su último evento en mayo, reunió a más de 750 personas. En parte red de contactos, en parte TED, en parte deportes de riesgo, estas reuniones a las que solo se puede acudir con invitación se han convertido en el epicentro de las relaciones sociales entre empresarios. Con el tiempo, Summit Series ha recaudado más de un millón y medio de dólares para organizaciones sin ánimo de lucro. Entre los participantes se encuentran Bill Clinton, Russell Simmons, Sean Parker, Mark Cuban, Ted Turner y John Legend.

Seguí leyendo y me encontré con otra sorpresa: Elliott Bisnow, el CEO de Summit Series, quien había reunido a todas estas personalidades, solo tenía veinticinco años. ¿Cómo era posible? Tenía la edad de mi primo.

Tecleé «Elliott Bisnow» y leí los resultados. Docenas de artículos lo mencionaban, pero ninguno era sobre él. Tenía un blog con cientos de entradas, pero lo único que había eran imágenes: Elliott surfeando en Nicaragua, con supermodelos en Tel Aviv, en un encierro de toros en España, en el Tour de France en Bélgica, en la Casa Blanca con el cofundador de Twitter y el CEO de Zappos. Tenía fotos construyendo escuelas en Haití, haciendo pruebas de visión en Jamaica, repartiendo zapatos a niños en México. Incluso había un vídeo de él en un anuncio de Coca-Cola Light.

En un artículo, se afirmaba que el fundador de la CNN, Ted Turner, era su héroe, y que esperaba poder conocerlo algún día. Luego, un año después, vi una foto de los dos dándose la mano en las Naciones Unidas. Había imágenes de Elliott Bisnow viviendo en una playa de Costa Rica y en una casa flotante en Amsterdam. En todas las fotos, llevaba camiseta y tejanos, una barba desaliñada y tenía un espeso cabello castaño. Encontré un artículo en el *Huffington Post* titulado «Los chavales más importantes del mundo tecnológico». Elliott estaba en la sexta posición. La última línea me hizo saltar de la silla: «El nuevo plan de Bisnow: comprar una montaña de Utah por cuarenta millones de dólares».

Seguí tecleando y me salté dos comidas sin darme cuenta. Hallé una foto de él bromeando con el presidente Clinton en el salón de alguien, otra en la que otorgaba un galardón a Clinton y una tercera con Clinton en el escenario de un Summit Series. Pero no había nada en la red que me dijera quién era exactamente Elliott Bisnow. Era como mirar el blog del tipo de *Atrápame si puedes*.

No lograba entender quién era, pero, al mismo tiempo, tenía una sensación profunda y casi abrumadora de que estaba conectado con él. El sueño de Elliott era reunir a los mejores empresarios del mundo y, de alguna forma, lo había conseguido.

El jefe de gabinete de Bill Gates me dijo que necesitaba generar impulso. Estaba claro que Elliot sabría cómo hacerlo. Me pareció que era la única persona que tenía la respuesta.

Bajé la cabeza, cerré los ojos y pensé: «Si hay algo que ahora mismo necesito más que nada en el mundo, es la orientación de Elliott». Saqué mi diario, abrí una página en blanco y garabateé como título: «Mentores soñados». En primer lugar, escribí: «Elliott Bisnow».

Los deberes y los exámenes se me amontonaban por segundos, así que me pasé todas las noches de esa semana en la biblioteca tratando de sobrevivir. Pero mi mente no paraba de divagar, imaginando cómo sería hablar con Elliott Bisnow. Una tarde, tres días antes del examen final de Contabilidad, ya no pude contenerme más. «Al diablo, voy a escribirle un correo.» No es que quisiera entrevistarlo. De hecho, solo tenía una pregunta para llegar a Bill Gates: ¿Cómo genero impulso?

Empecé escribiendo un correo a puerta fría. Dos horas más tarde, aún estaba en ello, entretejiendo detalles sobre Elliott para que supiera que había ido hasta la página veintitrés de Google buscándolos. Pensé que debía de ser el rey de los correos a puerta fría, así que el mío tenía que ser perfecto.

> De: Alex Banayan
> Para: Elliott Bisnow
> Asunto: Señor Bisnow, agradecería un consejo por su parte
>
> Hola, Sr. Bisnow,
>
> Mi nombre es Alex y soy estudiante de segundo curso en la USC. Sé que no me conoce de nada, pero soy un gran admirador suyo y necesito consejo para un proyecto en el

que estoy trabajando. Sé que está muy ocupado y que recibe muchos correos, de modo que no le robaré más que sesenta segundos.

Tengo diecinueve años y estoy escribiendo un libro con la esperanza de cambiar la dinámica de mi generación. En él deberán aparecer las personas con más éxito del mundo y se centrará en lo que hicieron en sus inicios profesionales para llegar a donde están hoy. Estoy muy agradecido a todos aquellos que ya se han sumado a esta misión, desde el presidente de los servicios en línea de Microsoft Qi Lu hasta el autor Tim Ferriss. Estoy decidido a unir a los grandes de la vieja generación con los de la nueva generación, y así integrar sus conocimientos y consejos prácticos en un libro que cambie la vida de la gente. Como usted afirma, «no hagas planes pequeños» ;)

Señor Bisnow, tener diecinueve años y tratar de cumplir con mi visión supone encontrarme con algunos obstáculos, de modo que sería de ayuda inestimable que me pudiera responder la siguiente cuestión: ¿Cómo ha logrado, efectivamente, unir a todos estos genios en una sola visión? Lo hizo de maravilla en su primer viaje de esquí en 2008, y lo ha seguido mejorando año tras año. Estoy seguro de que está muy ocupado, pero si hay alguna posibilidad de contactar para aprender algo de usted, sería muy importante para mí. Si lo prefiere, le podría mandar algunas preguntas específicas por correo, o hablar un rato por teléfono o, si sus obligaciones se lo permiten, me encantaría tomar un café con usted o... si se alinean los planetas... en la Summit House, famosa en el mundo entero. Comprendo perfectamente que esté demasiado ocupado para responder, pero una sola respuesta de una o dos líneas me ayudaría muchísimo.

Soñando en grande,
Alex

Me pasé media hora buscando su dirección por internet, pero no hubo manera. Tres horas después, seguía con las manos vacías. Así que escribí mis cinco mejores probabilidades en «Para:». Recé a Dios y al Espíritu Santo de los correos a puerta fría de Tim Ferriss, con la esperanza de que funcionara.

Veinticuatro horas después, Elliott contestó:

> estupendo correo
> estarás mañana o el jueves en LA?

Miré el calendario. El jueves era el examen final de Contabilidad. «Completamente libre ambos días.»

Confié en que no quisiera que nos viéramos el jueves. En la USC, quien falta a un examen final suspende el curso.

Elliott respondió de inmediato:

> podemos vernos a las 8 de la mañana del jueves en long
> beach, en el vestíbulo del hotel renaissance? disculpa x
> hacerte ir tan lejos, pero es que tengo un congreso allí
> y deberías leer «cuando deje de hablar, sabrás que estoy
> muerto» e ir a la parte de la estrella de ardaban antes de
> vernos, son uno o dos capítulos de [...] te encantará el
> libro

Ir a *El precio justo*: no estudiar para los exámenes finales. Conocer a Elliott: arriesgarse a no presentarse a un examen final. Era como si alguien estuviera jugando a un videojuego de mi vida, poniéndose cómodo, riéndose y tirándome pieles de plátano a los pies. Cada decisión imposible era una prueba para ver dónde se encontraba de verdad mi corazón.

Pero, por primera vez, no lo dudé ni un segundo.

9

Las normas

Dos días después, estaba sentado en un sillón en medio del vestíbulo del hotel, con la mirada entre el reloj y la entrada principal. Si la reunión duraba veinte minutos, y tardaba media hora en volver a la universidad, todavía tendría dos horas para empollar para el examen. Si la reunión duraba una hora, todavía tendría…

Los cálculos mentales acabaron cuando Elliott llegó, justo a tiempo.

Cruzó el vestíbulo. Incluso a cierta distancia, su mirada era aguda y penetrante. Sus ojos escrutaron la sala con lentitud, casi con demasiada lentitud, como los ojos de una pantera rastreando el suelo de la jungla. Cuando estuvo más cerca, me pareció que no parpadeaba nunca. Me vio, asintió y se sentó a mi lado.

—Dame un segundo —dijo sin establecer contacto visual.

Sacó el móvil y empezó a escribir.

Pasó un minuto, luego dos, luego…

Alzó los ojos y me pilló mirándolo. Aparté la vista. Miré el reloj. Ya habían pasado cinco minutos de reunión y apenas habíamos hablado.

Cuando volví a echarle un vistazo, no pude evitar sonreír al ver sus zapatos. Mi predicción había dado en el clavo.

En la USC, durante las presentaciones de las fraternidades me di cuenta de que las personas suelen congraciarse con quienes se parecen a ellas, lo cual me hizo pensar que, cuanto más te pareces a otro, más fácil es que surja una amistad. De modo que aquella mañana me había pasado un buen rato pensando en qué se pondría Elliott. Acabé vistiéndome con tejanos azules, una camiseta con cuello de pico

y unos zapatos marrones TOMS —porque había leído que el fundador de TOMS acudía a los eventos de Summit. Elliott llevaba tejanos
grises, una camiseta azul de cuello de pico y unos TOMS grises. Pero
con la cabeza agachada y los ojos pegados a la pantalla, me pareció
que mi ropa sería la única cosa en la que iba a fijarse.

—¿Sigues en la universidad? —preguntó sin alzar la vista.

—Sí, segundo año.

—¿Vas a dejarla?

—¿Cómo?

—Ya lo has oído.

Se me apareció el rostro de mi abuela. *Jooneh man.*

—No —balbuceé—. No. No voy a dejarla.

Elliott soltó una risa.

—Vale. Ya veremos.

Cambié de tema.

—Bueno, es evidente que se te da muy bien reunir a gente y
generar impulso en tus eventos Summit, así que me intriga mucho
cómo lo consigues. Mi única pregunta es…

—No tienes por qué hacer una sola pregunta.

—Ok, pues mi primera pregunta es: ¿cuál fue el punto de inflexión en tu carrera que te permitió crear este impulso?

—No hay un punto de inflexión —repuso sin dejar de escribir—.
Todo consiste en pequeños pasos.

Para cualquier otro, esta podría haber sido una buena respuesta.
Pero me había pasado semanas soñando con que Elliott articularía
un monólogo completo sobre esta cuestión. Así que una respuesta
de cinco palabras me pareció una forma de echar balones fuera.

—Vale, de acuerdo, pues mi siguiente pregunta es…

—¿Te leíste el capítulo de la «Estrella de Ardaban»? ¿Has llegado a abrir el libro? ¿O ni siquiera puedes leer un par de capítulos
con un día de margen?

—Lo leí —contesté—. Me leí el libro entero.

Por fin alzó la vista y se guardó el móvil.

—Tío, yo era igual que tú a tu edad —dijo—. Me lo curré como
tú te lo estás currando. Y ese correo que me enviaste, seguro que te
pasaste una semana investigando para escribirlo, ¿no?

—Dos semanas. Y luego me pasé otras tres horas tratando de encontrar tu dirección.

—Sí, tío. Yo hacía exactamente lo mismo.

Por fin me relajé, aunque fue un error, porque de inmediato Elliott empezó a dispararme un montón de preguntas sobre la misión. Lo hizo de forma tan intensa y rápida que parecía un interrogatorio. Respondí lo mejor que pude, sin saber hacia dónde iba la conversación. Elliott rio al oír la historia de cuando estuve de cuclillas en el baño.

Miró la hora en el móvil.

—Escucha —me dijo—, esperaba que esto solo durara media hora. Pero quizá... espera, ¿tú no tienes clase?

—Por mí no te preocupes. ¿En qué estás pensando?

—Bueno, si quieres, te puedes quedar un rato y acompañarme a mi próxima reunión.

—Me parece fantástico.

—Vale, genial —dijo—. Pero, antes, debemos establecer unas reglas básicas. Son cinco reglas que te valdrán no solo para hoy, sino para el resto de tu vida. —Me clavó la mirada—. Escríbelas.

Saqué el móvil y las apunté en el bloc de notas.

—Regla número uno: nunca utilices el móvil en una reunión. No me importa si estás tomando notas. Utilizar el móvil te hace parecer bobo. Lleva siempre un bolígrafo en el bolsillo. Cuanto más digital es el mundo, más impresiona utilizar bolígrafo. Y, en cualquier caso, si estás en una reunión, es de mala educación mirar el móvil.

»Regla número dos: actúa como si no fueras nuevo. Entra en una sala como si ya hubieras estado antes. No te quedes boquiabierto con los famosos. Sé simpático, estate calmado. Y nunca jamás les pidas una foto. Los fans piden fotos. Los compañeros se dan la mano.

»Hablando de fotos, regla número tres: el misterio hace la historia. Cuando hagas algo realmente guay, no cuelgues fotos en Facebook. Ninguno de los que están cambiando el mundo cuelga todo lo que hace en internet. Deja que se pregunten qué estarás haciendo. Es más, a quienes impresionarás al colgar fotos no son a los que quieres impresionar.

»Ahora, regla número cuatro —dijo alargando cada palabra—: es la más importante. Si te la saltas —se pasó la mano por el cuello con un gesto que simulaba que se degollaba—, estás muerto.

»Si rompes mi confianza, estás acabado. Nunca, nunca incumplas tu palabra. Si te digo algo porque confío en ti, eres una tumba. Lo que entra no sale. Esto te valdrá para cualquier relación que tengas a partir de hoy. Si actúas como una tumba, te tratarán como una tumba. Te costará años labrarte una reputación, pero solo unos segundos echarla por la borda. ¿Entendido?

—Entendido.

—Bien. —Se levantó y me miró—. Arriba.

—Pero ¿no habías dicho que eran cinco reglas?

—Ah, sí. Esta es la última: solo los aventureros tienen aventuras.

Antes de poder preguntarle qué quería decir, Elliott echó a andar. Lo seguí. Se volvió para mirarme.

—¿Listo para jugar con los mayores?

Asentí.

—Por cierto —añadió, mirándome de arriba abajo—, bonitos TOMS.

Comenzó la reunión de Elliott y me vi sentado con los antebrazos sobre las rodillas, escuchándole con más atención que a ningún otro profesor. Elliott comenzó de manera informal, haciendo bromas y preguntándole a su invitada cómo le iba la mañana. Después, casi de forma imperceptible, concentró toda su atención en ella: ¿Qué era lo que le apasionaba? ¿En qué estaba trabajando? Cuando, por educación, le devolvía las preguntas a Elliott, él reía y contestaba:

—Oh, yo no soy tan interesante.

Y le hacía otra pregunta. Esencialmente, durante todo el diálogo, Elliott apenas habló de sí mismo. Al final, en lo que me pareció el diez por ciento de la reunión, Elliott contó su historia:

—La ciudad de mis sueños no existe, así que me he propuesto construirla.

Iba a comprar la montaña de esquí privada más grande de Norteamérica en una ciudad llamada Eden, en Utah, y quería crear en una de sus laderas una reducida comunidad residencial de emprendedores, artistas y activistas. Entonces, cuando ella estaba de lo más interesada, Elliott terminó la conversación.

Le dio un abrazo y ella se fue. Llegó otro invitado. La reunión fue tan cordial como la primera. Estaba hipnotizado por cómo Elliott controlaba el diálogo. No quería quitarle los ojos de encima, pero no podía dejar de echarle un vistazo al reloj. Tenía que estar de camino en una hora.

Después de que acabara la segunda entrevista, Elliott se levantó y me invitó a hacer lo mismo.

—¿Te lo estás pasando bien? —preguntó.

Sonreí de oreja a oreja.

—Genial —me dijo—. La siguiente entrevista te va a encantar.

Salió y yo fui tras él. Lo único que veía en mi mente era un reloj de arena gigante, vaciándose a medida que se acercaba la hora de mi examen final.

Cruzamos la calle en dirección al hotel Westin, que no era un hotel cualquiera. Aquella semana era la sede de las conferencias TED, uno de los acontecimientos más exclusivos del mundo. Fuimos al restaurante del vestíbulo. Era un lugar íntimo, con no más de quince mesas. Sonaba música clásica de fondo, acompañada del tintineo de las cucharillas en las tazas de porcelana.

Elliott caminó directo hacia el maître.

—Mesa para cuatro, por favor.

Mientras nos acompañaba a la mesa, pensé en decirle a Elliott que tal vez no podría quedarme toda la reunión, pero justo entonces saludó a un hombre que había en una de las mesas. Lo reconocí de inmediato: Tony Hsieh, el CEO de Zappos. Su libro, *Delivering Happiness*, seguía en la balda más alta de mi biblioteca.

Elliott siguió caminando.

—¿Ves a aquel tipo de ahí? —me susurró—. Es Larry Page, el CEO de Google. El de allí a tu izquierda es Reid Hoffman, el fundador de LinkedIn. Ahora, fíjate en aquel de allá. La mesa del fondo: el hombre con gafas creó Gmail. A tu derecha, con pantalones cortos azules de deporte, es Chad. El cofundador de YouTube.

Nos sentamos a nuestra mesa y llegaron los invitados de Elliott. Primero, Franck, el cofundador de Startup Weekend, una de las organizaciones empresariales más importantes del mundo; luego apareció Brad, cofundador de Groupon, que en aquel momento estaba valorada en trece mil millones de dólares. Los tres se pusieron a charlar. Durante el almuerzo, Elliott fue fijándose en mí, como si estuviera juzgándome. No supe si quería que hablara más o pensaba que la única vez que había intervenido ya había sido suficiente.

A mitad del almuerzo, el cofundador de Groupon fue al cuarto de baño y el cofundador de Startup Weekend se apartó un poco para hacer una llamada. Elliott se volvió hacia mí y continuó con el interrogatorio.

—¿De dónde estás sacando el dinero? ¿Cómo estás pagando estos viajes?

Le conté que estaba utilizando el dinero que había ganado en un programa.

—¡¿Cómo?!

—¿Has oído hablar de *El precio justo*?

—Todo el mundo conoce *El precio justo*.

—Pues el año pasado, dos días antes de los exámenes finales, me pasé la noche en vela tratando de averiguar cómo ganar el concurso. Al día siguiente, gané un velero, lo vendí y así es como financio mi misión.

Elliott dejó caer el tenedor.

—Espera un segundo. ¿Me estás diciendo que llevamos dos horas juntos y que aún no me habías dicho que estás financiando tu aventura porque has ganado un concurso de televisión?

Me encogí de hombros.

—¡Serás idiota!

Se inclinó hacia mí y bajó la voz, acentuando cada palabra.

—Nunca más vuelvas a sentarte a hablar con alguien sin antes contárselo. La misión está bien, pero esta historia dice más de ti que cualquier otra cosa que puedas contarme. Esta historia suscita atención.

»Todo el mundo tiene experiencias en su vida —añadió—. Y algunos deciden convertirlas en historias.

Estaba tan paralizado por las palabras de Elliott que no me di cuenta de que sus invitados se habían vuelto a sentar a la mesa.

—Alex, cuéntales lo que me acabas de decir —me invitó— Diles cómo has financiado tu misión.

Les conté la historia como pude. A pesar de mis tartamudeos, al acabar había cambiado la dinámica entre nosotros. El cofundador de Groupon me cortó.

—Esto es... increíble.

Habló conmigo durante el resto del almuerzo, compartiendo historias y consejos, y luego me dio su dirección de correo para que siguiéramos en contacto.

Volví a mirar la hora de reojo. Si no me iba en cinco minutos, estaba acabado.

Me disculpé un momento, me fui a un lado y busqué el número de la oficina de la facultad de Empresariales de la USC. Mientras oía sonar las llamadas, miré por encima del hombro a todos los CEO y multimillonarios de quienes soñaba aprender algo.

Una secretaria respondió, y con un tono de absoluta urgencia, articulé:

—Páseme con el decano.

Por alguna razón, lo hizo. La vicedecana de la facultad de Empresariales —que no era la decana de la escuela de Cine que me había encontrado con Spielberg— respondió la llamada.

—Soy Alex Banayan. Debo explicarle dónde estoy en este momento. A tres metros de mí está...

Le hice una lista de todas las personas que estaban a mi alrededor.

—No hace falta que le explique que esta es una oportunidad de oro. Ahora bien, tengo un examen final de Contabilidad en una hora, y debería irme de aquí ahora mismo para llegar a tiempo al campus. No puedo tomar esta decisión: usted debe tomarla por mí. Y necesito una respuesta en treinta segundos.

No respondió.

Treinta segundos después le pregunté si todavía estaba allí.

—Yo no te he dicho nada —dijo finalmente—, pero envíale un correo mañana a tu profesor diciéndole que tu vuelo de San Francisco a Los Ángeles se ha retrasado, que no había nada que tú pudieras hacer y que por esta razón no has podido ir al examen final.

Clic. Colgó.

A día de hoy me sigue siendo muy difícil expresar mi agradecimiento por lo que la vicedecana hizo por mí aquella mañana.

Cuando volví a la mesa, el almuerzo continuó y se volvió más dinámico. El cofundador de Groupon me invitó a visitarlo en Chicago. Después, Reid Hoffman se paró a saludarnos. En un momento dado, los dos invitados de Elliott se fueron y yo me quedé allí sentado, contemplando el restaurante, asimilándolo todo.

—A ver, pez gordo —susurró Elliott—. Querías entrevistar a un magnate tecnológico, ¿no? Allí está el CEO de Google, a seis metros de ti. Es tu oportunidad. Veamos de qué pasta estás hecho.

Una ola de pánico me inundó.

—Si lo quieres —dijo—, allí está.

—Normalmente, necesito semanas de preparación antes de entrevistar a alguien. No sé nada de él. No creo que sea una buena idea.

—Hazlo.

Era como si Elliott pudiera oler El Pavor.

—Vamos, tipo duro —continuó—. Veamos quién eres.

No me moví.

—Venga. Hazlo —dijo como si fuera un camello de drogas. Con cada frase, se alzaban más sus hombros y su pecho parecía más ancho, como si se estuviera alimentando de mi incomodidad. Sus ojos de pantera no dejaban de presionarme.

—Cuando lo tengas delante —añadió—, ve a por él.

Larry Page, el CEO de Google, retiró la silla de la mesa. Apenas sentía mis piernas. Page empezó a alejarse. Me levanté.

Seguí su sombra por el restaurante y bajando las escaleras. Entró en el cuarto de baño. Me entraron escalofríos… «Otra vez, no.» Entré y vi seis urinarios. Larry Page estaba en el último. Los otros estaban vacíos. Sin pensarlo, escogí el que estaba más alejado. Allí, de pie, pensé en algo inteligente que decir. Pero solo podía oír la voz de Elliott: «Cuando lo tengas delante, ve a por él».

Page fue a lavarse las manos. Lo seguí y de nuevo elegí el lavamanos más alejado. Cuanto más pensaba en fracasar, más fracasaba.

Empezó a secarse las manos. Tenía que hacer algo.

—Eh, usted es Larry Page, ¿no?

—Sí.

Mi expresión se congeló. Page me miró, confundido, y luego se marchó. Y eso fue todo.

Volví de mala gana a la mesa donde Elliott me esperaba. Me desplomé en la silla.

—¿Qué ha pasado? —preguntó.

—Eh..., pues bien...

—Tienes mucho que aprender.

10

Solo los aventureros tienen aventuras

El jefe de gabinete de Bill Gates me había dicho que necesitaba un contrato editorial, así que me propuse conseguirlo. Busqué por Google y no me costó mucho saber los elementos básicos. Primero, escribes una propuesta de libro para atraer a un agente literario, quien, por su parte, busca a un editor. Todos los blogs que leí aseguraban que no se podía conseguir un contrato con una gran editorial a menos que se tuviera un agente literario, así que mi forma de verlo era la siguiente: sin agente, no hay Bill Gates.

Compré más de una docena de libros sobre el proceso —*How to Write a Book Proposal* (Cómo escribir una propuesta de libro), *Bestselling Book Proposals* (Propuestas de libros superventas), *Bulletproof Book Proposals* (Propuestas de libros garantizadas)— y los apilé en una inmensa torre en mi escritorio. Al estudiarlos y empezar a redactar la propuesta, utilicé la plantilla de correo a puerta fría de Tim Ferriss para pedir consejo a docenas de autores superventas y, milagrosamente, me llovieron las respuestas. Respondían mis preguntas por correo o hablaban conmigo por teléfono, incluso algunos quedaron conmigo en persona. Su amabilidad me robó el corazón y me ayudaron a entender todos los obstáculos que tenía por delante. Era un escritor joven y desconocido, sin experiencia previa, que quería entrar en la industria editorial en un momento de crisis, donde era difícil incluso para los escritores de éxito conseguir ofertas.

Por esta razón, los autores con los que hablé me dijeron cuán importante era centrarse en ideas de marketing, tanto en la propuesta como en mis conversaciones con los agentes. Me aconsejaron que aprovechara cualquier estadística, cualquier dato que demostrara que mi libro podía venderse porque, sin pruebas, ¿qué agente querría malgastar su tiempo? Pero, ante todo, tenía que saber exactamente a qué agentes llamar.

Un autor me dijo cómo hacerlo.

Me aconsejó que comprara veinte libros parecidos al que quería escribir, que analizara los agradecimientos y que anotara los agentes a los que daban las gracias. Me pasé semanas confeccionando la lista, investigando qué otros libros representaban los agentes y decidiendo qué agentes serían los mejores para mí.

Luego, una noche en el almacén cogí una hoja en blanco y un rotulador negro y escribí a modo de título: «Sin agente, no hay Bill Gates».

Uno a uno, anoté los nombres de veinte agentes, empezando por mi favorito. Colgué la lista en la pared. Al acabar la propuesta, comencé a contactarlos, unos pocos cada vez. Conforme mi segundo año de universidad iba acabando y asomaba el verano, sus respuestas fueron llegando a cuentagotas.

«Los libros como este no venden», me dijo uno. Taché su nombre.

«No creo que encajemos», respondió otro. También lo descarté.

«Ya no llevo a más clientes.»

Cada negativa me dolía más que la anterior. Un día, mientras me devanaba los sesos para saber qué hacía mal, vibró el móvil en mi escritorio. Era un mensaje de Elliott. Con solo ver su nombre, cogí el teléfono de inmediato.

> Estoy en LA... pásate a charlar un rato

Desesperado por un descanso, me fui de cabeza al apartamento de Elliott en Santa Mónica. Allí lo encontré con su hermano de veinticuatro años, Austin, sentados en el sofá, cada uno con un portátil.

—¡Yep! —dije.

Elliott cortó mi entusiasmo con una mirada desdeñosa. Volvió a concentrarse en el ordenador.

—Esta noche nos vamos a Europa —dijo.

—Vaya, qué bien. ¿A qué hora os vais?

—Aún no lo sabemos. Lo acabamos de decidir. Estamos buscando billetes.

¿Cómo podía vivir así? Cuando mis padres viajaban, lo planificaban con seis meses de antelación. Mi padre entregaba gruesos paquetes con fotocopias de su pasaporte, números de emergencia y el itinerario a tres personas diferentes.

—Deberías venir con nosotros —añadió Elliott.

Supuse que bromeaba.

—¿Tienes algún plan este fin de semana? —preguntó.

—De hecho, no.

—Perfecto. Ven con nosotros.

—¿Lo dices en serio?

—Sí, reserva un billete ahora mismo.

—Mis padres no me dejarán ir ni en broma.

—Tienes diecinueve años. ¿Para qué tienes que pedirles permiso?

Estaba claro que Elliott no conocía a mi madre.

—¿Contamos contigo? —me presionó.

—No puedo. Tengo…. una reunión familiar esta noche.

—Vale, pues coge un vuelo mañana por la mañana. Nos encontraremos allí.

No respondí.

—¿Contamos contigo? —repitió.

—Ya no me queda mucho dinero de *El precio justo*. No tengo suficiente para los vuelos, los hoteles y todo eso.

—Ocúpate de los billetes y yo me ocupo del resto.

Ya no me quedaban excusas.

—Genial —dijo—. Te vienes con nosotros.

Aún no lo había decidido, pero no quería cerrarme puertas, así que asentí.

—Perfecto, mañana te subes a un avión y nos vemos en Londres.

—¿Cómo os encontraré?

—Escríbeme al aterrizar. Te enviaré la dirección. Es fácil. En el aeropuerto te metes en el *Tube* y ya te diré en qué parada bajar.

—¿Qué es el *Tube*?

Elliott se rio. Se volvió hacia Austin.

—¡Dios santo!, lo divertido que sería decirle que nos vemos en Londres, pero en lugar de estar allí le dejamos una nota con un acertijo que le diga que estamos en Amsterdam, y cuando llegue allí que tenga otro acertijo que le diga que estamos en Berlín, y luego otro y otro...

Me sonrojé.

—Es una broma, es una broma —zanjó.

Miró a Austin y se pusieron a reírse histéricamente.

Estaba de camino a la cena de sabbat en casa de mi abuela, una reunión que era de todo menos tranquila: treinta primos, tíos y tías en la mesa, cada uno gritando más que el otro. Por esto pensé que era una buena ocasión para contarle a mi madre la idea sobre Europa.

Después de cenar, le pedí a mi madre que habláramos un momento en una habitación. Cerré la puerta y le conté todo sobre Elliott, por qué estaba tan desesperado por aprender de él y cómo había ido nuestra primera reunión.

—Uau —dijo—, qué bueno.

Luego le dije que me iba a reunir con él en Londres al día siguiente.

—¿Qué quieres decir con que os vais a Londres? Me estás tomando el pelo. Apenas conoces a este tipo.

—Sí que lo conozco. Y no es un tipo cualquiera. Es muy conocido en el mundo empresarial.

Con su teléfono, buscó a Elliott en Google. En ese momento me di cuenta de que no era una buena idea.

—¿Qué son todas estas fotos?

—Bueno...

—¿Dónde vive? ¿Por qué en su página web no dice qué hace?

—No lo entiendes mamá. El misterio hace la historia.

—¿El misterio hace la historia? ¿Estás loco? ¿Qué pasa si vas a Londres y el señor Misterio no está allí? ¿Dónde vas a dormir?

—Elliott me ha dicho que me escribirá cuando aterrice.

—¿Que te escribirá cuando aterrices? ¡Estás loco! No tienes el valor para hacerlo. No vas a ir.

—Mamá, lo he pensado mucho. Lo peor que me puede ocurrir es que me deje plantado. Compraré un billete de vuelta y habré malgastado mi dinero de *El precio justo*. Pero, en el mejor de los casos, se convertirá en mi mentor.

—No. En el peor de los casos, no te dejará plantado y, cuando estés con él, no sabes qué te obligará a hacer, no sabes a dónde te llevará, no sabes qué tipo de gente suele frecuentar…

—Mamá, escucha…

—¡No, escúchame tú! Conoces a un tipo y te dice que os veréis en Londres al día siguiente… ¿y tú le dices que sí? ¿Acaso no te hemos enseñado nada? ¿Dónde está tu sentido común? ¿Te has parado a pensar por qué Elliott nunca se queda en una ciudad? ¿Por qué compra su billete con solo unas horas de margen? ¿De qué huye? Y ¿para qué quiere que le acompañe un chico de diecinueve años? ¿Qué tiene pensado?

No tenía respuestas. Pero algo en mi interior me decía que no importaba.

—Mamá, yo gané este dinero. Es mi decisión. Voy a ir.

Se puso roja.

—Hablaremos por la mañana.

Aquella noche, ya tarde, y a través de las paredes del dormitorio, pude oír a mi madre llorar por teléfono mientras hablaba con mi abuela.

—Ya no sé qué hacer con él —sollozó—. Está fuera de control.

Por la mañana, me la encontré en la cocina. Le enseñé el portátil y le dije que, si iba a Londres, tenía que comprar el billete en las siguientes dos horas. La presión no la convenció.

Retomamos la discusión de la noche anterior y, como ocurre en muchas familias persas, era una cuestión de tiempo que pasara de una discusión entre dos a un circo: aparecieron mis hermanas Talia y Briana en pijama y de inmediato empezaron a apoyar ambos bandos, gritándose la una a la otra. Mi padre apareció completamente desconcertado y empezó a gritar:

—¿QUIÉN ES ELLIOTT? ¿QUIÉN ES ELLIOTT?

Llamaron a la puerta. Era mi abuela con una fiambrera llena de pepinos pelados. Preguntó si ya habíamos tomado una decisión.

Quince minutos antes del límite, mi madre seguía en sus trece. Le dije que, a pesar de que la quería mucho, era una decisión que debía tomar yo.

Cuando empezó a contestar, mi abuela la interrumpió.

—Basta —dijo—. Es un buen chico. Déjale ir.

El silencio inundó la cocina.

Mi madre me cogió el portátil. Cuando miré la pantalla, vi que me estaba ayudando a comprar un billete.

11

Abarca más de lo que puedas apretar

Un día después, en una azotea en Londres

No creía que lugares así existieran de verdad. Había docenas —no, centenares— de mujeres altas y hermosas en biquini, con el tipo de curvas que derriten la mente de un chico a quien ni siquiera dejaban entrar en las fiestas de las fraternidades. Estaban hombro con hombro en la piscina, paseando, bañándose bajo el brillante sol del verano. No oía más que risitas, chapuzones y botellas de champán descorchándose. Elliott se reclinó en una tumbona a mi derecha, con el pelo todavía mojado después del chapuzón que acababa de darse. Austin estaba a su lado, rasgueando una guitarra.

—¿Así que —pregunté a Elliott— esto es lo que significa ser un emprendedor?

—Ni lo más mínimo —contestó.

Me contó que apenas sabía lo que significaba la palabra «emprendedor» cuando comenzó la universidad. Lo oyó por primera vez en su primer año. Elliott estaba caminando por el pasillo de su residencia cuando vio que salía vapor por debajo de la puerta de su dormitorio. Entró y vio que su amigo lo había convertido en una improvisada fábrica de camisetas.

—¿Qué estás haciendo? —le preguntó.

Su amigo le explicó cómo funcionaba la serigrafía.

—Qué guapo —dijo Elliott—. ¿Para quién trabajas?

—Para nadie.

—¿Qué quieres decir con «nadie»? ¿Qué empresa te ha contratado?

—Ninguna.

—No puedes trabajar para nadie. ¿Quién te paga, entonces?

—Las personas a las que vendo las camisetas.

—De verdad que no lo entiendo. ¿No tienes jefe ni despacho? ¿Cómo puedes…?

—Tío, se llama «ser emprendedor». Tú también puedes hacerlo.

Parecía fácil: ahí estaba él haciendo una camiseta que luego alguien le compraba por veinte dólares. Además, ¿sin jefe? Para Elliott, era como un sueño. Pero no tenía ninguna idea propia, así que pensó que también podía hacer camisetas.

Le pidió a su amigo que fueran socios y, varias cajas de camisetas sin vender después, lo dejaron. Al año siguiente, crearon una empresa de consultoría de marketing para las tiendas que estaban cerca del campus. Después de nueve meses intentándolo, ninguna los contrató.

Cuando en verano volvió a su casa en Washington D.C., supo que su padre había comenzado a redactar una *newsletter* sobre el sector inmobiliario local. «¿Por qué no vendo anuncios para el boletín?», se preguntó Elliott. Su padre se negó. En aquel momento, Elliott era un universitario con dos empresas fallidas a sus espaldas. Pero, después de insistir, su padre finalmente cedió y Elliott se puso a trabajar. Cogió el periódico local, anotó las empresas que se anunciaban en la sección inmobiliaria y llamó a la primera.

—¡Hola! Llamo para vender espacios para anuncios. ¿Con quién debería hablar?

—Lo siento, no nos interesa.

Clic. Colgó.

Llamó a la segunda de la lista.

—Hola, ¿quién se encarga de la publicidad?

—Ah, el director de marketing.

—¡Oh, perfecto! Me encantaría hablar con él.

—Lo siento, no nos interesa.

Clic. Colgó.

Llamó a otra.

—Hola, ¿quién es el director de marketing?

—Sarah Smith.

—¿Puedo hablar con ella?

—No.

Clic. Elliott pensó en llamarla más tarde.

Una semana después, y con su voz más profesional, dijo:

—Hola, soy Elliott Bisnow, póngame con Sara Smith, por favor.

—Un segundo.

Y le pusieron con ella.

Después de tres semanas de llamadas a puerta fría, Elliott por fin logró su primera cita para vender publicidad en el despacho en D.C. de Jones Lang LaSalle, una importante empresa inmobiliaria. Elliott había oído que, si presentas tres opciones económicas, la primera de las cuales es muy cara y la tercera no tiene atractivo alguno, la gente suele escoger la del medio. Así que creó los paquetes Oro, Plata y Bronce, y el paquete Plata ofrecía diez anuncios por seis mil dólares. No había razón alguna para este precio. Sencillamente, le parecía justo.

Fue a la reunión y dio su discurso. Como era de esperar, el hombre dijo:

—Nos quedaremos con… el paquete Plata.

Elliott no sabía qué hacer después.

—Perfecto —dijo Elliott, tratando de parecer profesional—. Para estar seguros, ¿qué tipo de seguimiento suelen elegir? ¿Tienen alguna preferencia como nuevos clientes?

—Suelen enviarnos una orden de inserción.

—Por supuesto —respondió Elliott. Anotó «orden de inserción» y al llegar a casa lo buscó en internet.

Estuvo pegado al teléfono todo el verano y vendió anuncios por valor de treinta mil dólares. Tenía el veinte por ciento de comisión, así que se embolsó seis mil dólares. Al regresar a la universidad, todos los días se levantaba a las cinco de la mañana para vender anuncios. A base de práctica, se convirtió en un experto de las llamadas a puerta fría. Hizo ventas de veinte mil dólares, de cincuenta mil dólares y algunas de cientos de miles de dólares. Se tomó un semestre libre, luego otro y, al final, dejó la universidad. En los primeros años de su empresa, Bisnow Media, Elliott llegó a vender anuncios por valor de un millón de dólares.

—No es ingeniería aeroespacial —me aclaró Elliott, sentándose en la tumbona—. Y no es tan complicado como lo pintan los libros empresariales, ¿no?

Asentí y le reconocí a Elliott que, en ocasiones, cuando hacía una llamada a puerta fría, me ponía tan nervioso que olvidaba lo que tenía que decir.

—Es porque piensas demasiado —me dijo—. Convéncete de que estás llamando a un amigo, marca el número y empieza a hablar. La mejor cura contra el nerviosismo es la acción inmediata.

La acción inmediata era la base de la vida de Elliott. Esto, más el trabajo duro e implacable, tuvo sus frutos. Diez años después de que Elliott vendiera su primer anuncio, él y su padre vendieron Bisnow Media a una empresa de capital de riesgo por cincuenta millones de dólares en metálico.

—Espera —le dije, entrecerrando los ojos por el sol—: si estabas todo el rato haciendo llamadas, ¿de dónde sacaste tiempo para empezar con Summit?

—Lo empecé como un proyecto paralelo —respondió.

Cuando dejó la universidad, Elliott no conocía a gente de su edad en el mundo empresarial. No solo quería hacer nuevas amistades, sino también relacionarse con gente de la que pudiera aprender. Así que hizo algunas llamadas a puerta fría a algunos jóvenes emprendedores sobre los que había leído en una revista y les preguntó: «¿Y si nos juntamos un fin de semana para pasarlo bien?».

Reunió a los fundadores de CollegeHumor, TOMS Shoes, Thrillist, junto con más de una docena de emprendedores, y se fueron a esquiar un fin de semana, a gastos pagados por Elliott. Incluso les abonó los billetes de avión. Por descontado, en realidad no tenía todo ese dinero, así que cargó los treinta mil dólares a una tarjeta de crédito y se dio hasta final de mes para saldar la deuda.

Entonces hizo lo que mejor saber hacer: llamó a puerta fría a varias empresas y les preguntó si querían patrocinar un congreso con los veinte mejores emprendedores jóvenes de Estados Unidos... y le dijeron que sí.

—Mi madre me ayudó a reservar la cabaña, alquilé algunos coches y, cuando todo el mundo llegó, las cosas casi salieron solas

—dijo Elliott—. Recuerdo que le pregunté a mi madre: «¿Qué debería llevarles? Es decir, ¿manazas o barritas de muesli? ¿Qué tipo de barritas de muesli? ¿Y de dónde saco barritas de muesli?». No tenía ni idea de lo que estaba haciendo. Desde entonces, he vivido mi vida con este lema: «Abarca más de lo que puedas apretar». Luego ya verás cómo apretar.

Elliott se abanicó el rostro con un menú de cócteles y miró alrededor de la terraza.

—Aquí hace un poco de calor.

Sacó el iPhone, abrió la aplicación del clima y empezó a mirar qué tiempo hacía en otras ciudades de Europa.

—¿Treinta y tres grados en París? No. ¿Treinta en Berlín? No. ¿Veintinueve en Madrid? De ninguna manera.

Se reclinó en la tumbona, alzando el mentón y pasando de ciudad en ciudad como si fuera Zeus en el monte Olimpo.

—Oh, sí —dijo al final—. Barcelona: veintidós grados y soleado.

Abrió otra aplicación, compró tres billetes de avión y salimos por la puerta.

12

Así se hacen los negocios

Ocho horas después, en una discoteca en Barcelona

La música retumbaba mientras siete camareras desfilaban delante de nosotros, con bengalas en una mano y botellas gigantes de vodka en la otra. Siete botellas para seis personas. Siempre que alguien le daba a Elliott un chupito, sonreía, decía «¡Salud!» y, mientras los demás se tomaban sus chupitos, vertía el suyo en una maceta que tenía al lado.

El avión había aterrizado tres horas antes. En el vestíbulo del hotel, Elliott se topó con un magnate de los medios peruanos al que conocía y que nos invitó a una fiesta en la discoteca del hotel. Al sentarnos a su mesa, Elliott me colocó al lado del magnate de los medios y me conminó a contarle mi historia de *El precio justo*. Mientras lo hacía, el hombre empezó a distraerse. Entonces Elliott intervino y recondujo el relato, añadiendo detalles divertidos que me había olvidado incluir y, al final, acabamos todos riendo y el magnate me pidió el correo para estar en contacto.

Después, Elliott señaló a otro tipo que estaba en la mesa y me dijo:

—Alex, cuéntale la historia.

Lo hice y, al acabar, señaló a otro hombre.

—Ahora, cuéntasela a él.

Y siguió señalando a más gente.

—Cuéntala otra vez. Otra vez.

Empezó a señalar a completos desconocidos. Cuanto más incómoda era la situación, mejor lo hacía. Cada repetición era un golpe a El Pavor. En cierto momento, ya apenas lo sentía.

—Esto es lo que no entiendes —me dijo Elliott—. Tal vez pienses que a todos les encanta tu historia porque estuviste en un programa de la tele. Pero cómo cuentas la historia es más importante que la historia en sí.

Ya eran las dos de la madrugada. Observé a Elliot mezclarse con otras personas de nuestra mesa. En clase, nos enseñaban a ser profesionales con los nuevos contactos. A intercambiar tarjetas de presentación, correos mejor que mensajes de texto. Pero Elliott hacía lo contrario.

No era una habilidad innata, me confesó. Al salir a la terraza de la discoteca, Elliott reconoció que de niño no tenía muchos amigos. Era bajito y regordete, y en el colegio se sentía invisible. Los abusones lo llamaban «enano». Pronunciaban su apellido como *big-nose* (narizotas) en lugar de *bis-now*. Solo se sentía seguro en la pista de tenis. Decidió dejar el instituto durante el tercer año y apuntarse a una academia de tenis. En la universidad, su vida social no mejoró. La mayoría de los estudiantes no querían salir con él ni lo invitaban a las fiestas. Logró tener una novia, pero pronto lo plantó porque pensaba que era muy extraño que se levantara tan pronto para hacer llamadas a puerta fría. Al dejar la universidad, los problemas sociales continuaron. Acumulaba tantas tarjetas de presentación en eventos de *networking* que utilizaba cajas de zapatos para guardarlas. Pero, por aquella época, una noche, aprendió la lección.

Se puso traje y corbata, y quedó con un cliente potencial en un asador. Estaba nervioso. Era la primera vez que tenía una cita fuera de la oficina. Cuando Elliott saludó al cliente, el hombre lo miró y negó con la cabeza.

—Elliott, quítate la chaqueta. Quítatela. Ahora, la corbata. Arremángate. Elige asiento.

Elliott había reservado una mesa en un rincón. El cliente le dijo que no se iban a sentar ahí. Lo llevó a la barra.

—Señora, dos de patatas con queso y cerveza.

—Creía que era una reunión de negocios —dijo Elliott.

—Relájate. Cuéntame sobre ti.

Se contaron historias, bromearon y Elliott se dio cuenta de que, de hecho, tenían muchas cosas en común. Después de conocerse durante una hora, el hombre dejó la bebida en la barra y dijo:

—De acuerdo, ¿qué quieres venderme?

—Pues bien —respondió Elliott—, me gustaría que hicieras esto, eso y lo otro, y a este precio.

—Pues bien, a mí me gustaría hacerlo a este precio, y me gustaría hacerlo de esta manera. ¿Funcionará?

—¿Podríamos cambiarlo un poco?

—Sin duda —contestó el hombre—. ¿Te parece bien?

—Me parece fantástico.

Se dieron la mano y cerraron un trato de dieciséis mil dólares. Se divirtieron una hora más y, cuando se levantaron, el hombre miró a Elliott y le dijo:

—Chico, así se hacen los negocios.

Elliott y yo abandonamos la discoteca y nos fuimos hacia nuestra habitación.

—En serio, no creía que fueras a venir —me dijo mientras caminábamos por el pasillo.

—¿Qué quieres decir?

—Cuando te propuse venir a Europa con nosotros, dudaste. Me ha sorprendido que vinieras. ¿Por qué lo has hecho?

—Lo pensé de forma lógica —respondí—. En el mejor de los casos, iba a obtener una inmejorable experiencia de aprendizaje contigo. En el peor, perdería algo de dinero, lo cual me habría afectado, pero la vida sigue, ¿no?

Elliott dejó de caminar. Me clavó la mirada, pero no dijo nada. Y, luego, volvió a caminar.

Unos minutos después, Austin llegó a la habitación y nos preparamos para ir a dormir. Elliott estaba en una cama, Austin en otra y yo en una cama plegable al lado del baño. Apagué las luces. Unos minutos después, oía a Elliott susurrando:

—Alex, ¿estás despierto?

Yo estaba rendido y sin ganas de hablar, así que no dije nada. Treinta segundos después, le oí susurrar hacia el otro lado de la habitación.

—¿Austin? —dijo con una sonrisa que pude palpar en la oscuridad.

Se oyó el movimiento de las sábanas.

—Austin… es uno de los nuestros.

13

Vida exponencial

—Cuéntale a Alex la historia de los Hamptons —le dijo Austin a Elliot.

Al día siguiente y estábamos comiendo en un bar de la Rambla de Barcelona y me sentía sorprendentemente descansado. Elliott había insistido en que durmiéramos ocho horas, en que practicáramos yoga por la mañana y en que trabajáramos un buen rato antes de dejar el hotel. No bebía ni fumaba, y tenía reuniones telefónicas mientras caminábamos por las calles. Entre bastidores, su vida era mucho más equilibrada de lo que parecía.

—Oh, tío, ¿la historia de los Hamptons? —exclamó Elliott—. Alex, esta te va a encantar.

Un año después de dejar la universidad, Elliott supo de la existencia de una competición de tenis entre profesionales y aficionados en los Hamptons. Para poder jugar, los no profesionales como Elliott debían donar cuatro mil dólares a la beneficencia. Elliott conocía a un individuo rico de Washington D.C. que iba a ir con un jet privado y se propuso ir con él.

—Aunque no tenía mucho dinero —continuó—, decidí hacer la donación y jugar el torneo, porque pensé: «Si lo hago, ¡pareceré un triunfador! Y además volaré en un avión privado, llegaré a los Hamptons, todos pensarán que soy uno de ellos y, a partir de aquí, ya veré qué hago».

Durante los tres días del torneo, otros participantes le preguntaron qué pensaba hacer el resto de la semana. Elliott respondió que planeaba quedarse en los Hamptons —lo cual era mentira—, pero que no tenía dónde dormir, de modo que incitaba a que le dijeran «Oh, ¡deberías quedarte conmigo!», y Elliott respondía inocentemente «¡Claro, me encantaría quedarme contigo! Eres muy amable. Gracias por ofrecérmelo».

Cuando la estancia estaba llegando a su fin, Elliott se movía a sus anchas con el Austin Martin que un tipo le había prestado, dormía en mansiones y veía partidos de los Yankees por la televisión con uno de los dueños del equipo.

—Era un mochilero en los Hamptons —explicó Elliott—, y estaba dentro. Aquella competición se convirtió en una aventura de tres semanas.

En el torneo, conoció a un ejecutivo de Goldman Sachs quien le comentó que tal vez su empresa podría patrocinar el segundo encuentro Summit. Elliott le dijo que Goldman ni siquiera tendría que pagar si le permitían mostrar el logo en la página de «patrocinadores» en internet. Entonces, Elliott llamó a otras empresas y les dijo: «Mire, ahora mismo es casi imposible ser un patrocinador de Summit. Trabajamos con muy pocas empresas, y nuestro nuevo cliente es Goldman Sachs, de modo que, si va en serio, seamos serios. Nosotros solo trabajamos con los mejores». Este es otro ejemplo de Credibilidad Prestada. La relación con Goldman Sachs le permitió a Elliott conseguir otros patrocinadores, lo que supuso gran parte del éxito final de Summit.

—La clave de esta historia no es tanto gastar dinero sin ton ni son como hacer una inversión personal —siguió—. Debes calcular que la cantidad de dinero que inviertes la recibirás de vuelta con creces a largo plazo, o de forma razonable a corto plazo para cubrir tus gastos. Aparte del dinero con el que vives, el resto es para jugar el partido de la vida.

A medida que comíamos, no podía sacarme una palabra de la cabeza: «impulso». ¿Cómo Summit pasó de ser una reunión de amigos para ir a esquiar «a convertirse» en un «regalo para Estados Unidos», según el presidente Clinton? Me parecía que me faltaba una pieza del rompecabezas, así que le pregunté a Elliott sobre los inicios de Summit.

Me dijo que unos años después del primer Summit, leyó *La*

semana laboral de 4 horas de Tim Ferriss, vendió todo lo que tenía, dejó de trabajar diariamente en Bisnow Media y se puso a viajar por el mundo, viviendo entre Nicaragua, Tel Aviv y Amsterdam. Por aquella época, volvió a Estados Unidos para visitar a sus padres en Washington D.C. y fue a una fiesta en la que conoció a un hombre llamado Yosi Sergant, el cocreador, junto con Shepard Fairey, de la campaña «HOPE» de Obama. La administración Obama le había encargado invitar a jóvenes emprendedores a la Casa Blanca, y cuando Elliott le contó la historia de Summit, Yosi le propuso organizar un encuentro en la Casa Blanca. Elliott no sabía si podría lograrlo o no, pero respondió que sí de todos modos. Dio por supuesto que ya se le ocurriría algo. Yosi llamó una semana después.

—El encuentro está listo. Será el viernes.

—¿Qué viernes? —preguntó Elliott.

—El próximo viernes.

—Imposible, estaré en…

—Y necesitamos todos los nombres y los números de la Seguridad Social el martes por la tarde. Esperamos treinta y cinco personas.

—Pero ¿cómo vamos a conseguir que digan que sí con solo cuatro días de antelación?

—Limítate a decirles a todos: «Cuando la Casa Blanca llama, se responde».

Así que Elliott comenzó a llamar a diferentes personas que había conocido planificando otros encuentros Summit y estas le dieron el contacto de otros emprendedores, desde el cofundador de Twitter hasta el CEO de Zappos. Elliott los llamó utilizando su voz más profesional: «Hola, soy Elliott Bisnow, de las Summit Series. Tengo un mandato de la Casa Blanca. Estoy organizando un grupo a petición de la Oficina Ejecutiva del Presidente y nos gustaría esto y esto otro».

Yosi insistió en que estuvieran presentes los fundadores de Method, los jabones ecológicos. Así que Elliott los llamó.

—Hola, soy Elliott Bisnow y quiero hablar con Eric Ryan y Adam Lowry. Páseme con su asistente de inmediato.

Pasaron la llamada.

—¿En qué puedo ayudarle?

—Llamo de parte del presidente de Estados Unidos de América. La Casa Blanca requiere la presencia de los señores Ryan y Lowry el próximo viernes.

—Bueno, es muy amable por su parte, pero no es posible. Tienen programada una conferencia extremadamente bien pagada para el viernes.

—Señora —dijo Elliott, bajando la voz—, cuando la Casa Blanca llama, se responde.

No hizo falta más para que cancelaran la conferencia.

Unos días antes, Elliott se había dado cuenta de que Yosi no estaba planificando realmente un encuentro del nivel que él pensaba. Para no parecer un idiota frente a sus nuevos amigos emprendedores, Elliott llamó a puerta fría a las oficinas de la Casa Blanca y divulgó el rumor entre los altos cargos de la administración de que no estaban invitados a este encuentro «exclusivo», para que exigieran, en respuesta, que contaran con ellos. Elliott les dijo:

—No sé si habéis oído algo, pero los mejores emprendedores jóvenes de Estados Unidos van a venir a la Casa Blanca, y todo el que sea alguien está invitado.

Y funcionó. La gente que organizó el paquete de estímulos económicos, el personal del Consejo Económico Nacional, el equipo de Medioambiente... todos se presentaron. La cosa llegó hasta tal punto que Rahm Emanuel, el jefe de gabinete de Obama, llamó a Yosi y le preguntó gritando por qué nadie le había invitado.

El encuentro fue tan bien que Summit empezó a ser conocido, y al final la Fundación Clinton llamó a Elliott y le pidió que organizara una recaudación de fondos. Más tarde, el equipo de Summit planificó otro evento en la capital, esta vez con setecientas cincuenta personas. El siguiente tuvo lugar en un crucero por el Caribe con mil personas. Los eventos ganaban cada vez más popularidad, y el siguiente se organizó en una estación de esquí en el lago Tahoe. Ahora, Elliott se iba a comprar una montaña privada en Eden, Utah, para convertirla el hogar de la comunidad Summit.

Cuatro días más tarde, en Nueva York

—El noventa y nueve por ciento de las personas —me dijo Elliott— nunca entenderán lo que voy a decirte.

Por primera vez en toda la semana, estábamos solos. Elliott le había dicho a Austin que quería hablar conmigo a solas. Estábamos tomando algo en una azotea mientras caía el sol, observando el *skyline* de Manhattan.

—Verás, la mayoría de las personas viven una vida lineal —comenzó—: van a la universidad, hacen prácticas, se licencian, encuentran trabajo, los ascienden, ahorran para las vacaciones anuales, trabajan para que los vuelvan a ascender, y así toda su vida. Sus vidas van paso a paso, lenta y predeciblemente.

»Pero las personas con éxito no creen en este modelo. Optan por la vida exponencial. En lugar de ir paso a paso, se los van saltando. Te dicen que tienes que hacer lo correcto y acumular años de experiencia antes de caminar solo y conseguir lo que de verdad quieres. La sociedad nos alimenta con esta mentira de que debes hacer x, y y z antes de poder cumplir con tu sueño. Pero es una gilipollez. La única persona cuyo permiso necesitas para vivir una vida exponencial eres tú mismo.

»A veces, la vida exponencial te llega sin comerlo ni beberlo, como le ocurre a un niño prodigio. Pero, en la mayoría de las ocasiones, para personas como tú y yo, hay que coger el toro por los cuernos. Si de verdad quieres marcar la diferencia, si quieres vivir una vida de inspiración, aventura y éxito salvaje, tienes que agarrarte a esta vida exponencial y aferrarte a ella con todas tus fuerzas.

Lo miré, asintiendo con la cabeza, ensimismado.

—¿Es lo que quieres?

Cada fibra de mi cuerpo respondió con un sí.

Pero Elliott no esperó a que respondiera.

—Vale, vamos al grano —me dijo—. Estás cometiendo un terrible error.

—¿Qué?

—No vas a tener diecinueve años siempre. No puedes vivir del dinero de un programa el resto de tu vida. Debes dejar de obsesionarte con conseguir estas entrevistas estúpidas. Hay un momento en la vida en que debes dar un paso al frente. Creo que estás preparado. Deja tu misión y ven a trabajar conmigo.

No dije nada.

—Mira —continuó—, la misión está muy bien y todo eso. No pretendo ofenderte, pero no es una carrera. Te ha traído hasta este punto: felicidades, tienes lo que querías. Estabas perdido y ahora sabes a dónde ir. Es hora de pasar al siguiente nivel. No se gana dinero escribiendo. Se gana dinero en los negocios. Y estoy dispuesto a darte un pase preferente. Sal de la cola y veámonos delante. Ha llegado el momento de que te pongas a jugar.

—Me gustaría pensarlo un poco…

—¿Qué tienes que pensar? Te pagaré más de lo que nunca hayas querido. Te enseñaré más de lo que necesitas saber. Y te llevaré a lugares que no podrías imaginar.

—Sin duda es increíble —dije, midiendo las palabras—, pero la misión es verdaderamente importante para mí y…

—De acuerdo. Pásame por correo la lista de personas que quieres entrevistar. Los conseguiremos todos, pagaremos a alguien para que redacte el texto y podrás empezar a trabajar para mí la próxima semana.

Elliott esperaba mi respuesta, pero no me salían las palabras.

—Si no aprovechas esta oportunidad —me aseguró—, estarás cometiendo el mayor error de tu vida. Dime si habrá otra ocasión en la que alguien te haga una oferta como esta. Y sin el esfuerzo de escalar: te acogeré bajo mi ala y subiremos a lo más alto. Todo lo que soñaste en tu dormitorio, te lo doy ahora. Deja de buscar entrevistas, abandona la misión y trabaja conmigo. ¿Qué me dices?

14

La lista de descartables

Un día después, en Eden, Utah

Veía pasar prados de hierba amarilla y viejas cabañas de madera por la ventana del coche de alquiler. Elliott vivía en una ciudad llamada Eden: población, seiscientos habitantes. Si aceptaba su oferta, este sería mi nuevo hogar, a una hora al norte de Salt Lake City por una carretera de un solo carril.

«No me van las cabañas de madera…»

«Pero sería una locura decirle que no. Trabajar con él lo cambiaría todo…»

Era viernes y Elliott quería una respuesta antes de acabar el fin de semana.

Seguí conduciendo, giré una curva y llegué a una larga entrada para coches: fue entonces cuando la vi: una cabaña de madera enorme, del tamaño de una mansión. Estaba junto a un lago cristalino, con un bosque de gruesos árboles perennes y una altísima cordillera montañosa como telón de fondo. El jardín de la parte frontal tenía el tamaño de un campo de fútbol. Esa era la casa de Elliott.

Aquella mañana, habíamos tomado aviones separados desde Nueva York. Entré en su casa y encontré a Elliott en el amplísimo salón.

—Esta casa es de cuento.

Elliott sonrió.

—Espera a ver lo que hemos construido en la montaña.

Me explicó que era una casa temporal donde él y una docena de empleados vivían y organizaban los Summit. Aquel fin de semana recibía a un centenar de asistentes que se hospedaban en cabañas más pequeñas a unos pocos kilómetros de allí. Elliott estaba en proceso de comprar la montaña Powder, a quince kilómetros al norte. En la ladera posterior estaba construyendo su utopía empresarial.

—Ve a por algo de comer y siéntete como en casa —me dijo Elliott y, antes de que pudiera responder, ya se había ido a saludar a otro invitado.

Fui hacia la cocina y me embargaron unos aromas tan maravillosos que soñé con no tener que volver nunca más al comedor universitario. Tres cocineros privados estaban preparando bandejas rebosantes de huevos revueltos, fritos, pochados, panceta crujiente, montones de esponjosos panqueques de arándanos, hileras de torrijas caramelizadas, cuencos gigantes de pudin de chía, helado de bayas y aguacates machacados aderezados con aceite de oliva y sal del Himalaya. Había una larga barra llena de rosquillas, pan y rollos de canela caseros congelados. En otra barra, fruta fresca cortada y vegetales cultivados en una granja vecina. «Hola, Eden.» Llené el plato hasta rebosar y me senté junto a un hombre que comía solo.

Llevaba el cabello largo y tenía los brazos cubiertos de tatuajes. En pocos minutos, ya hablábamos como si nos conociéramos desde hacía años. Me contó que había surfeado en aguas infestadas de tiburones y no dejamos de conversar durante una hora. Intercambiamos información y quedamos en vernos en Los Ángeles. Más tarde supe que era el cantante de Incubus, la banda de rock con varios discos de platino.

Otra persona se unió a nuestra mesa, el antiguo presentador de *TRL* de la MTV. Luego se sentó otro hombre con nosotros, uno de los consejeros económicos de Barack Obama. Ahí estaba yo, tratando de desayunar.

Me di cuenta de que Elliott nos estaba mirando desde una barandilla del segundo piso. Me señaló y gritó:

—¡Ahí está mi desertor universitario favorito!

Me dieron escalofríos: oía la voz de mi abuela retumbar en mi cabeza. *Joneeh man.*

Volví a recuperar el ánimo cuando salí y vi una pizarra con una lista de las actividades del día. Había yoga, excursionismo, equitación, bicicleta de montaña, voleibol, *ultimate frisbee*, meditación, quads y salto en paracaídas. Podía asistir a un curso de supervivencia con un experto en vida salvaje o a un curso de escritura que daba un campeón nacional de poesía *slam*. Me decidí por el voleibol y uno de los jugadores de mi equipo era el neurocientífico cuya charla TED había visto en la clase de Biología del año anterior. Luego me subí a un trampolín junto con una mujer que en 2009 había sido Miss Estados Unidos. Me fui al círculo de meditación y, a mi izquierda, había un exjugador de la Liga Nacional de Fútbol y, a mi derecha, un chamán indoamericano. Seguí dando vueltas toda la tarde y me sentí como Harry Potter en su primer día en Hogwarts.

Cuando Elliott veía que no estaba hablando con nadie, me cogía de la cintura y me presentaba a otra persona. Estaba en una máquina pinball de inspiración, haciendo rebotar las paletas y ganando mil puntos por minuto.

Todo lo de aquel lugar parecía ser más. La energía de la gente era más vibrante, sus risas más contagiosas, sus carreras más interesantes, sus historias más hilarantes. Incluso el cielo parecía más azul. Antes, cuando me tumbaba en la cama, notaba como si me ahogara. Aquí, podía respirar.

Cuando el sol empezó a ponerse, entramos a cenar. El salón se había transformado en la sala de un restaurante de cinco estrellas. No era el lujo habitual: era como si Paul Bunyan estuviera dirigiendo el Ritz-Carlton. Copas de vino relucientes junto a tarros rústicos. Cientos de velas brillantes iluminaban mesas de picnic. Sobre mi cabeza colgaba una imponente araña que iluminaba las cabezas de un alce y un oso negro que habían colocado en la pared. Me senté frente a una mujer que parecía saltar entre tres conversaciones a la vez. Su entusiasmo era tan electrizante que no me di cuenta de que la estaba mirando boquiabierto.

—Eh, tú —me dijo—, Miki Agrawal.

Chocamos los puños y luego señaló a los hombres que estaban junto a nosotros.

—Este es mi amigo Jesse, este es mi amigo Ben y este es mi novio Andrew.

Me presenté y Miki siguió hablando.

—Alex, ¿quieres oír una historia disparatada? Conocí a Jesse en un partido de fútbol improvisado que hicimos en Central Park hace diez años. Vendía libros de texto por teléfono, a veinticinco céntimos cada uno. Le dije que era demasiado listo para eso y que tenía que ponerse las pilas. Quedamos un par de veces, pero, prácticamente, no lo había visto desde entonces. Y hoy voy y descubro que... ahora es un ejecutivo de Nike.

Miki resplandeció como si lo hubiera logrado ella misma.

—¡Ben, tienes que contarle a Alex tu historia! —Antes de que Ben pudiera dejar la copa de vino en la mesa, Miki ya la estaba contando—. Es de locos: Ben y sus amigos estaban en la universidad, totalmente de bajón, así que confeccionaron una lista de las cien cosas que querían hacer antes de morir. Se compraron una furgoneta, viajaron por todo el país, fueron tachando cosas de la lista Y... cada vez que lo hacían, también ayudaban a que un extraño cumpliera su sueño. ¡Vamos, Ben! ¡Cuéntale a Alex algunas de las cosas que hicisteis!

Ben comenzó a explicar que había jugado a baloncesto con el presidente Obama, que había jugado en un partido de fútbol profesional, que había ayudado en un parto y que había ido a Las Vegas y había apostado doscientos cincuenta mil dólares al negro. Siguió con estas aventuras durante años y lo convirtió en el programa de la MTV *The Buried Life*, que luego se convirtió en un best seller. Cuanto más hablaba Ben sobre lo reconfortante que era cumplir sus sueños, más pensaba en que Elliott me estaba pidiendo que dejara el mío en la estacada.

—En gran medida, cuando acabé la universidad, yo era más bien lo opuesto a Ben —dijo Miki—. Trabajaba en Wall Street y lo odiaba.

—¿Qué cambió? —pregunté.

—El once de septiembre —respondió.

Miki tenía programado un desayuno de negocios en el patio del World Trade Center cuando la Torre Norte recibió el impacto.

—Fue la primera vez en toda mi vida que me dormí y no me presenté a una cita.

Entre los miles de personas que aquel día murieron trágicamente, había dos compañeros de Miki.

—Me di cuenta de que nunca sabes cuándo se te acabará la vida —dijo—. Y pensé que sería una idiota si desperdiciaba mis días viviendo la vida de otro en lugar de la mía.

Sentí que mi cuerpo era como la cuerda del juego de Estira y afloja. Elliott tiraba de un lado, Miki y Ben de otro.

Miki explicó que después de aquello dejó su empleo y se dedicó a satisfacer todos sus intereses. Se entrenó para jugar en un equipo de fútbol profesional, escribió un guion cinematográfico y luego abrió una pizzería ecológica con ingredientes sin gluten en el West Village de Nueva York. Ahora estaba lanzando una colección de lencería femenina llamada THINX y escribiendo un libro titulado *Do Cool Shit* (Haz cosas geniales).

—¡Alex, te toca! —exclamó Miki—. ¡Tu historia! ¡Vamos, vamos!

Cuando les conté la historia de *El precio justo* se rieron, lo celebraron y chocamos los cinco. Miki me preguntó cuál era el siguiente paso de la misión y le dije que debía buscar un agente literario para así conseguir un contrato editorial y llegar hasta Bill Gates.

—Por ahora —dije—, todos los agentes con los que he contactado me han dicho que no.

—Tío, te presentaré a mi agente —intercedió Ben.

—¡Habla también con la mía! —dijo Miki—. ¡Le vas a encantar!

—¿Estáis de broma? Sería increí…

Sonó el tintineo de un tenedor contra una copa.

Elliott estaba al fondo de la sala, preparando un brindis.

—Aquí en Summit —comenzó—, tenemos una pequeña tradición. Nos gusta dedicar un momento durante la cena a dar las gracias: por nuestros cocineros, por la comida y por cada uno de vosotros. ¡Bienvenidos a Eden!

Brindamos y toda la sala estalló en vítores. Elliott continuó y dijo que quería dar las gracias a una persona en particular: a Tim Ferriss.

Elliott alzó la copa hacia Ferriss, quien estaba sentado a solo unas mesas de nosotros, y dijo que Tim había sido la primera persona que le enseñó que, para triunfar, no tenía que estar sentado todo el día frente a un escritorio. Podía trabajar mientras viajaba, emprendía aventuras y expandía su mente.

—Tim —dijo Elliott— me enseñó cómo reimaginar mi vida.

Un centenar de pares de ojos se volvieron hacia Ferriss y lo bañaron con una luz colectiva.

—¡Por Tim! —gritó Elliott.

—¡Por Tim! —respondimos al unísono.

—Y, de la misma forma que Tim fue mi mentor y tiene un lugar especial en mi corazón —continuó Elliott—, hay alguien aquí que empieza a ocupar un lugar parecido. Igual que le envié un correo a puerta fría a Tim cuando yo estaba empezando, esta otra persona me lo mandó a mí.

Empecé a sentir que el corazón se me salía por la boca. Elliott contó la historia de *El precio justo* mejor de lo que yo jamás hubiera podido. Luego alzó su copa hacia mí.

—Este es el tipo de creatividad que nos encanta en Summit. Es el tipo de energía que potenciamos. Por esta razón he tomado bajo mi protección a Alex Banayan, y por esta razón estoy orgulloso de darle la bienvenida como el miembro más nuevo de nuestra comunidad. ¡Por Alex!

Si el viernes me había sentido como un pinball, el sábado era un imán.

«¿Eres el chico del que habló Elliott ayer?»

«¿Eres el que amañó *El precio justo*?»

«¿Desde cuándo conoces a Elliott?»

«¿Sois familia?»

«¿En qué proyecto estás trabajando ahora?»

«¿En qué puedo ayudarte?»

Elliott no solo me había llevado a un mundo nuevo, sino que además había tirado abajo las puertas.

«Es lo que siempre he querido —pensé—. Si trabajo con Elliott, nunca tendré que irme. Todas estas personas se acercan a mí, me ofrecen su ayuda con la misión… Pero, si acepto su oferta, no habrá más misión…»

El domingo por la mañana, me senté solo a la mesa de desayunos, demasiado confuso para comer. Seguía oyendo las palabras que

Elliott me había dicho en Nueva York: «Si no aprovechas esta oportunidad, estarás cometiendo el mayor error de tu vida».

Cuanto más reflexionaba sobre la oferta, más sentía la amenaza subyacente. Algo en su tono y en su mirada me decía: «Si dices que no, hemos acabado».

No más Eden, no más mentor.

En pocas horas debía irme para coger el avión que me llevara a casa. Y seguía sin saber qué iba a decirle.

—¿Una mañana dura?

Un participante cogió una silla y se sentó junto a mí, con una taza de café.

—Eh, algo así.

Era un hombre alto, con una expresión amable. Por razones que aclararé después, usaré un pseudónimo y lo llamaré Dan Babcock.

Debía de estar desesperado por deshacerme de estos pensamientos porque muy pronto me vi confesándole a Dan mi conflicto interno.

—¿Qué crees que debería hacer?

—No creo que nadie te lo pueda decir —contestó Dan—. Es una decisión difícil. La única persona que conoce la respuesta correcta eres tú. Pero puedo compartir algo contigo que tal vez te ayude.

Dan sacó una libreta, arrancó un par de hojas y me las ofreció.

—He trabajado siete años para Warren Buffett y, de todo lo que me ha enseñado, este fue su mejor consejo.

Saqué un bolígrafo de mi bolsillo.

—En la primera hoja —dijo Dan—, escribe una lista con las veinticinco cosas que quieras hacer en los próximos doce meses.

Escribí cosas relacionadas con mi familia, con el trabajo con Elliott, con la misión, lugares que quería visitar, libros que quería leer.

—Si solo pudieras hacer cinco de ellas en los próximos tres meses, ¿cuáles elegirías?

Las marqué con un círculo. Dan me dijo que las copiara en la otra hoja y que las tachara de la primera.

—Ahora tienes dos listas. En la de cinco, escribe «La lista prioritaria».

Así lo anoté.

—Muy bien —contestó—. Ahora, en la lista de veinte, escribe «La lista de descartables».

—¿Cómo?

—Este es el secreto del señor Buffett. La clave para poder cumplir con las cinco cosas más importantes es descartando las otras veinte.

Miré mi lista de cinco. Luego, la de veinte.

—Entiendo lo que quieres decir —repuse—. Pero hay algunas cosas en la lista de descartables que de verdad quiero hacer.

—Tienes que elegir: puedes ser bueno en esas veinte cosas o puedes ser el mejor del mundo en esas otras cinco. La mayoría de las personas tienen tantas cosas que quieren hacer que no hacen bien ninguna de ellas. Si algo he aprendido del señor Buffett es que la lista de descartables es el secreto para ser un fuera de serie. El éxito —añadió— es el resultado de priorizar tus deseos.

Cada camiseta que metía en mi bolsa de viaje me recordaba a un día que había pasado en Barcelona; cada par de pantalones, a una noche en Nueva York. Me subí al coche de alquiler, fui a la cabaña de Elliott y me lo encontré en la puerta principal, charlando con uno de sus invitados. Se despidieron y vino hacia mí.

—¿Has disfrutado del fin de semana? —me preguntó.

—Ha sido increíble —contesté—. No sé cómo darte las gracias. Y… y creo que ya tengo una respuesta.

Sonrió de oreja a oreja.

—Me encanta Summit —dije—. Y nunca he tenido un mentor como tú en toda mi vida. Pero, a la vez, no creo que pueda vivir haciendo dos cosas a medias. Tengo que hacer una sola cosa bien. Y tiene que ser la misión.

Elliott apretó la mandíbula. Dejó caer la cabeza lentamente, como si tratara de reprimir su enfado.

—Estás cometiendo un grave error —dijo.

Pero se contuvo antes de decir nada más. Respiró hondo y dejó caer los hombros.

—Si es lo que tienes que hacer —dijo al final—, es tu decisión… y te respeto todavía más por haberla tomado.

Me puso una mano en el hombro.

—Y, para que lo sepas —añadió—, siempre tendrás un hogar aquí. Te quiero, tío.

15

No puedes superar a Amazon siendo Amazon

Al día siguiente, volví al almacén sintiéndome totalmente renovado. Fijé la mirada en la hoja blanca de la pared. Tenía seis palabras escritas y, en aquel punto de mi vida, no había nada más importante: «Sin agente, no hay Bill Gates».

Sin un agente literario, no podría conseguir un contrato editorial. Y, sin contrato editorial, no podría entrevistar a Gates. Desde el primer día que comencé este viaje, sentí que el consejo de Bill Gates sería mi Santo Grial, así que, desde mi perspectiva, la misión no estaría completa sin él.

Me senté al escritorio, abrí el correo y, por descontado, había otra negativa. Le quité el tapón al bolígrafo y taché otro nombre de la lista. Ya había tachado diecinueve de los veinte nombres.

Observé la torre de libros sobre el proceso de publicación que había en el escritorio. Había seguido cada una de sus palabras. Había hecho todo lo que me habían recomendado los autores superventas.

«¿Por qué no está funcionando?»

Pero esta última negativa era diferente a las demás. No me dolió tanto. Cuando taché el nombre de este agente, me pareció como si tachara la idea en sí misma de la lista. Ya no la necesitaba. Ahora tenía a Miki y a Ben.

Llamé a Miki para asegurarme de que su oferta seguía en pie.

—¿Estás de broma? —dijo—. ¡Claro! A mi agente le vas a encontar. ¡Vente a Nueva York!

—¿Cuándo iría bien que...?

—Compra el billete ahora mismo. Y ni se te ocurra gastarte dinero en un hotel. Te quedarás en la habitación de invitados de mi apartamento.

Cuando llamé a Ben, también me dijo que no había ningún problema en organizarme un encuentro con su agente.

Compré un billete a Nueva York y, al día siguiente, justo antes de irme, arranqué la lista de agentes de la pared del almacén para tirarla a la basura. No sé por qué, pero algo en mi interior me dijo que no lo hiciera, así que la doblé y me la guardé en el bolsillo.

Al llegar al aeropuerto JFK me metí en un taxi y fui directo a la pizzería ecológica de Miki en el West Village. Tan pronto como dejé la bolsa en el almacén, Miki se sentó conmigo y fue directa al grano.

—¿Con qué agentes has hablado hasta ahora?

Ahora sabía por qué no había tirado la lista. La saqué del bolsillo. Miki señaló el primer nombre.

—¿Por qué esta es la única que no está tachada?

—Bueno, es la agente que más me gustaba. Ha representado veintitrés libros que se han convertido en superventas del *New York Times*. Tiene sus oficinas en San Francisco, logra muy buenos contratos con grandes editoriales y...

—Lo pillo, lo pillo. Pero ¿por qué no la has tachado?

—Hablé con uno de los autores que representa y, cuando le pedí que me la presentara, me dijo que ni me molestara. No le había representado en su primer libro, no había representado a Tim Ferriss en su primer libro y, si yo ni siquiera puedo lograr una cita con agentes menos importantes, ¿a quién quiero engañar? Soy optimista, pero no estoy loco...

—No tenemos tiempo para fracasar —dijo Miki.

Me cogió del brazo y me llevó hacia a puerta.

—¡Vamos, vamos, vamos! Tenemos una hora antes del turno de la cena.

Miki me arrastró por las calles de Manhattan mientras esquivaba peatones, corría en los cruces y saltaba ante coches que tocaban la bocina. Cuando llegamos al edificio donde estaba la oficina de su agente, Miki abrió la puerta principal, pasó como un rayo por delante de la recepción y siguió caminando por un pasillo. Un ayudante con peinado de cortinilla se levantó de un salto y alzó el brazo.

—¡Miki, espera! ¡No tienes cita!

Prácticamente tiró abajo la puerta de su agente, me empujó dentro y allí la vi, sentada a un escritorio abarrotado de libros, teléfono en mano. Se puso lívida. Había papeles desperdigados por todo el despacho. En el suelo, montones de libros.

—Deja lo que estés haciendo —le urgió Miki—. Necesito diez minutos.

Farfulló algo al teléfono y colgó.

—Alex, siéntate —dijo Miki, señalando un sofá—. Cuéntale sobre tu libro.

Di mi discurso, vomitando todos los datos, estadísticas e ideas de marketing que sabía, justo como me habían aconsejado los autores con los que había hablado. Hablé tan apasionadamente como pude y, al acabar, Miki le dijo a su agente que tenía que trabajar conmigo y ella asintió.

—¡Me parece genial! —exclamó—. Alex, mándame tu propuesta. La leeré y contactaré contigo tan pronto como me sea posible.

Salí del edifico de oficinas, resplandeciente. Las aceras de Nueva York eran tan ruidosas como siempre, pero, por un momento, me pareció que todo aquel estruendo se había esfumado.

—¡Hermanito, andando! —gritó Miki. Ya había avanzado media manzana, caminaba con rapidez. Tuve que correr para alcanzarla.

—No sé cómo agradecértelo —dije, siguiendo sus pasos.

—No tienes por qué —contestó—. Cuando era más joven, un grupo de emprendedores treintañeros me acogió e hizo lo mismo por mí. Así funciona el mundo. Es el círculo de la vida.

Un día después, el círculo seguía dando frutos. Me escoltaron por los relucientes suelos de azulejos de William Morris Endeavor, una de las agencias de talentos más poderosas del mundo. Tenía la sensación de que cada persona con la que nos cruzábamos sabía que

Ben me había conseguido esa cita. El libro de Ben había entrado en la lista de los superventas del *New York Times* unos meses antes, así que tenía vía libre.

La agente de Ben se levantó del escritorio y me dio una calurosa bienvenida. Su despacho era espacioso y tenía unas vistas impresionantes de la ciudad. Nos sentamos en el sofá, di mi discurso y, dado que mi reunión con la agente de Miki había ido tan bien, decidí ir más allá: recité todavía más estadísticas, más datos y profundicé aún más en las ideas de marketing. Hablé con la agente de Ben durante más de una hora y, al final, también me pidió que le mandara mi propuesta. Me pareció que la reunión no podía haber ido mejor.

Al día siguiente, volé de vuelta a Los Ángeles, rebosante de alegría. Cuando llegué al almacén, vi la gigantesca torre de libros sobre el escritorio y quise besarla igual que un jugador de hockey besa la copa que acaba de ganar.

A lo largo de la semana, envié correos a los agentes de Ben y Miki para ver cómo iba todo. No hubo respuesta de la agente de Miki, pero la de Ben llamó unos días después.

—Alex, me encantó conocerte. Y creo que eres genial, pero…

Siempre hay un pero.

—… pero no creo que encajemos. Aun así, creo que podrías interesarle a otro agente.

Me presentó a una de sus colegas de William Morris. La llamé, di mi discurso y, por alguna razón, me dijo que sí en aquel mismo momento. Silencié la llamada mientras daba un grito de alegría. Sentí como si el muro que bloqueaba mi camino hacia Bill Gates hubiera sido dinamitado.

Y la dinamita no dejó de detonar. Al día siguiente, otro autor que conocía me presentó a otro agente en William Morris que también dijo que sí de inmediato.

Compré un billete para volver a Nueva York y así conocer a ambos agentes en persona. No sabía por qué la agente de Miki no me había contestado aún, pues me parecía que también tenía un sí garantizado. En cualquier caso, ahora me tocaba a mí decidir.

Unos días después, salía del metro de Nueva York. Al sentir el cálido sol del verano en el rostro, puse la mano en el bolsillo para mirar el móvil. Había un correo de uno de los agentes de William Morris, que lo enviaba de parte de los dos. Decía, en pocas palabras, lo siguiente: «Querido Alex, lamentamos informarte de que tenemos que rescindir nuestras ofertas».

Al parecer, ambos agentes eran nuevos y, dado que me habían hecho sendas ofertas, se reunieron con su jefe para ver cómo gestionaban la situación. El veredicto fue que ambos retiraran su oferta: su jefe había decidido que yo era una pérdida de tiempo.

Fue como si me quitaran el suelo bajo los pies. Nunca antes me había sentido tan insignificante. En aquel momento, me di cuenta de que, si no era lo bastante bueno para los diecinueve agentes de mi lista, y de que, si no era lo bastante bueno para los dos agentes que acababan de empezar sus carreras, la agente de Miki tampoco iba a ofrecerme un contrato. Había sido agradable para complacer a Miki, no porque quisiera trabajar conmigo. Yo no era nada. No era nadie. Ni siquiera merecía una respuesta.

Fui al apartamento de Miki, totalmente abatido. Saqué la lista de agentes y observé las seis palabras, que me fulminaban: «Sin agente, no hay Bill Gates». Lo arrugué con el puño y lo tiré contra la pared.

Una hora después, seguía tirado en el sofá cuando sonó el teléfono. Pero no tenía ánimos para responder. Miré la pantalla y vi que era mi amigo Brandon. Lo cogí y empecé a descargar mi rabia, contándole todo lo que había pasado.

—Lo siento mucho, tío —me consoló— ¿Qué vas a hacer ahora?

—No puedo hacer nada más. He hecho todo lo que me han recomendado los autores. He seguido los pasos que he leído en todos los libros. No he dejado nada por hacer.

Brandon se quedó callado. Luego, propuso:

—Bueno, podrías probar algo diferente. Hace mucho tiempo leí una historia, ni siquiera recuerdo dónde, así que a saber si es verdad, pero la lección es importante.

—Sé que tratas de ayudarme, pero no tengo ánimos para escuchar otra historia de tus libros.

—Tienes que escuchar esta.

Rezongué.

—Dame un minuto —dijo Brandon—. La historia tuvo lugar alrededor del año 2000. Internet estaba en auge y Amazon se estaba comiendo a la competencia en el comercio electrónico. Al principio, los ejecutivos de Walmart no le dieron mucha importancia, pero, después, el crecimiento de Amazon empezó a afectar a sus ingresos. Cundió el pánico entre los ejecutivos de Walmart. Organizaron reuniones de emergencia. Contrataron nuevos empleados, despidieron a otros y llenaron sus oficinas con más y más ingenieros, invirtiendo todo el dinero que pudieron en la página web. No hubo manera. Así que se centraron todavía más en ser como Amazon. Copiaron sus estrategias, trataron de replicar su tecnología y gastaron todavía más dinero. Pero, aun así, nada cambió.

—Tío, pero… ¿qué tiene que ver eso conmigo?

—Maldita sea, escúchame —protestó—. Un día, llegó una nueva ejecutiva a Walmart. Analizó la situación y se dio cuenta de lo que estaba ocurriendo. Al día siguiente, colgó una pancarta en las oficinas. Poco después, las acciones de Walmart se dispararon. En el cartel solo decía lo siguiente: No puedes superar a Amazon siendo Amazon.

Brandon se calló para que yo asimilara la historia.

—¿No lo pillas? —preguntó—. Tú eres Walmart.

—¿Qué?

—Desde que empezaste a buscar un agente, lo único que has hecho ha sido copiar la estrategia de otros. Has estado jugando en el terreno de estos agentes como si tuvieras las mismas virtudes que Tim Ferriss, pero no las tienes. No tienes su credibilidad. Tus circunstancias son completamente diferentes. No puedes superar a Tim Ferriss siendo Tim Ferriss.

«Mierda… tiene razón.»

Desde los días en mi dormitorio universitario, había estado obsesionado con estudiar el camino de la gente con éxito y, a pesar de que es un buen método para aprender, no todos los problemas se podían solucionar de esta manera. No podía copiar y pegar las tácticas de otros y esperar que funcionaran exactamente igual para mí. A ellos les había funcionado porque eran sus tácticas. Encajaba con sus fortalezas y sus circunstancias. En ningún momento había tenido en cuenta ni me había preguntado cuáles eran mis fortalezas ni mis circunstancias. ¿Qué significaba superar a alguien siendo Alex? Aunque hay un período en que hay que estudiar lo que les ha funcionado a los demás, en otro momento debes descubrir todo lo que te hace único. Y, para lograrlo, debes saber qué hace que tú seas tú.

Aquella noche, no pude dormir. No dejaba de moverme bajo las sábanas pensando en lo que me había dicho Brandon.

«No puedes superar a Amazon siendo Amazon…»

Pasaron lentamente las horas. Nada llegaba a tranquilizarme. Hacia las tres de la madrugada, salí de la cama y me fui al otro lado de la habitación. Encontré la lista de agentes, hecha un boñigo. La abrí y observé el primer nombre de la lista: la agente de San Francisco.

«A tomar por saco. No tengo nada que perder.»

Abrí el portátil y empecé a escribirle un correo. Pero, en lugar de decirle lo mismo que había dicho al resto de los agentes, me limité a escribir por qué creía en la misión. Le dije que estaba harto de la industria editorial y cansado de tanto juego. Le conté mi historia y, luego, párrafo tras párrafo, que creía que juntos podríamos cambiar el mundo. En la casilla de «asunto», escribí: «Torrente de consciencia a las tres de la madrugada» y, al releer el correo, me pareció una carta de amor adolescente, pero lo envié de todos modos.

No esperaba respuesta alguna. Un día después, respondió.

«Llámame.»

Lo hice, y se ofreció a ser mi agente sin pensarlo.

16

Nunca me lo pide nadie

Saqué mi mochila del armario de Miki y empecé a hacer la maleta.

—¡Espera, espera, espera! —exclamó Miki—. ¿Dónde vas? No te puedes marchar ahora.

—Mi avión sale en unas horas —respondí.

—Es imposible. Tendrás que cambiar el vuelo. ¡No te puedes perder la Agrapalooza!

La Agrapalooza era la fiesta de disfraces de Miki, con la temática de un campamento de verano. La hacía en casa de un amigo en New Jersey.

—Me encantaría ir —contesté—, pero no creo que deba.

Tras hablar con mi agente literaria, me di cuenta de que tenía que reescribir por completo la propuesta del libro, y quería tenerla lista cuanto antes.

—Hermanito, vas a cambiar el billete. Fin de la discusión.

—Pero…, Miki, Miki…

A la mañana siguiente me desperté en un sofá de la casa del amigo de Miki mientras el sol de New Jersey entraba por las ventanas. Al otro lado de la sala, vi a Miki hablando con un hombre con la cabeza rapada y una camiseta azul marino de Zappos. Me froté los ojos. Era como ver a Santa Claus la mañana de Navidad. A tres metros de mí, hablando con Miki, estaba el CEO de Zappos, Tony Hsieh.

«Respira hondo… respira hondo…»

Elliott me había enseñado que podías ser el amigo de alguien o el admirador de alguien, pero no ambas cosas a la vez. Así que traté de parecer despreocupado y pensar en formas de presentarme.

Pero lo estuve pensando tanto que, al final, acabé por no decirle nada.

Salí por las puertas correderas de cristal. El jardín era tan grande que había un carrito de golf aparcado para que la gente pudiera ir de un lado a otro. Cuando comenzó la fiesta, participé en una carrera de tres pies, y luego quedé segundo en el lanzamiento de huevos. Antes del siguiente juego, algunos fuimos al patio para picar algo. Estábamos bajo una gran sombrilla naranja cuando Tony Hsieh pasó por delante. Nadie, y en especial yo mismo, pudo evitar mirarlo de reojo.

Unos minutos después, Tony volvió a acercarse, pero esta vez se detuvo y se unió a nosotros. Tenía un portapapeles en una mano y un rotulador púrpura en la otra.

—¿Cuál es tu deseo? —le preguntó al tipo que tenía a mi derecha.

—¿Eh? —dijo.

Tony le enseñó el portapapeles: en él había escrito «Lista de deseos».

—¿No lo has oído? Hoy soy un hada madrina.

Lo dijo con tal seriedad que necesité unos segundos para darme cuenta de que era su sentido del humor. Más tarde, Miki me contó que la cara de Tony siempre parece hecha de piedra, con una mirada de cristal. Tiene una permanente e impasible cara de póker.

—Quiero teletransportarme —respondió el tipo.

—Perfecto —contestó Tony—. Te teletransportarás un ochenta y cinco por ciento del camino.

Señaló la parte inferior del portapapeles: «Habrá una comisión del quince por ciento sobre todos los deseos en el momento de la concesión».

—No soy tanto un hada madrina —dijo Tony— como un bróker de los deseos. Oye, un hada madrina también tiene que ganarse la vida.

Se volvió hacia mí y me preguntó cuál era mi deseo. Intenté pensar en algo gracioso, con la esperanza de gustarle, aunque una parte de mí quería pedirle lo primero que me viniera a la mente. «Pero no puedo pedirle eso… Pensará que soy odioso. Además, ¿y si Miki se enfada por ello? Y…» Por suerte, me di cuenta de lo que estaba ocurriendo. Era El Pavor disfrazado de «lógica». Me di una bofetada mental y me obligué a hablar.

—Quiero ser el CEO de Zappos durante un día.

Tony no respondió. No anotó mi deseo en el portapapeles. Solo se me quedó mirando.

—Bueno, ya sabes —continué, tratando de explicarme—: te sigo por ahí, veo cómo es un día de tu vida.

—Oh, ¿quieres ser mi sombra?

Asentí. Tony se lo pensó un momento.

—De acuerdo… no hay problema. ¿Cuándo quieres hacerlo?

—Pues, cumplo veinte años en un par de semanas, ¿qué te parecería entonces?

—Perfecto. Y, dado que es tu cumpleaños, podemos alargarlo un par de días.

Habían pasado dos horas desde de la cena y la fiesta de disfraces estaba a punto de empezar. Pasaba por la cocina cuando vi a Tony disfrazado de osito de peluche enfrascado en una conversación con Aasif Mandvi, el corresponsal en Oriente Próximo para *The Daily Show with Jon Stewart*, que iba disfrazado de montañés. Escuché de lejos que Aasif estaba escribiendo un libro y le pedía a Tony algunos consejos para el marketing. Me acerqué y me uní a su conversación.

—Bueno, hay muchas tácticas —le dijo Tony—. Pero no te puedo decir cuáles serán las más efectivas hasta que sepa qué te motiva a escribir el libro. ¿Cuáles son tus objetivos finales?

Aasif arrugó la frente.

—La mayoría de las personas no se toman el tiempo de preguntarse por qué hacen lo que hacen —siguió Tony—. Y, cuando lo hacen, la mayoría se mienten a sí mismos.

»En *Delivering Happiness*, por ejemplo, soy consciente de que, en el fondo, sin duda había parte de vanidad y ego en juego. Es agradable decirles a tu papá y a tu mamá que tu libro es el número uno de la lista de superventas del *New York Times*. Así que aquello era una motivación. La otra fue…

No sabía si oír eso me había sorprendido o confundido. Siempre había pensado que la «vanidad» y el «ego» eran malos. Nunca habría utilizado estas palabras para describirme a mí mismo. Pero Tony sí lo hizo, sin vergüenza ni duda alguna. Su rostro estaba tan inexpresivo como siempre.

—El ego no es particularmente saludable —siguió—, pero es peor tenerlo y mentirte a ti mismo diciéndote que no lo tienes. Antes de que empieces a pensar en tácticas de marketing, debes ser consciente de qué te motiva por debajo de la superficie. No juzgues la motivación como algo «bueno» o «malo». Solo pregúntate por qué haces lo que haces. Escoger las tácticas adecuadas es más fácil cuando sabes cuál es tu objetivo final.

Tony explicó que solo porque hubiera algo de vanidad en querer escribir un superventas no significaba que debieran desdeñarse otras motivaciones, como inspirar a jóvenes emprendedores o enseñar a los demás cómo forjar una cultura empresarial sólida. Ambos deseos podían coexistir.

A medida que avanzaba la conversación y más gente se reunía en la cocina para escucharle, me tomé un momento para dar mentalmente un paso atrás y valorar lo que estaba ocurriendo: ahí estaba yo, disfrazado de Rango, el vaquero camaleón, con una cola y un sombrero del Oeste, escuchando a un osito de peluche dando consejos a un montañés sobre cómo lanzar un libro.

—Los tres primeros meses después de publicarlo son los más importantes —dijo Tony—. Puesto que uno de mis objetivos finales era que mi libro se convirtiera en un superventas, durante esos meses di conferencias allí donde pude: congresos empresariales, clases universitarias, lo que fuera. Me compré una autocaravana, la forré con la imagen de la portada del libro y me pasé tres meses viviendo en la carretera.

»Esos tres meses fueron unos de los más extenuantes de mi vida —dijo, casi con un hilo de voz—. Hablaba todo el día y viajaba toda la noche. Hacía todo lo que podía por esparcir las semillas. Pero, incluso así, no podía estar en todas partes a la vez. Así que envié cajas llenas de libros a eventos y congresos, esperando que el mensaje llegara a la gente.

»Sinceramente —añadió—, no tengo ni idea de si esos libros llegaron a leerse. Ni siquiera sé si sirvió de algo.

«Tengo que decírselo...»

Pero tenía el espíritu de Elliott sobre mi hombro: «No seas idiota. Si se lo dices, siempre te verá como un admirador».

No obstante, en aquel momento, sabía que tenía que ser yo mismo.

—Tony —intervine—, en mi primer año de universidad fui voluntario en uno de los congresos empresariales a los que enviaste cajas de libros. Nunca antes había oído tu nombre, ni siquiera sabía qué era Zappos, pero los coordinadores regalaban tu libro, así que cogí uno. Unos meses después, cuando estaba pasando uno de los peores momentos de mi vida, empecé a leer tu libro y no pude dejarlo. Me lo leí entero en un fin de semana. Leer cómo habías luchado por tu sueño..., bueno, me hizo pensar que el mío era posible.

»Si no hubieras mandado aquellos libros al congreso empresarial —continué, con la voz temblorosa—, no estaría haciendo lo que hago hoy en día. Tony, tu libro me cambió la vida.

Todos en la cocina se quedaron de piedra.

Tony me miró fijamente, en silencio. Pero la suavidad de su expresión y sus ojos vidriosos me transmitieron más de lo que cualquier palabra podría haber dicho.

Dos semanas después, en el centro de Las Vegas

Abrí una caja de UPS y saqué una camiseta Zappos azul marino. Para cualquier otro, podía ser solo un trozo de tela. Pero, para mí, era la capa de Superman.

Me acababa de despertar en un apartamento en el edificio de Tony, donde él había buscado un lugar para quedarme. Me puse la camiseta, cogí la bolsa y bajé las escaleras, donde un coche de empresa de Zappos me esperaba. El coche aceleró por la carretera y, diez minutos después, estábamos en la sede de Zappos.

Al cruzar la puerta, vi una máquina de palomitas en el mostrador de recepción, una máquina recreativa con el juego *Dance Dance*

Revolution al lado del sofá, y cientos de corbatas cortadas y grapadas en la pared. Un asistente me acompañó hasta el final del vestíbulo, hasta la zona de trabajo donde los escritorios estaban decorados de forma aún más llamativa que la recepción. Uno de los pasillos estaba cubierto con una cascada de guirnaldas de cumpleaños; otro, con relucientes luces de Navidad; un tercero, con un pirata hinchable de tres metros. Sentado a un escritorio lleno de cosas, en la sección dedicada a los bosques tropicales, estaba Tony, encorvado ante su portátil. Al verme, me indicó que me sentara.

Le di los buenos días. El ayudante de Tony se inclinó hacia mí y me susurró:

—Llevas unas cinco horas de retraso. Está en pie desde las cuatro.

Tony cerró el portátil, se levantó y me indicó que lo siguiera. Caminamos por el pasillo enmoquetado hacia nuestra primera reunión. Lo seguí a un metro de los pasos metódicos que daban sus zapatos de piel negra. Sentí lo tímidos que eran mis propios pasos. A pesar de que Tony había sido muy agradable conmigo, todavía sentía que yo no merecía estar allí. Una parte de mí temía que, a la que cometiera el mínimo fallo, me mandaría a casa.

Llegamos a la sala de conferencias. Vi una silla al fondo y me dirigí hacia ella. Tony me vio, apartó la silla con el pie y me indicó un lugar a su lado. Cuando fuimos a otra sala de conferencias para la siguiente reunión, Tony me indicó de nuevo que me sentara a su lado. Y también lo hizo en la siguiente reunión. A la cuarta reunión, me senté a su lado, sin necesidad de que me lo indicara.

Después de debatir durante el almuerzo con un distribuidor corporativo, Tony salió al pasillo conmigo detrás. Volvió la cabeza por encima del hombro y me preguntó: «¿Qué te parece?». Balbuceé una respuesta. No respondió. Solo escuchó y asintió. Después de la siguiente reunión, de nuevo giró el cuello y me preguntó: «¿Qué te parece?». Me pidió mi opinión una y otra vez.

La luz que entraba por las ventanas empezó a oscurecerse. Las oficinas se vaciaron. Al salir de la última reunión, me preguntó otra vez qué pensaba. Pero ya no tuvo que volver la cabeza porque no caminaba detrás de él: iba a su lado.

A la mañana siguiente, me puse otra camiseta Zappos y bajé las escaleras para encontrarme con el chófer de Tony. Cruzamos la ciudad hasta un auditorio con capacidad para dos mil personas donde Tony estaba preparando una conferencia para toda la empresa. Él ya llevaba ahí dos horas.

En el auditorio, me quedé entre bastidores, observando cómo Tony ensayaba durante toda la mañana. La presentación era una mezcla entre un discurso corporativo inaugural y un espectáculo de animadoras de instituto. Unas horas después, las luces se atenuaron y se abrió el telón. El padre de Tony y yo nos sentamos juntos en primera fila para ver cómo se desarrollaba.

Cuando el día tocaba su fin, un empleado de Zappos me paró en la puerta cuando estaba a punto de irme. Me dijo que me había visto acompañar a Tony la tarde anterior. Llevaba años trabajando en Zappos y uno de sus mayores sueños era acompañar a Tony durante un día. Me preguntó cómo había tenido tanta suerte.

No era la primera vez que me miraban así. Me había dado cuenta de que el día anterior otros empleados de Zappos me miraban de la misma forma, como si quisieran estar en mi lugar.

Aquella tarde, a última hora, me acerqué a Tony para despedirme y darle las gracias por los últimos dos días.

—Sé que esto quizá suene raro —dije—, pero ¿por qué no dejas que otros empleados te acompañen?

Tony me miró impasible y respondió:

—Me encantaría…, pero nunca me lo pide nadie.

17

Todo es gris

Dos semanas después, en el almacén

Seguía caminando de un lugar a otro, mirando el móvil encima del escritorio. Sabía que tenía que llamar. La idea me taladraba la mente.

—¿Vas a dejarlo? —me había preguntado Elliott.

—¿Qué?

—Ya me has oído.

Era la última persona con la que quería hablar de esto. Pero también me parecía que era la única con la que podía hacerlo. Cogí el teléfono.

—¿Qué tal, tío? ¿Cómo va?

—Elliott, necesito tu ayuda.

Le conté que mi agente literario me había dicho que el momento ideal para presentarse a los editores era el mes siguiente, lo cual significaba que, para entonces, tendría que haber acabado de reescribir mi propuesta de libro. Pero mi penúltimo año de carrera comenzaba en una semana.

—Entonces ¿qué problema hay?

—Sé que, si vuelvo a la USC este semestre, los deberes y los exámenes se acumularán y no podré terminar la propuesta a tiempo. Supongo que sé qué es lo que tengo que hacer pero lo último que quiero es mirar a los ojos a mis padres y decirles que voy a dejar la universidad.

—Eh, para, para. No vas a dejar la universidad.

Para... ¿qué?

—Nadie inteligente deja de verdad la universidad —continuó—. Es un mito. Bill Gates y Mark Zuckerberg no dejaron la universidad tal y como tú crees que lo hicieron. Investiga un poco. Verás de qué estoy hablando.

Cuando colgué, pasé los dedos por la estantería y cogí un libro que todavía no había abierto: *The Facebook Effect*, el relato autorizado de los primeros pasos de la compañía. Y allí estaba, en la página cincuenta y dos.

El verano anterior a su penúltimo año de universidad, Zuckerberg estaba en Palo Alto trabajando en un par de proyectos paralelos, uno de los cuales era una página web llamada TheFacebook. Se había puesto en marcha siete meses antes. A finales de aquel verano, Zuckerberg se reunió con su mentor y le pidió consejo.

—¿Crees que esto realmente va a durar? —preguntó Zuckerberg—. ¿Es una moda? ¿Va a esfumarse?

Incluso cuando Facebook tenía doscientos mil usuarios, Zuckerberg dudaba sobre su futuro. Me parecía estar detrás de algo, pero no estaba seguro de qué.

Abrí el portátil para ahondar un poco más. Después de pasarme horas viendo entrevistas de Zuckerberg por YouTube, por fin encontré una que arrojaba algo de luz. Semanas antes de empezar su tercer año, Zuckerberg se había reunido con el inversor de capital de riesgo Peter Thiel para conseguir fondos para Facebook. Cuando Thiel le preguntó si iba a dejar la universidad, Zuckerberg le dijo que no. Tenía pensado volver.

Justo antes de que empezaran las clases, el socio y compañero de clase de Zuckerberg, Dustin Moskovitz, pensó en un enfoque más práctico.

—Ya lo sabes —le dijo Moskowitz—, estamos teniendo muchos usuarios, estamos incrementando el número de servidores, no tenemos a nadie que se encargue de las operaciones... Es muy duro. No creo que podamos hacerlo y, además, estudiar para un año normal de universidad. ¿Por qué no nos tomamos un semestre de descanso para tenerlo todo bajo control y volvemos a la universidad para el semestre de primavera?

Elliott estaba hablando de esto.

Desde que había visto *La red social*, pensaba que Zuckerberg era un rebelde que había dejado la universidad, que había alzado su dedo corazón al cielo y nunca había vuelto a mirar atrás. En la película no se veía a Zuckerberg dudando del futuro de Facebook. Nunca salía debatiéndose sobre si debería tomarse un semestre de descanso.

Durante años había visto titulares que decían «Mark Zuckerberg deja la universidad» y de forma natural di por supuesto que su decisión de dejar la universidad era definitiva. Los titulares y las películas hacen que las cosas parezcan blancas o negras. Pero ahora me estaba dando cuenta: la verdad nunca es negra o blanca. Es gris. Todo es gris.

Si quieres saber toda la historia, tienes que investigar más a fondo. No puedes depender únicamente de titulares y tuits. Los grises no caben en ciento cuarenta caracteres.

Abrí un libro sobre Bill Gates y, de nuevo, encontré una situación similar en la página noventa y tres.

Gates tampoco dejó la universidad de forma impulsiva. Se tomó un semestre de descanso durante el penúltimo año de universidad para trabajar a tiempo completo en Microsoft. Y, cuando vio que la empresa no acababa de despegar, Gates volvió a la universidad. De nuevo, nadie habla de ello. El siguiente año, Gates volvió a tomarse un semestre de descanso, y luego otro, a medida que Microsoft crecía.

Quizá lo más difícil de asumir riesgos no es si asumirlos o no, sino saber cuándo hacerlo. No está muy claro cuánto impulso se requiere para poder justificar que dejas la universidad. Nunca está muy claro cuándo es el mejor momento para dejar tu empleo. Las grandes decisiones pocas veces están claras cuando las tomas: solo están claras cuando miramos atrás. Lo mejor que puedes hacer es dar un paso prudente cada vez.

Dado que la idea de dejar la USC no acababa de convencerme, seguir matriculado y tomarme un semestre de descanso me parecía perfecto. Fui en coche al campus, hablé con mi tutora académica y me ofreció un reluciente formulario verde titulado «Permiso de ausencia de la USC», que me daba un margen de siete años para retomar las clases cuando quisiera.

Salí corriendo a contarles a mis padres las buenas noticias.

—¡¿Un semestre de descanso?! —gritó mi madre—. ¿Te has vuelto loco?

Estaba cortando tomates en la cocina.

—Mamá, no es tan grave como crees.

—No, es mucho más grave de lo que tú crees. Te conozco. Te conozco más que tú a ti mismo. Sé que una vez que dejas la universidad, ya no vuelves.

—Mamá, es solo un…

—¡No! ¡Mi hijo no va a ser un desertor universitario!

—No dice «abandonar la universidad» —protesté, ondeando el formulario verde—. Dice «permiso por ausencia».

Cortó con furia los tomates.

—Mamá, tendrás que confiar en mí. Elliott me ha dicho…

—¡Lo sabía! Sabía que Elliott estaba detrás de esto.

—No tiene nada que ver con Elliott. Me gusta la universidad, pero…

—Entonces ¿por qué no te quedas?

—Porque necesito este contrato editorial. En cuanto lo tenga, entrevistaré a Bill Gates y, cuando lo haya hecho, la misión ya tendrá lo más importante y el resto de las personas que quiero entrevistar también aceptarán. Tengo que lograr que esto suceda.

—Pero ¿y si no lo consigues? O peor: ¿y si no te das cuenta de que no puedes conseguirlo? ¿Y si tratas de conseguir el contrato, pero no lo consigues (y lo intentas una y otra vez) y pasan años y años hasta que finalmente te rindes, decides volver a la universidad, pero entonces ya es demasiado tarde?

Le conté que tenía siete años de margen.

Mi madre apretó los dientes, y luego se fue furiosa.

Me fui a la habitación y cerré de un portazo. Pero, tan pronto como me desplomé en la cama, oí una voz dentro de mí… «¿Y si mamá tiene razón?».

Normalmente, cuando discutía de esta manera con mi madre,

llamaba a mi abuela. Pero, en aquella ocasión, era la última cosa que podía hacer. Se me hizo un nudo en el estómago al pensar en ello. *Jooneh man.*

Había jurado por la vida de mi abuela que no dejaría la universidad. ¿Cómo iba a romper ese juramento?

Pero ser fiel al juramento significaba no ser fiel a mí mismo. Cuando pronuncié aquellas palabras, no sabía a dónde me iba a llevar la vida.

Recordé el consejo de Dan Babcock en Summit: «El éxito es el resultado de priorizar tus deseos.»

Pero ¿cómo iba a priorizar todo esto?

Por descontado que la familia era lo primero, pero ¿en qué punto debemos dejar de vivir para los demás y empezar a vivir para nosotros mismos?

Me atenazó la tensión. Aquella noche, abrumado por el miedo y la confusión, llamé a Elliott, pero no pudo inmutarse menos.

—Pasé por lo mismo con mis padres —me contó—. Pero, entonces, me di cuenta de algo: ¿por qué demonios se supone que todo el mundo debe encajar en la universidad? Hay una frase de una canción de Kanye que escuché hace años:

Told'em I finished school and I started my own business
[Diles que acabé la universidad y que he empezado mi propio negocio]

They say: «Oh, you graduated?»
[Preguntan: «Oh, ¿te licenciaste?»]

No, I decided I was finished.
[No, decidí que se había acabado.]

—Ya has ido a la universidad —dijo Elliott—. Ha llegado la hora de que vayas hacia ti mismo. Es el momento de que acabes con ello.

Todos los días de la siguiente semana me senté en el sofá con mi madre y mi padre, intentando que comprendieran mi decisión. Había llegado el último día para entregar el formulario de permiso por ausencia. Solo quedaban tres horas para que cerraran el plazo. Había firmado el formulario y estaba en mi habitación, preparándome para ir conduciendo al campus y entregarlo.

Cuanto más miraba el formulario verde, más sentía el miedo correr por mis venas. Por mucho que las palabras de Elliott me hubieran ayudado, no podían compararse veinte minutos hablando por teléfono con veinte años viviendo con mi madre. Una parte de mí sentía que mi madre podía tener razón: tal vez, en diez años estaría desilusionado, sin un contrato editorial y sin un título universitario. Y, aunque sabía que tenía siete años de margen y que Elliott me había dicho que no me preocupara, seguía sintiendo que podía estar cometiendo el error más grave de mi vida.

Mientras me ataba los cordones, llamaron al timbre. Me metí el formulario en el bolsillo, cogí las llaves del coche y fui hacia la puerta. Giré el picaporte y la abrí.

Era mi abuela.

Estaba en las escaleras, temblando, con lágrimas cayéndole por las mejillas.

Paso 4
Caminar por el barro

18

Aleluya

Me encerré en el almacén y reescribí la propuesta del libro tan rápido como pude. No contacté con mis amigos. No vi a mi familia. Dormí tres o cuatro horas cada día. Cuando cerraba los ojos, una imagen seguía volviendo a mi mente como si la hubieran tallado en mis párpados: mi abuela, con lágrimas recorriéndole las mejillas.

Qi Lu me había dicho que solo había dormido un par de horas por noche mientras creaba Yahoo Shopping y yo me había preguntado cómo era posible.

Entonces lo supe.

Mi agente me dijo que reescribir la propuesta me llevaría treinta días. Lo hice en ocho. Cuando estás entre la espada y la pared, descubres de lo que eres capaz. Le envié por correo el documento de ciento cuarenta páginas, recé por que su magia surtiera efecto y, luego, solo once días después de entregar el permiso por ausencia, logré un contrato editorial.

De inmediato compartí la noticia con mis padres. Incluso mi padre, que con el menor pretexto celebraba cualquier cosa, apenas pudo esbozar una sonrisa. Era evidente que le había afectado mucho que dejara la universidad. Tenía que hablar con alguien que supiera que iba a estar tan contento como yo. Llamé a Elliott.

—No es verdad —me dijo—. Imposible. Estás mintiendo.

—De verdad ha sucedido.

—La hostia… ¡Lo has logrado! ¡Ha funcionado! ¡Tío, eres una superestrella!

Nunca le había oído hablarme de aquella manera.

—¡Es una locura! —continuó—. Entonces ¿cuál es el siguiente paso?

—Ha llegado el momento de entrevistar a Bill Gates.

—¡Qué pasada! ¿Cuánto tiempo crees que podrás estar con él? ¿Lo harás en su despacho? ¿O le podrás entrevistar en su casa? ¿Estaréis los dos solos, cara a cara? ¿O en una sala con una docena de relaciones públicas?

—Colega, aún no le he dado la noticia a su jefe de gabinete.

—Espera —me dijo—. El correo que le envíes tiene que ser… perfecto.

Nos pasamos una hora hablando sobre cómo hacerlo. No escribí una petición directa porque di por supuesto que ya estaba muy claro por qué me ponía en contacto con él. Antes de pulsar «enviar», pensé en que solo dos años antes estaba en mi habitación fantaseando sobre cómo sería aprender de Bill Gates. Y, por fin, iba a ocurrir.

Un día después, el aviso de la respuesta del jefe de gabinete saltó en mi pantalla. Me pareció como si un coro de góspel hubiera entrado en el almacén cantando *Aleluya*. Quería llamar a Elliott para que pudiéramos leer la respuesta juntos. Pero no pude esperar. Lo abrí.

Bueno, son unas noticias fantásticas. ¡Felicidades!

Pulsé la flecha inferior, para ver el resto del mensaje.

Pero eso era todo.

Era evidente que mi estrategia en el correo no había funcionado, pero no me desanimé.

Escribí otro correo al jefe de gabinete.

Pasó una semana. Sin respuesta.

Me dije que no debía de haberlo visto, así que envié un tercer correo.

Pasó otra semana. Todavía sin respuesta.

Empecé a comprender lo que significaba aquel silencio. La respuesta era negativa. Y no solo era negativa, sino que además el jefe de gabinete no quería hablar conmigo.

El coro dejó de cantar, recogió sus cosas y se escabulló por la puerta.

Le había garantizado a mi editor que entrevistaría a Bill Gates; y me había quedado sin Bill Gates. ¿Qué me iba a decir mi agente? Y, ¿cómo se lo iba a explicar a mis padres, después de jurarles que podría llegar a Gates si me tomaba un permiso por ausencia? Había decepcionado a mi familia, había dejado tirada a mi agente y había mentido a mi editor: el triplete del gilipollas.

Evalué desesperadamente mis opciones en el almacén. «De acuerdo… si no puedo conseguir a Bill Gates… conseguiré a Bill Clinton. Elliott tiene acceso a él. Y, si puedo conseguir a Clinton, también conseguiré a Buffett. Dan puede ayudarme. Además, Buffett es un gran amigo de Gates, así que, si entrevisto a Buffett, él me dará acceso a Gates. ¡Ni siquiera necesito al jefe de gabinete!»

Aunque ya había enviado peticiones de entrevistas a todas estas personas, por aquel entonces no sabía lo que estaba haciendo. Ahora ya tenía un poco más de experiencia. Y, cuanto más soñaba en los siguientes pasos, mejor me sentía. «Mi amigo de Summit trabaja con Oprah, así que ahí tengo un contacto. Otra amiga de Summit trabajó para Zuckerberg, así que tal vez pueda ayudarme. Y Elliott es amigo del mánager de Lady Gaga…, así que con ella no puedo fallar.»

Me descargué fotos de Lady Gaga, Warren Buffett, Bill Clinton, Oprah Winfrey y Mark Zuckerberg, las coloqué en una sola hoja e imprimí una docena de copias. Las pegué con celo en el escritorio, en las paredes, en el techo sobre de la cama y en el salpicadero del coche.

Únicamente en retrospectiva puedo apreciar el cambio que estaba teniendo lugar en mí. Había dejado la universidad y me sentía solo. Y había vendido a todos los que me rodeaban un sueño que se estaba haciendo pedazos. Me daba tanto miedo que me consideraran un mentiroso, me daba tanta vergüenza que me vieran como un fracasado, que estaba desesperado por hacer lo que fuera necesario para mantener la dignidad. Paradójicamente, esta desesperación solo me llevó a mentir y a fracasar más.

—¡El impulso no podría ser mayor! —le dije a Elliott por teléfono—. Estoy seguro de que el jefe de gabinete de Bill Gates me contactará un día de estos. En cualquier caso, ahora que todo va tan bien, es el momento perfecto para conseguir el resto de las entrevistas. ¿Me podrías presentar al representante de Lady Gaga? ¿Y no me dijiste que conocías al nieto de Warren Buffett? ¿Y al ayudante de Clinton?

Me sentí fatal engañando a Elliott, pero una hora después se desvaneció esta sensación cuando vi en la bandeja de entrada una presentación al representante de Lady Gaga. Le pedí una entrevista, el representante contestó y la respuesta fue no.

Elliott contactó con el despacho de Bill Clinton.

Otro no.

Elliott me presentó al nieto de Warren Buffett.

Callejón sin salida.

Un amigo se Summit me llevó a una fiesta para conocer al hijo de Buffett.

Nada.

Otro amigo de Summit me presentó a uno de los socios de Buffett.

De nuevo, la respuesta fue no.

Un tercer amigo de Summit me presentó al equipo de relaciones públicas de Oprah. Cuando les expliqué la misión, les encantó y me conminaron a escribir una carta dirigida a Oprah. Llegó hasta el primer nivel de la cadena del departamento y fue aprobada. El segundo y tercer nivel también la aprobaron. Al final, llegó a manos de Oprah y… la respuesta fue no.

El miedo al fracaso ya tenía sus manos alrededor de mi cuello, impidiendo que la sangre me llegara al cerebro. Lo único que me evitó la asfixia fue saber que aún tenía un as bajo la manga.

Era el momento de llamar a Dan.

Dan parecía el camino más obvio hacia Warren Buffett. Después del desayuno en Summit donde me había contado la técnica de la lista de descartables, nos hicimos amigos y hablábamos cada semana. Pero, cada vez que el nombre de Buffett aparecía en nuestra conversación, Dan parecía sentirse incómodo. Supuse que era extremadamente protector respecto a su anterior jefe. Había pensado que llegar a Buffett a través de Elliott sería más fácil, pero ahora Dan era mi única esperanza.

En lugar de decirle a las claras lo que quería, llamé a Dan y le dije «¡Te echo de menos! ¿Cuándo nos vemos?». Me propuso ir a San Francisco a pasar el fin de semana y quedarme en su barco. Acepté sin pensarlo.

Unas noches después, aterricé en San Francisco y el taxista me llevó a un puerto deportivo lleno de niebla donde Dan tenía atracado el barco en el que vivía. Antes incluso de que pudiera dejar las maletas en el suelo, Dan me dio un sentido abrazo de oso. Dejamos las maletas y me llevó a cenar a un lujoso restaurante de la bahía de San Francisco. Después fuimos a escuchar música en vivo a su bar favorito. Al día siguiente, fuimos a jugar al *frisbee* a un parque con verdes colinas de césped. Durante los dos días, Dan me llevó por toda la ciudad, como si fuera de su familia.

En ningún momento saqué a colación a Buffett. Esperaba que, cuanto más profundo fuera nuestro vínculo, más posible sería que me lo presentara. Me sentí como un vendedor embaucando a un nuevo cliente. Pero Dan era mi amigo, así que todo aquello me hacía sentir fatal.

Y se me estaba acabando el tiempo. Cuando me desperté el último día en San Francisco, miré el reloj: me quedaban dos horas antes de ir al aeropuerto. Subí a cubierta, donde Dan y su novia estaban descansando, contemplando el puente Golden Gate, con una taza de café en la mano.

Después de charlar un rato, miré de nuevo el reloj: me quedaban treinta minutos. Y aún no le había dicho nada a Dan.

—Dan, ¿puedes echarle un vistazo a esto?

Abrí el portátil y se lo pasé. Dan entrecerró los ojos cuando se dio cuenta de que en la pantalla había una carta que había escrito a Warren Buffett. Empezó a leerla y, un minuto después, alzó la vista de la pantalla.

—Alex —dijo—, esto es... fantástico. Al señor Buffett le encantará.

Me quedé callado, con la esperanza de que Dan acabara con el silencio ofreciéndose a llamar a Buffett y ayudarme.

—Y, ¿sabes qué? —preguntó.

Me incliné hacia delante.

—Deberías imprimir dos copias y enviarle una a casa y otra al despacho.

La novia de Dan dejó la taza y cogió el portátil.

—Déjame leerlo —dijo. Al acabar, miró a Dan—. Cariño, esto es maravilloso. ¿Por qué no le escribes un correo a Warren directamente?

—Eso lo cambiaría todo —añadí.

Dan dirigió la mirada del portátil a su novia y luego a mí.

Se quedó callado un segundo y luego dijo:

—Dalo por sentado, Alex. Envíame la carta y se la remitiré.

Su novia le dio un beso en la mejilla.

—Y, si no funciona —agregó—, ¡iremos juntos a Omaha para hablar con él! Vamos a conseguirlo, Alex. Tendrás esta entrevista en un abrir y cerrar de ojos.

19

El abuelo Warren

Antes de bajar del barco, Dan observó que, si le mandaba la carta a Buffett y él accedía, no estaría preparado para la entrevista. Así que decidí no enviarla todavía y volver a casa para investigar.

Ya sabía lo que casi todo el mundo sabe de Buffett: que es el inversor con más éxito de la historia y el segundo hombre más rico de Estados Unidos, pero no es alguien que viva en Nueva York ni que tenga un gran despacho en Wall Street. Buffett nació en Omaha, Nebraska, y hasta el día hoy todavía dirige su empresa, Berskhire Hathaway, desde allí. Una vez vi por televisión que cientos de miles de personas de todo el mundo peregrinan anualmente a Omaha para la reunión de accionistas de Berkshire Hathaway. Esta gente lo veneran incluso lo aman, y, por esta razón, cuando volví al almacén y observé su rostro en la portada de una biografía de ochocientas páginas, me pareció que iba a unirme a esa extensa familia.

Al mirar con atención sus suaves arrugas y sus pobladas cejas, no puede evitar tener una sensación de calidez. Los ojos de Buffett parecían encarnar la calidez del Medio Oeste. Cuanto más contemplaba su imagen, más me parecía que se movía y cobraba vida: Buffett me sonreía, guiñándome un ojo, saludándome con la mano y diciéndome: «¡Alex, adelante!».

Dejé el libro sobre el escritorio y alegremente empecé a pasar las páginas. Ahora que sabía que Dan iba a ayudarme a conseguir la entrevista, dejé de sentir presión. Me lo pasé tan bien leyendo que apenas me di cuenta de que transcurrían las horas. Nunca antes me había sentido así aprendiendo. En la universidad, tenía un montón de exámenes y trabajos, y leer era como tener que tomarme un medicamento. Pero aquel libro era como un buen vino. De día, leía la biografía; por la tarde, oía audiolibros sobre él y, por la noche, veía vídeos en YouTube, asimilando todas las cosas maravillosas que decía.

«A los estudiantes universitarios les digo que, al llegar a mi edad, habrán tenido éxito si las personas que esperaban que los amaran, efectivamente los aman.»

«No importa cuánto talento tengas, ni lo mucho que te esfuerces: algunas cosas requieren tiempo. No se puede gestar un bebé en un mes dejando a nueve mujeres embarazadas.»

«Insisto en dedicar mucho tiempo, casi cada día, a sentarme y pensar. Es algo poco habitual en las empresas estadounidenses [...]. Yo leo y pienso mucho más que la mayoría de los empresarios, y tomo muchas menos decisiones impulsivas.»

Nunca había sabido mucho de finanzas ni pensé que me pudieran apasionar, pero había algo en la forma de explicar de Buffett que me absorbió por completo.

«Te diré el secreto para hacerse rico en Wall Street. Ser codicioso cuando los demás son prudentes y ser prudente cuando los otros son codiciosos.»

«El mercado de valores no es un partido de fútbol. No tienes por qué chutar la pelota continuamente: debes esperar el momento adecuado. El problema es que, cuando gestionas dinero, los aficionados siempre están gritado: "¡Chuta, tío!".»

«Intento comprar acciones de empresas que son tan fantásticas que hasta un idiota podría dirigirlas. Porque, tarde o temprano, alguno lo hará.»

Cuando terminé la biografía de ochocientas páginas, empecé a leer otra. Al final, tenía unos quince libros sobre Buffett en el escritorio y no me parecían suficientes. Aprendí todo lo que pude sobre él, desde su primer negocio puerta a puerta vendiendo golosinas de fruta a los seis años hasta el momento en que Berkshire Hathaway se convirtió en la quinta compañía más valiosa del mundo, con inversiones en Coca-Cola, IBM y American Express, y la propiedad absoluta de Heinz, GEICO, See's Candies, Duracell, Fruit of the Loom y Dairy Queen. Cuanto más me deleitaba con las experiencias y los conocimientos de Warren, más lo veía como el abuelo Warren.

Las historias que más me gustaban eran las de cuando tenía mi edad. Mis amigos se enfrentaban a situaciones similares. Cuando había un problema, el abuelo Warren les daba respuestas.

Nunca me habría imaginado que pondría en la misma frase a mi amigo Corwin y a Warren Buffett. La pasión de Corwin por el cine era cada vez más profunda y nada podía interesarle menos que las finanzas. Pero, cuando necesitaba consejos sobre cómo conseguir citas con los directores que no le devolvían las llamadas, le invité a hacer lo que había hecho el abuelo Warren.

Después de que Buffett se licenciara en la Universidad de Nebraska, en Lincoln, se puso a trabajar de corredor de bolsa, lo cual, esencialmente, significa que era un vendedor de acciones. Pero casi cada vez que intentaba tener una reunión con un empresario en Omaha, fracasaba. Nadie quería verse con un jovenzuelo sin credibilidad que deseaba venderle acciones. Así que Buffett cambió de táctica: empezó a llamar a los empresarios y les hizo creer que les podía ahorrar impuestos. De repente, todos le decían: «¡Adelante!». Y, de esta forma, Buffett logró sus primeras reuniones.

—Esta es la cuestión —le conté a Corwin—. Aunque no vayan a reunirse contigo por la razón que tú quieres, no significa que no puedan reunirse contigo por alguna otra. Debes abordarlo desde otra perspectiva. Averigua qué necesitan ellos y utilízalo como puerta de entrada.

Mi amigo Andre quería meter un pie en la industria musical. No sabía si tenía que intentar encontrar un empleo bien pagado en una discográfica o trabajar directamente bajo la protección de un buen compositor que tal vez no le pagara nada. Le dije que la respuesta era obvia.

Cuando Buffett trabajó de corredor de bolsa, decidió perfeccionar sus habilidades y asistir a una escuela de negocios. Solicitó una plaza en la Universidad de Columbia porque sabía que Benjamin Graham, la leyenda de Wall Street, conocido como el padre de la inversión en valor, enseñaba allí. Buffett entró en Columbia, asistió a las clases de Graham y, con el tiempo, se convirtió en su pupilo.

Cuando estaba a punto de acabar el máster, decidió no aceptar un empleo bien remunerado en una corporación, que era lo que hacían casi todos, sino que se propuso trabajar directamente para Graham. Le pidió un empleo, pero Graham se negó. Entonces se ofreció a trabajar gratis. Graham siguió negándose.

Así que volvió a Omaha y trabajó como corredor de bolsa otra vez. Pero continuó escribiéndole cartas a Graham, visitándole en Nueva York y, en palabras del propio Buffett, después de dos años «incordiándole», acabó por darle un trabajo.

En ese momento, Buffett estaba casado y tenía un hijo, pero voló a Nueva York tan pronto como pudo y se puso manos a la obra. Ni siquiera le preguntó si tendría salario, trabajaba en un escritorio fuera del despacho de Graham y aprendió de su maestro de primera mano. Dos años después, cuando Graham se jubiló y cerró la empresa, Buffett volvió a Omaha y fundó la suya. Y, cuando los clientes de Graham le preguntaron dónde invertir su dinero, Graham los dirigió a Buffett.

Buffett es conocido por ser un inversor en valores a largo plazo y su historia demuestra que abordó su carrera de la misma forma. Podía haber obtenido un empleo bien pagado desde que salió de la universidad y haber ganado mucho más dinero a corto plazo. Pero, al ofrecerse a trabajar gratis para Graham, se propuso ganar mucho más dinero a largo plazo. En lugar de cobrar todo lo que pudiera en dólares, Buffett prefirió que le pagaran con conocimientos, experiencia y contactos.

—Es lo mismo que Elliott me dijo —comenté—. Un camino lleva a una vida lineal, otro, a una vida exponencial.

Pero también tenía amigos que apenas tenían problemas. Ryan, que quería trabajar en las finanzas, solo quería saber cómo parecerse más al abuelo Warren. Le dije que la respuesta eran siete palabras: lee las notas a pie de página.

Después de que fundara su empresa, un escritor llamó a Buffett para hacerle una entrevista. Le planteó una pregunta difícil sobre una empresa pública. Buffett le dijo que la respuesta estaba en el informe anual que acababa de leer. El escritor estudió el informe, pero luego llamó a Buffett quejándose de que allí no estaba la respuesta.

—No ha leído con atención —dijo Buffett—. Observe la nota catorce.

Y, cómo no, ahí estaba.

El escritor se quedó atónito.

—Aunque es una historia breve —continué—, la lección es enorme, y creo que es una de las claves básicas del éxito de Buffett. Mientras los demás hojean un informe, Buffett estudia obsesivamente la letra pequeña, la lee del derecho y del revés, estudia cada palabra, buscando pistas. No tienes que ser un genio para leer las notas a pie de página: es una decisión. Es una decisión dedicar más horas, ir más allá y hacer lo que los demás no están dispuestos a hacer. Leer las dichosas notas a pie de página no es solo una tarea en la lista de quehaceres de Buffett: es su actitud vital.

A mis amigos tampoco les costó mucho enamorarse del abuelo Warren. Cuantas más historias les contaba, más cerca me sentía de él. Y llegó el momento en que ya estaba preparado para contactar de nuevo con Dan.

Reescribí la carta a Buffett e incluí tantos datos como pude sobre él para mostrarle lo mucho que me importaba. Se la envié a Dan para que la revisara por última vez. Me dijo que era perfecta.

Cuando le pregunté a Dan si debía imprimirla o escribirla a mano, contestó: «¡Las dos opciones!». Lo hice y las mandé por FedEx tanto a su casa como a su despacho. Volví a escribir a Dan para que se la pudiera entregar directamente a Buffett.

Me escribió dos días después: «En este momento, tu carta está en la bandeja de entrada personal del señor Buffett».

Y, con estas felices palabras, comenzaron los seis meses más deprimentes de mi vida.

20

El motel 6

Dos semanas después, en el almacén

De: Ayudante de Warren Buffett
Para: Alex Banayan
Asunto: Carta al Sr. Buffett

Estimado Sr. Banayan,

Le adjunto la respuesta escrita del señor Buffett a su
carta.

Pinché con el ratón para abrirla. Tenía en la pantalla la misma
carta que le había enviado, con dos líneas en cursiva de color azul
al final. Debía de haberle gustado tanto mi carta que había escrito su respuesta inmediatamente y le había dicho a su secretario
que la escaneara y me la enviara sin dilación. Pero estaba escanea-
da de tal forma que no podía descifrar las palabras. Así que escribí a la ayudante de Buffett para que me aclarara lo que decía.
Supuse que diría algo así como: «¡Alex, parece que has pasado
meses investigando para escribir esta carta! Debo reconocer que
estoy impresionado. Me encantaría contribuir a tu misión. ¿Por
qué no llamas a mi ayudante y buscamos un hueco la semana que
viene?».

Cinco minutos después, recibí respuesta de la ayudante:

De: Ayudante de Warren Buffett
Para: Alex Banayan
Asunto: Carta al Sr. Buffett

Decía:

Alex: ya se han documentado varias veces todos los aspectos de mi vida. Tengo demasiado entre manos para acceder a todas las entrevistas que me solicitan.

WEB

Apenas había levantado un dedo para escribir la negativa, pero me sentó como si hubiera tirado el brazo hacia atrás y me hubiera dado un puñetazo en toda la garganta.

Llamé a Dan.

—Creí que no iba a haber problema, que era algo hecho... ¿En qué me he equivocado?

—Alex, tienes que entender que estamos hablando de Warren Buffett. Recibe cientos de peticiones cada día. No debes verlo como una negativa. El hecho de que te haya respondido escribiendo a mano significa que le has gustado. Conozco al señor Buffett. Sé que no escribe respuestas a todo el mundo.

Le pregunté qué debería hacer.

—Perseverar —contestó—. El Coronel Sanders fue rechazado mil y una veces cuando empezó con KFC. Es tu primer no. El señor Buffett te está poniendo a prueba. Quiere ver hasta qué punto lo quieres.

Al colgar, imprimí diez citas y las colgué por las paredes del almacén.

Perseverancia: es un cliché, pero resulta que funciona. Quien lo consigue es aquel que persiste cuando los demás lo dejan. Es más importante que la inteligencia, el pedigrí o incluso que los contactos. ¡Sé tenaz! ¡Aporrea esa puerta hasta tirarla abajo!

JERRY WEINTRAUB

La energía y la perseverancia lo conquistan todo.

BENJAMIN FRANKLIN

La forma más segura de triunfar es intentándolo una vez más.

THOMAS EDISON

Sencillamente, no se puede vencer a quien nunca se rinde.

BABE RUTH

Mi éxito se basa en la perseverancia, no en la suerte.

ESTÉE LAUDER

No es que yo sea más inteligente, sino que dedico más tiempo a los problemas.

ALBERT EINSTEIN

Podemos hacer lo que queramos si ponemos suficiente empeño.

HELLEN KELLER

Si estás pasando un infierno, sigue caminando.

WINSTON CHURCHILL

Nada en el mundo puede suplir la perseverancia.

CALVIN COOLIDGE

Dan me ayudó a escribir una segunda carta a Buffett y la envié. Pasó una semana sin respuesta. Escribí a la ayudante de Buffett para comprobar si le había llegado.

De: Ayudante del Sr. Buffett
Para: Alex Banayan
Asunto: RE: Carta al Sr. Buffett

El señor Buffett recibió su segunda carta. Nos obstante, la respuesta no cambia. Lamento que él no pueda ayudarle.

Al entrevistar a Tim Ferriss, también sentí que estaba recibiendo de lo lindo, pero en comparación, era una simple riña de patio de colegio.

En retrospectiva, comprendo que Buffett no estaba haciendo nada mal. No me debía nada. Pero, en aquel momento, yo no pensaba con claridad. Y, para colmo, Dan seguía recordándomelo: perseverancia.

A las cinco de la mañana, sonó la alarma. Me até las zapatillas para correr, salí a la oscuridad de la calle y escuché «Eye of the Tiger» por los auriculares. Corrí calle abajo imaginándome que Buffett estaba a la vuelta de cada esquina: era un combate de uno contra uno, me dije, y yo quería conocerlo más de lo que él no quería conocerme a mí.

Si esto fuera una película, ahora vendría la secuencia donde muestran el paso de los meses mientras corro por la calzada, los árboles cambiando de verde a naranja, las hojas cayendo, la nieve amontonándose. Leí más libros sobre Buffett, vi más entrevistas en YouTube y escuché más audiolibros. Algo se me estaba escapando. Buffett halló su respuesta en el pie de página número 14. Yo ya iba por la nota 1.014.

Casi sin darme cuenta, llegó enero y el semestre de primavera de la USC estaba a punto de comenzar. Sin dudarlo, me tomé otro semestre libre.

Investigué más acerca de Warren Buffett, me desperté más temprano y corrí más rápido. Aunque me cueste reconocerlo, ya no lo hacía por Buffett. Lo hacía para demostrarme a mí mismo que todos los demás estaban equivocados: cada una de las chicas que habían dicho que me veía como un amigo, cada chico popular que me había hecho sentir invisible, cada fraternidad que me había rechazado.

Mandé a Buffett una tercera carta.

Sin respuesta.

Zas: directo a la mandíbula.

Una cuarta.

Pum: gancho al ojo.

Sugar Ray ya me lo había advertido: «Debes seguir luchando.

Las cosas se pondrán feas. Te dirán que no. Pero tienes que seguir presionando».

Cada miércoles por la mañana llamaba a la ayudante de Buffett para preguntarle si Buffett había cambiado de opinión. La respuesta siempre era no.

Envié una quinta carta.

Bang: rotura de nariz.

Una sexta.

Plas: escupí un diente.

En febrero, escribí una carta más detallada, esperando que Buffett se diera cuenta de hasta qué punto quería entrevistarlo.

De: Ayudante de Warren Buffett
Para: Alex Banayan
Asunto: Su carta a Warren Buffett

Alex,

El señor Buffett se leyó su carta del 5 de febrero.
Lo lamentamos, pero no podemos hacer esta entrevista.
Las peticiones han aumentado desde que le contestamos
y tiene la agenda más que repleta.

Pim Pam Pum. Estaba doblado sobre mí mismo, tosiendo sangre.

En aquel momento, me pareció que el único que estaba allí en la esquina del cuadrilátero conmigo era Dan. Su amistad era lo único que mantenía con vida mi esperanza.

—¿Por qué razón no puedes llamar tú mismo a Buffett? —le espeté.

—Alex, ¿confías en mí?

—Claro que sí.

—Entonces debes comprender que no quiero darte un pescado, sino enseñarte a pescar. Llamar al señor Buffett es fácil. Aprender cómo conseguir un sí por ti mismo es lo importante. Deberás ser más creativo en la próxima carta.

Dan me contó la historia de un amigo suyo que quería conocer a Bill Clinton. Cuando le respondieron que no, su amigo compró el dominio <preguntaaBillClinton.com>, le escribió al expresidente ofreciéndole el dominio como un regalo y entonces la oficina de Clinton organizó un encuentro. Me propuso que hiciera lo mismo con Buffett. Así que compré el dominio <preguntaaWarrenBuffett. com> y, a continuación, con Corwin grabamos un vídeo que subimos a la página de inicio. Escribí una carta a Buffett explicándole que podía utilizar la página para enseñar a los estudiantes de todo el mundo.

De: Ayudante de Warren Buffett
Para: Alex Banayan
Asunto: RE: Su carta a Warren Buffett

Alex, disculpe el retraso... Adjunto una respuesta escrita a mano de parte del señor Buffett.

Lo sabía. ¡Lo sabía! ¡Perseverancia! Warren Buffett no me había mandado una respuesta escrita desde la primera carta. Sabía que el consejo de Dan iba a funcionar. Abrí el documento adjunto y leí:

Alex,

Mis amigos y yo hemos debatido esta idea durante varios años, y al final la mayoría de ellos piensa (y yo estoy de acuerdo) en no hacerlo y limitarme a la palabra escrita.

Warren E Buffett

No sabía qué hacer.

—¿Sabes lo que te ha faltado? —me dijo Dan—. No has dedicado suficiente tiempo a la ayudante del señor Buffett. Deberías enviarle unas flores.

—¿No crees que eso es pasarse?

—La conozco desde hace años. Le encantarán.

Me sentía incómodo, pero de todos modos encargué unas flores y adjunté una nota dándole las gracias por responder a mis llamadas y transmitir a Buffett mis cartas.

De: Ayudante de Warren Buffett
Para: Alex Banayan
Asunto: gracias por las flores

Alex,

Gracias por las hermosas flores y tus agradables palabras. Lamento no haber mantenido el contacto pero, por desgracia, estoy hasta el cuello preparando las reuniones anuales... Pero las flores de verdad me han alegrado el día y quería que supieras cuánto te lo agradezco.

Llamé a Dan.

—¿Lo ves? —me dijo—. ¡Vamos por el buen camino! ¿Sabes qué debes hacer ahora? Tienes que conocer a la ayudante del señor Buffett en persona. Dice que está ocupada, ¿verdad? Escríbele para pedirle que te deje ir a su despacho y ofrécete para ser su chico de los recados. Puedes poner cartas en sobres, ir a buscar café, todo lo que necesite. Cuando llegue a conocerte, tendrás la entrevista en un tiempo récord. Ah, y envía la carta con un zapato, en una caja bonita, y escribe en ella: «¡Tratando de meter un pie dentro!».

—Estás... de broma, ¿no?

—Para nada. Escríbelo con letras grandes para que entienda la broma.

—Me... me parece que lo del zapato es un poco demasiado.

—No, lo del zapato es lo mejor. Créeme.

Me invadió una sensación de incomodidad, pero no podía rebatirle con nada. Dan era mi único salvavidas. Así que fui a una tienda del Ejército de Salvación, compré un zapato de cuero negro, escribí la nota tal y como me había dicho Dan y lo mandé.

De: Ayudante de Warren Buffett
Para: Alex Banayan
Asunto: (Sin asunto)

Hola Alex,

Es muy amable por tu parte, pero no es necesario, ni
siquiera hay espacio para otra persona. Y, aunque el
señor Buffett admira tu perseverancia, su agenda ya está
muy sobresaturada y no podrá reunirse contigo. No eres
el primero (y no serás el último) que lo intenta, pero él
nunca da entrevistas. Espero que puedas aceptar este no,
que significa que de verdad no puedo responderte más
correos. La mejor forma de ayudarme en los siguientes
meses es dejar que me concentre en mi trabajo y no
distraerme. Espero que lo entiendas.

—Dan, por favor, tienes que ayudarme. Por favor, ¿no puedes
llamar a Buffett tú mismo?

—Sí que puedo —repuso—, pero no sería un buen mentor. Es
tu noveno no. Aún no has llegado al final de la cuerda.

Estaba pensando en más opciones cuando caí en la cuenta: igual
que Elliott se había montado en un avión para ir a los Hamptons y
confió en que la casualidad le daría lo que necesitaba, ¿por qué no
me iba yo a Omaha y hacía lo mismo? ¿Y si abordaba a Buffett en
una tienda de comestibles o en su restaurante favorito?

Dan dijo que era una fantástica idea. Empecé a buscar un billete de avión y pensé que Elliott estaría muy orgulloso de mí. Era
lo que me había enseñado. Lo llamé y, después de contarle mi plan,
se quedó en silencio.

—La estás cagando —dijo.

—¿Qué dices? Me estoy dedicando a Buffett todas las horas del
día, todos los días de la semana. No puedo hacer más.

—Ese es el problema. Tienes que comprender que los negocios
no son como el tiro al blanco. No se trata de obsesionarse con el

objetivo, sino de disparar muchas balas y ver cuál da en el blanco. ¿Cuándo fue la última vez que te dedicaste a Bill Gates?

—Bueno, hace ya unos meses.

—¿Cuándo fue la última vez que te dedicaste a Lady Gaga?

—Hace algunos meses.

—¿Cuándo fue la última vez que te dedicaste a Buffett?

—¡Me he estado dedicando a él cada día!

—¡Esa es la cuestión! Debes empezar a trabajar en una red de tuberías y disparar más tiros. Los negocios no son como el tiro al blanco.

Elliott colgó.

Entendí lo que me decía, pero no me parecía bien. Dan me había explicado lo de la lista de descartables: «El éxito es el resultado de priorizar los deseos». Todos los libros empresariales que había leído aconsejaban perseverar. Y Dan, que conocía a Buffett personalmente, me había dicho que fuera a por él.

El hecho de que Elliott fuera mi mentor no significaba que siempre tuviera razón.

Compré el billete.

Dos días después, en el aeropuerto de Omaha

En la terminal no había ni un alma. Era medianoche pasada y cargaba sobre el hombro mi pesada bolsa de mano. Llevaba el Kindle y diez libros de tapa dura sobre Buffett. Si llevar los libros aumentaba un 1 por ciento las posibilidades de entrevistar a Buffett, entonces merecía la pena.

Caminé por los pasillos vacíos, donde solo mis pasos quebraban el silencio. Delante de mí, un póster publicitaba la Universidad de Nebraska. Mostraba una versión gigante de la foto de Buffett para el anuario, con «1951» como pie de imagen. Por entonces, tenía veintiún años. Por más que la mirara, no era diferente a cualquier otra foto de promoción. Era un simple ser humano. ¿Por qué durante los últimos seis meses me había estado matando, recibiendo golpe tras golpe, para hacerle unas pocas preguntas a un ser humano?

Salí del aeropuerto y una racha de aire frío se coló por debajo del abrigo. Estaba nevando. De camino a la parada de taxis, cada bocanada de aire me congelaba los pulmones. Un taxi se acercó a la acera. Le faltaba el parachoques delantero. El interior olía a Big Macs de hacía tres meses.

—¿Siempre hace tanto frío? —le pregunté al taxista.

—Tu primera vez en Omaha, ¿no?

—¿Cómo lo sabe?

Rio.

—Eres un pardiiiillo.

Cogió un periódico del asiento del copiloto, lo tiró atrás y me dio en toda la cara. El titular decía que esa noche iba a haber una de las peores tormentas de nieve que había azotado Omaha en los últimos treinta años.

Nos desviamos hacia una autopista desolada. Entonces, el coche empezó a temblar. Parecía que estuvieran disparando armas semiautomáticas desde el cielo. La nieve había dejado paso al granizo y, después de veinte ensordecedores minutos, llegamos al aparcamiento del Motel 6. Las luces del vestíbulo parpadeaban.

Después de registrarme, fui hacia el ascensor donde dos mujeres estaban apoyadas a un lado, con ropa que apenas les cubría el cuerpo. Llevaban unas uñas de unos ocho centímetros de largo y el pelo les llegaba hasta las caderas descubiertas. Me miraron, alzando las cejas. Mi cuerpo se tensó y, sin perder un instante, pulsé el botón del ascensor.

Se abrió la puerta y sentí un hedor tan profundo, tan nauseabundo, que solo se podía deber a alguien que no se hubiera duchado en semanas. Provenía de un hombre con el rostro pálido y los ojos inyectados en sangre. Salió dando tumbos, una mano rascándose el cuello, la otra extendiéndose hacia mí.

Llegué a la habitación y pasé el cerrojo. Hacía tanto frío como fuera. La calefacción no funcionaba. Cuando llamé a recepción para preguntar qué restaurantes y tiendas estaban abiertos, me informaron de que todo estaba cerrado debido a la tormenta. Bajé para comprar algo en la máquina expendedora: también estaba rota. Me rendí. Llené un vaso con agua del lavamanos y cené una bolsa de cacahuetes del avión.

Al sacar los libros de Buffett de la mochila, me di cuenta... ¿Cómo iba a encontrar a Buffett durante la peor tormenta que se recordaba? Pensé que volar a Omaha me revitalizaría, pero, al mirar la habitación vacía, me pareció ver clavada en las paredes cada negativa de Buffett. Nunca antes me había sentido tan solo en mi vida.

Cogí el móvil y entré en Facebook. Había una foto de mis amigos Kevin y Andre riéndose en una fiesta la noche anterior; otra foto de mis hermanas Talia y Briana, sonriendo, en mi restaurante favorito; un álbum entero con cientos de fotos de la chica de la que me había enamorado el primer día de universidad. Miré las fotos. Estaba estudiando en Australia. Verla sonreír en la playa, bajo el calor del sol, me recordó el frío que hacía y lo desgraciado que me sentía.

Lo peor era que todo aquello lo había logrado yo solito. Yo lo había elegido. Podría haberme quedado en la universidad. Podría estar estudiando en el extranjero y disfrutando de la vida. Lo había dejado todo... ¿por esto?

Tiré el móvil a las almohadas y me desplomé en la cama. Las sábanas estaban gélidas. Rodé, me tumbé en la moqueta y me acerqué las rodillas al pecho. Me mecí en el suelo, temblando y pensando en todas las negativas de los últimos seis meses.

Mientras los pensamientos se arremolinaban en mi cabeza, vi una cucaracha avanzando lentamente por la moqueta, a unos centímetros de mi nariz. Se volvió borrosa cuando llegó a una grieta de la pared, y sentí que una lágrima corría por mi mejilla.

Sugar Ray me había hablado de la Reserva Oculta, pero yo no era Sugar Ray. No tenía Reserva Oculta.

Estaba acabado.

21

Besar ranas

Me fui de Omaha unos días después, con las manos vacías. La semana siguiente no puse un pie en el almacén. No toqué un libro. No envié ni un solo correo. Me limité a gandulear, regodeándome en la nada.

Estaba despatarrado en el sofá, saltando por los canales de la televisión, cuando recibí una llamada de Stefan Weitz, el Topo que me había conectado con Qi Lu.

—No te lo vas a creer —dijo Stefan—, pero te he conseguido una entrevista con Dean Kamen.

—Dean... ¿qué?

Seguí cambiando de canal.

—Dean Kamen es mi héroe —continuó Stefan—. Hazme un favor. Busca información sobre él y llámame cuando acabes.

Pasaron unos días hasta que busqué en Google «Dean Kamen». Apareció una foto de él en Segway. El pie de foto decía que lo había inventado él. Leí que también había creado el purificador de agua Slingshot, la bomba de infusión de fármacos, la bomba de insulina, la bomba de irrigación quirúrgica y la silla de ruedas eléctrica iBot. Vi una charla TED con más de un millón de reproducciones en la que Dean Kamen presentaba el brazo biónico que había inventado. Le habían otorgado la Medalla Nacional de Tecnología, había ingresado en el Salón de la Fama de los inventores y tenía más de cuatrocientas patentes a su nombre.

Luego me crucé con dos palabras que me hicieron enderezarme en la silla: «Besar ranas». Es una expresión que acuñó Kamen para motivar a sus ingenieros y que extrajo del cuento de la princesa y la rana. Pensemos en un estanque lleno de ranas. Cada rana representa una forma de solucionar un problema. Kamen les dice a los ingenieros que, si van besando a las ranas, al final alguna se convertirá en príncipe. Así que, incluso después de besar a una docena de ranas —sin haber conseguido nada más que un mal sabor de boca—, Kamen afirma que hay que seguir besándolas y que, al final, encontraremos un príncipe.

«Pero ¿y si ya has besado a todas las ranas y sigues sin dar con el príncipe?»

Luego pensé: «Bueno, si alguien puede decirme si debo seguir intentando entrevistar a Buffett, o si debo dejarlo correr, quizá este sea Dean Kamen».

Dos semanas después, en Manchester, New Hampshire

Grandes fotos de Albert Einstein cubrían las paredes. Había altas estanterías de roble repletas de gruesos libros. Cuando me acomodé en una silla, Kamen se sentó enfrente y sorbió una oscura taza de café. Llevaba una camisa tejana metida en unos vaqueros azules. Aunque solo eran las tres de la tarde, tenía la cara de llevar trabajando las últimas veinte horas.

—Así que —empezó Kamen—, ¿de qué vamos a hablar?

Parte de mí quería explicarle exactamente lo que había ocurrido con Buffett y pedirle consejo, pero me contuve. No estábamos en mi sesión de terapia personal. Le conté a Kamen cómo había comenzado la misión y, cuando acabé, soltó una risa triste.

—Muchos jóvenes han venido a mí esperando que les pudiera dar las claves sobre cómo triunfar —dijo Kamen, y alzó la vista como si se pusiera a pensar—. Digamos que tenemos un uno por ciento de posibilidades de hacer algo bien. Si estás dispuesto a hacerlo más de cien veces, empiezas a acercarte a la probabilidad de, al final, hacerlo bien. Llámalo suerte. Llámalo tenacidad. Al final lo consigues si le dedicas todos tus esfuerzos.

—Pero estoy seguro de que hay un momento —intervine—, y creo que es la fase por la que estoy pasando, en el que vuelves a casa y crees que ya has besado a todas las ranas. Te has enrollado con todo el estanque, y sigues sin encontrar al príncipe.

Kamen se inclinó hacia mí.

—Pintémoslo peor —dijo—. Vuelves a casa, has besado a todas las ranas y no tienes más que verrugas en la cara. Estás tumbado en la cama pensando: «He besado a todas las ranas y sigo sin tener una solución. Y ni siquiera sé dónde está la próxima rana».

»Pero, luego —continuó—, te revuelves en la cama y piensas: "Te has metido en esto porque es realmente un gran problema. Sabías que iba a ser difícil. Después de tanto tiempo y esfuerzos, si desistes es porque eres débil. Has perdido la visión. Has perdido el valor. Tarde o temprano habrá una respuesta. La única razón por la que vas a desistir es porque eres un cobarde".

»Pero, luego —Kamen prosiguió—, te revuelves un poco más en la cama y piensas: "Continúa. Sigue intentándolo. ¿Sabes por qué vas a hacerlo? Eres estúpido, no aprendes de los errores, tienes un ego como una catedral, no estás dispuesto a cambiar, eres recalcitrante, malgastas tu tiempo, tus recursos, tus energías y tu vida. Cualquiera con la mitad de tu cerebro se daría cuenta de que ha llegado el momento de seguir adelante".

—¿Cómo lo decides? —pregunté—. ¿Cómo decides si debes seguir luchando o si debes tirar la toalla?

—Te daré mi peor y más desagradable respuesta… —contestó.

Me incliné hacia él.

Kamen alzó la vista, respiró hondo y me clavó la mirada.

—… no lo sé.

«¿He viajado miles de kilómetros para hablar con una de las personas más inteligentes del mundo y su respuesta es "no lo sé"?»

—Es una pregunta que me quita el sueño —dijo con suavidad—. Es lo que más me preocupa. Porque si sigues intentándolo y no logras una respuesta, y luego sigues intentándolo y sigues sin encontrar una respuesta, entonces acabas dejándolo correr…

—¿En qué momento lo dejas correr?

—Cuando lo decidas. Por definición, es una pregunta sin respuesta.

Kamen percibió mi frustración.

—Mira —me dijo—. Yo no puedo darte un mapa. Pero te puedo decir: esto es lo que posiblemente verás. Si te diera el mapa que hicieron Lewis y Clark, sería bastante fácil ir de aquí a la costa Oeste. Por esta razón, todos recordamos los nombres de Lewis y Clark, y nadie recuerda a quien miró el mapa e hizo el viaje por segunda vez.

»Si crees que no puedes soportar este nivel de incertidumbre y fracaso —continuó—, entonces espera a los Lewis y Clark de turno para que hagan el mapa y tú podrás ser de los que hacen un buen trabajo siguiendo su camino. Pero si quieres ser un innovador como ellos, prepárate, como hicieron ellos, para fracasar y congelarte y no logres lo que te has propuesto. Si no estás preparado para ello, no pasa nada: no lo hagas. Hay suficiente lugar en el mundo para otros. Pero, si quieres hacerlo (si quieres aventurarte y lograr grandes cosas), debes estar preparado para que el camino sea más largo de lo esperado, que cueste más de lo esperado, que esté lleno de fracasos dolorosos, vergonzosos y frustrantes. Si no te va a matar, sigue arrastrándote por el barro.

—Digamos que me estoy arrastrando por el barro —agregué—. ¿Podrías al menos darme algunos consejos o unas pautas para encontrar a las ranas adecuadas?

—De acuerdo —dijo Kamen—. He aquí un buen consejo: es mejor demostrar que no se puede hacer que agotar las infinitas formas de fracasar.

Me explicó que cuando ya ha besado un montón de ranas, pero sin progresos, da un paso atrás y se pregunta si lo que está intentando es, de hecho, imposible. ¿Contradice las leyes de la termodinámica, de la física newtoniana o cualquier otro principio fundamental?

—Es bueno saber cuándo estás malgastando el tiempo —me dijo—. Si puedes convencerte de que un problema no puede resolverse, entonces puedes dejarlo correr sin sentirte un cobarde.

«Los periodistas entrevistan a Buffett continuamente. Por supuesto que es posible.»

—Si sigues besando ranas —continuó—, y no logras más que resultados similares, en un momento dado debes decirte: «No voy a contar con la suerte. No voy a comprar décimos de lotería». Aunque siempre digo que «la tenacidad es fundamental» y que «no debes ser cobarde», la fuerza bruta es una completa estúpida.

»Está claro que hay miles de millones de ranas, pero a veces noto como si solo hubiera diez tipos distintos de ranas. Así que este es un buen segundo consejo: deberías besar una de un tipo, otra de otro tipo…, pero no intentes besar todas las ranas posibles. Primero, averigua cuántos tipos de ranas hay y luego intenta besar una de cada tipo.

Kamen se calló, juntó las manos y se dio golpecitos con las yemas de los dedos.

—A veces, replantear los límites —añadió— es lo que nos lleva a la idea de crear una solución innovadora.

Me contó una historia sobre lo poco que se enseñaba ciencia y tecnología en las escuelas públicas estadounidenses. La mayoría de las personas afirmaba que era una crisis educativa, así que trataron de resolverla con los métodos de siempre: actualizar el plan de estudios, contratar a más profesores…, pero no pareció que funcionara. Kamen se planteó qué ocurriría si se formularan la pregunta de forma diferente. ¿Y si no fuera una crisis educativa, sino una crisis cultural? Tan pronto como replanteó el problema, aparecieron nuevas ranas. Kamen decidió crear un concurso llamado FIRST, que considera que los científicos son como personajes famosos y convierte la ingeniería de los institutos en un deporte. Ahora, FIRST es un fenómeno en todo el país y ha influido en la vida de millones de estudiantes.

—En lugar de frustrarse repitiendo el mismo problema de siempre —afirmó—, replantea la pregunta de forma que suscite una solución diferente.

«Una solución diferente…»

Me había centrado en conseguir una entrevista cara a cara con

Buffett. Pero ¿y si replanteaba el problema? ¿Y si le pedía a Buffett que respondiera algunas de mis preguntas, sin importar cómo o dónde las respondiera?

«Considerado de esta manera, todavía había una rana que no he besado...»

22

La junta general de accionistas

Tres semanas después, en Omaha, Nebraska

Hacía tanto frío que parecía que se me clavaran agujas en las mejillas. La cola para entrar en el estadio llegaba hasta la esquina y seguía más allá. Llevábamos tres horas de pie, desde las cuatro de la madrugada. De nuevo, me enfrentaba a Omaha. Pero, aquella vez, traía refuerzos.

Había venido con mis chicos.

Estaba Ryan: el hombre de los números. Aunque, de hecho, en aquel preciso momento mi hombre de los números no estaba muy interesado en los cálculos. Estaba doblado sobre sí mismo, temblando, con una bufanda anudada al cuello que le hacía parecer una momia. Traté de animarlo preguntándole cuáles eran las probabilidades de que Buffett respondiera a mis preguntas. Pero se limitó a balbucear:

—Tengo… demasiado…. frío… para… pensar…

Estaba Brandon, con un libro bajo la nariz y el móvil sobre la cabeza a modo de linterna. Llevaba quince minutos sin moverse. No sabía si estaba absorto en la lectura o directamente congelado.

Kevin era lo contrario a alguien muerto de frío. Iba saltando y sonriendo, mientras repartía barritas de muesli para subirnos el ánimo.

Andre no tenía tiempo para barritas. Se estaba poniendo protector labial y flirteaba con una mujer a unos metros de nosotros. Aún no había salido el sol, y ya estaba intentando que le dieran un número de teléfono.

Y Corwin... bueno, Corwin estaba tan cansado que no le importaba el frío: tumbado en la acera, con una chaqueta de franela como manta, como si nunca hubiera salido de la cama.

De acuerdo, no éramos los Navy Seals, y nos parecíamos más a *Dos tontos muy tontos*, pero, aun así, eran mis chicos.

Un hombre delante de nosotros se dio la vuelta.

—¿Desde cuándo sois accionistas?

No éramos accionistas, así que no sabía qué decirle. Gracias a Dios, Corwin acudió al rescate, se levantó de la acera, subiéndose los pantalones caídos.

—De hecho, caballero —respondió, blandiendo un dedo en el aire—, hemos sido invitados personalmente por el despacho del señor Buffett.

Contuve una sonrisa. Aunque lo que decía Corwin era cierto, estaba saltándose el 99 por ciento de la historia.

Meses antes, la ayudante de Buffett me había ofrecido una entrada para la junta anual de accionistas de Berkshire Hathaway. Seguramente se sentía mal por todas las negativas que me habían dado. En cualquier caso, la oferta fue muy amable por su parte. Una entrada para la junta anual es como una entrada para la Super Bowl de Buffett. Solo los accionistas o los periodistas podían asistir. Cuando me la ofreció, no veía en qué me beneficiaba sentarme entre la muchedumbre, pero, después de hablar con Dean Kamen, la llamé y le pregunté si la oferta seguía en pie.

—Claro, Alex, estaré encantada de mandarte una entrada.

—¡Gracias! Y, de hecho, ¿crees que podrías conseguirme algunas más?

—Por supuesto. ¿Cuántas quieres?

—Eh... ¿seis?

—Supongo que no habrá ningún problema.

—Muchísimas gracias. Y, solo para confirmarlo: durante la sección de preguntas y respuestas, los asistentes pueden hacerle preguntas al señor Buffett, ¿verdad?

—Alex, Alex... sé lo que estás pensando. Sí, los miembros del público le pueden formular preguntas, pero debes saber que solo treinta o cuarenta personas tienen la oportunidad de hacerlo... y allí habrá treinta mil personas. El sistema es por sorteo, y es completamente aleatorio. Así que, por mucho que admire tu optimismo, no tendría muchas esperanzas.

Bueno, yo era el rey de las esperanzas.

Cuando se abrieron las puertas del estadio, hubo una ovación al principio de la cola. Miles de personas empezaron a correr y a empujar. Brazos agitándose, cuadernos de piel ondeando en el aire; la gente gritaba: «¡Disculpen, disculpen!». Era como un encierro de toros empresarial.

Mis amigos y yo nos zambullimos entre el gentío. Andre bajaba las escaleras a saltos, Corwin se deslizaba por las barandillas, Kevin trepaba por las sillas y logramos llegar hasta la parte frontal, pillando seis butacas cerca del escenario.

El estadio era enorme. Me volví para contemplar la panorámica de asientos hasta el techo: había como mínimo seis pisos por encima de mí. No podía dejar de pensar que aquellos miles y miles de asientos vacíos iban a llenarse de gente que también se moría de ganas por hacerle una pregunta a Warren Buffett. Justo delante de mí había un gigantesco escenario negro, con un altísimo telón oscuro y tres enormes pantallas encima. Había una mesa en medio, con solo dos sillas, en las que iban a sentarse Buffett y su vicepresidente, Charlie Munger.

Aunque tenía muchas esperanzas, carecía de un plan. Pensé que ya se nos ocurriría algo cuando llegara el momento. Si algo había aprendido en *El precio justo* es que siempre hay una manera de entrar.

Y ahora no teníamos tiempo que perder.

Avisté una señal que decía Puesto 1. Había una cola frente a ella.

—¡Ryan! —grité—. ¡Te vienes conmigo!

En el Puesto 1 había una voluntaria que entregaba hojas doradas que los asistentes dejaban en una cubeta. A la izquierda de la cubeta, había un pie de micrófono negro. Ryan y yo nos pusimos a hacer cola. Cuando llegó nuestro turno, la voluntaria nos dio dos tiques de lotería.

—Disculpe, ¿podría hacerle una pregunta?

Era la primera vez que veníamos, le dije, y quería saber cómo funcionaba el sorteo.

Me dijo que tenía que enseñarle el carné de identidad para conseguir un billete, y luego meterlo en la cubeta.

—Justo antes de que empiece la reunión, sacamos los nombres —me explicó—. No tiene secreto. Espero que te sientas afortunado, porque la probabilidad es de uno entre mil.

Ryan y yo nos hicimos a un lado y buscamos el Puesto 2. Más allá, estaba el Puesto 3. En el tercer piso, pude vislumbrar lo que parecían los Puestos 8, 9, 10, 11 y 12.

—Venga —dije agarrando a Ryan.

Corrimos al Puesto 2 y le pedí al voluntario más información, con la esperanza de recopilar pistas que nos dieran ventaja. Obtuvimos la misma respuesta.

Puesto 3.

Puesto 4.

Puesto 5.

Hablé con todos los voluntarios que pude, les conté la historia de que llevaba seis meses escribiéndole cartas a Buffett y por qué mis amigos y yo estábamos allí. Todos me respondieron lo mismo. Hasta que una me llevó a un lado.

—Yo no te lo he dicho —susurró—, pero en la reunión del año pasado me di cuenta de que no todos los Puestos tienen el mismo trato.

—¿Qué quieres decir?

Me explicó que los tiques no se ponían en una sola cubeta, sino que se sacaban uno a uno de las cubetas de los distintos puestos, de manera que había una docena de loterías diferentes. Los puestos más cercanos al escenario tenían miles de papeletas. Pero ¿y los puestos del gallinero? Seguramente, solo unas pocas.

—Tiene lógica —dijo Ryan—. Los que se sientan en primera fila deben de ser los que se mueren por hacer preguntas. Y, los que se sientan en el gallinero, seguramente quieren pasar desapercibidos.

La cara de Ryan se iluminó como si todos los procesadores de su cerebro se hubieran encendido. Entrecerró los ojos y analizó el estadio.

—Parece que hay unas tres mil personas aquí sentadas. Unas mil por allí. Quinientas más allá. Y unas cien en esa zona. Si nosotros…

—Se quedó callado, como si tuviera cifras titilando en sus ojos. De repente gritó—: ¡Puesto ocho!

Volvimos pitando a la parte frontal del estadio, les gritamos a los demás que nos siguieran y corrimos hasta el último piso. Llegamos al Puesto 8, conseguimos las papeletas y las metimos en la cubeta. Unos veinte minutos después, el voluntario empezó a sacar las afortunadas.

Se me hizo un nudo en la garganta. Mis amigos estaban tan nerviosos como yo. En lo más profundo de nuestro ser, sabíamos que era la última oportunidad de que Warren Buffett respondiera a mis preguntas.

El voluntario anunció a los ganadores. Aunque nos habían dicho que la probabilidad era de una entre mil, de los seis, cuatro logramos un tique ganador.

Las luces del estadio se atenuaron. Me temblaban las piernas mientras observaba los rostros que me rodeaban. Había hileras de gente con traje, encogida ante sus cuadernos y portátiles. Luego había otras personas recostadas en los asientos, con magdalenas y cafés en la mano, listas para ver la Super Bowl de Buffett. En la cola, algunos me dijeron que la junta de accionistas de Berkshire Hathaway era tan importante para ellos que incluso reservaban la fecha con un año de antelación. Otros venían todos los años desde hacía décadas.

El público se quedó en silencio cuando las pantallas gigantes del escenario mostraron un vídeo de dibujos animados en el que Buffett y Munger aparecían como jueces ficticios de *Lluvia de estrellas*. Buffet otorgaba ceros a los concursantes mientras que Munger se aburría y jugaba al Scrabble en línea. Cuando el presentador del programa les preguntó si pensaban que ellos podían hacerlo mejor, Munger replicó: «¡Creíamos que no ibas a preguntarlo nunca!». Los millonarios en dibujos animados saltaron de sus sillas y empezaron a bailar «Gangnam Style», la canción pop coreana que se había vuelto viral el verano anterior, y todo el estadio estalló a carcajadas: «*OP... OP... OP... OPPA GANGNAM STYLE!*» se oía por los altavoces, aunque el griterío apenas dejaba oír la música.

Luego apareció un vídeo en el que Buffett estaba en una escena de *Breaking Bad*, pero, en lugar estar cerrando un trato sobre metanfetamina, Buffett y Walter White discutían sobre guirlache, uno de los dulces favoritos de Buffett. Le siguió un vídeo de Buffett con Jon Stewart y luego un gag con Arnold Schwarzenegger. Por último, la pantalla se fundió en negro y pensé que había llegado el momento de ponerse manos a la obra. Pero no: del techo bajaron bolas de discoteca, luces rojas y azules iluminaron el estadio como si de un club nocturno se tratara y resonó la canción «Y. M. C. A.», aunque habían cambiado las siglas por «B. R. K. A.», el lema del mercado de acciones de Berkshire Hathaway. La multitud cantó como si esas fueran sus letras favoritas. Por último, apareció un desfile de animadoras por el pasillo central.

Buffett y Munger entraron en el escenario por la derecha bailando y cantando «¡B. R. K. A.!», lo cual desencadenó una ovación que sacudió el estadio como un miniterremoto. En el pasillo de mi izquierda, en medio del caos, estaba Corwin, meneando las caderas y acercándose a las animadoras. Una de ellas le dio un pompón que él empezó a agitar por encima de su cabeza, cantando las iniciales con la animadora como si fuera la primera noche de su luna de miel.

Buffett se sentó a la mesa y se acercó al micrófono.

—¡Uf! ¡Estoy exhausto!

Comenzó la reunión anunciando el estado financiero de Berkshire y presentando a su junta de directores, que estaban sentados en la primera fila.

—Perfecto —continuó Buffett—. Ahora pasaremos a las preguntas.

Sabía que la sección de preguntas y respuestas ocupaba gran parte del evento. Sobre la mesa de Buffett y Mungler había algunos montones de papeles, dos vasos de agua, dos latas de Cherry Coke y una bolsa de guirlache See's. A la izquierda del escenario, había una mesa con tres periodistas económicos de *Fortune*, de la CNBC y del *New York Times*. A la derecha, había una mesa con tres analistas financieros.

La sección de preguntas discurrió de la siguiente manera: un periodista preguntó sobre el rendimiento de Berkshire según el índice S&P, luego un analista inquirió sobre la ventaja competitiva de una de las empresas subsidiarias de Berkshire. Buffett respondió prolijamente, acabó con una broma, comió un poco de guirlache y luego dijo «¿Charlie?», para ver si el vicepresidente tenía algo que comentar. Mungler solía responder con un escueto «Nada que añadir». Después, los focos iluminaron el Puesto 1. El miembro ganador del público le preguntó a Buffett qué era lo que más le preocupaba del rendimiento de Berkshire.

El ciclo continuó. Periodista, analista, Puesto 2. Periodista, analista, Puesto 3. Ryan calculó que teníamos alrededor de una hora antes de nuestra primera pregunta. Para prepararnos, nos fuimos a los pasillos donde vendían comida.

—Estas son mis principales preguntas para Buffett —dije, sacando una hoja de papel del bolsillo—. Andre, tu papeleta es la primera, así que harás la pregunta sobre la persuasión. Yo voy segundo y, Brandon, tú eres el tercero. Harás la pregunta sobre la recaudación de fondos. Corwin, tú eres el cuarto y harás la pregunta de la inversión de valores. Chicos, aseguraos de que…

—Oye —espetó Corwin—. ¿Alguien tiene un cinturón de sobra?

Sabía que no tenía que preguntar, pero lo hice igual.

—¿Por qué alguien debería llevar un cinturón de sobra?

Se encogió de hombros.

—Espera —dije—. ¿No te habrás olvidado el cinturón, no?

—No te preocupes, tío. Ya se me ocurrirá algo.

Traté de no pensar en lo ridículos que parecíamos. En un mar de pantalones caqui y peinados de cortinillas, Andre llevaba la camisa desabotonada más allá del pecho, Brandon y Kevin llevaban sudaderas con capucha y Corwin parecía haber estado encerrado en un estudio de edición durante las últimas tres semanas. Yo llevaba la camiseta Zappos de Tony Hsieh y, para tener buena suerte, me había puesto los mismos calzoncillos que en *El precio justo*.

La pregunta que había reservado para mí era mi favorita: la lista de descartables. El día anterior, había llamado a Dan para decirle que iba a preguntar sobre ella si me tocaba en el turno de preguntas.

Dan me contestó que le parecía genial, pero luego, por alguna razón, me pidió que no mencionara su nombre.

Volvimos a nuestros asientos. Después de que Buffett respondiera a la pregunta del Puesto 7, le di a André el papel con la pregunta y se fue hacia el micrófono del Puesto 8. Un periodista hizo una pregunta, luego un analista y, por último, los focos se dirigieron hacia Andre.

—Hola, me llamo Andre y soy de California —comenzó, y se oyó su voz atronadora por los cientos de altavoces, retumbando en todo el estadio—. En momentos clave, como durante el incidente Sanborn, cuando usted compró See's, o cuando compró acciones de Berkshire, convenció a los accionistas para que le vendieran acciones cuando en realidad no querían. ¿Cuáles fueron las tres claves de persuasión en estas situaciones concretas?

—Sí… —respondió Buffett—, no creo que… eh…, hayas hablado a Sanborn… y hayas hablado, eh, de See's…

Cuando escribí por primera vez esta pregunta sonaba bien. Pero, en aquel momento, al oír a Andre decir «cuando en realidad no querían», parecía más una acusación que una pregunta.

—La familia See's… —continuó Buffett—, hubo una muerte en la familia See's…

Escuché para ver hacia dónde iba Buffett, pero luego me di cuenta de que no iba a ninguna parte. Se limitaba a citar diferentes hechos sobre los caramelos See's y evitaba dar ningún consejo sobre la persuasión, que era lo que yo de verdad quería.

—Seguramente, Charlie se acuerda de esto mejor que yo —dijo Buffett, pero luego siguió hablando un poco más, y después pasó a la siguiente pregunta.

Los incidentes de See's y Sanborn habían tenido lugar cuarenta años antes, así que supongo que era una de las últimas cosas que Buffett esperaba oír. Fue dolorosamente obvio para mí el hecho de que, llenar de detalles la pregunta, y formularla de forma inconsciente como si fuera una acusación, había sido contraproducente.

Por suerte, aún nos quedaban tres preguntas.

El ciclo siguió su curso y por fin llegó mi turno. El voluntario examinó mi papeleta y me indicó que fuera al micrófono.

Miré por encima del podio en la oscuridad y hacia el hombre, allí abajo, cuya imagen había estado sobre mi escritorio durante los últimos seis meses. Después de lo que me había costado llegar hasta este punto —empollar miles de páginas, leer cientos de artículos, agonizar al teléfono docenas de horas hablando con Dan—, sentí que me había ganado aquel momento.

—De acuerdo —dijo Buffett con una voz que provenía de todas partes—. Puesto ocho.

Me iluminaron los focos. Había tanta luz que apenas podía ver el papel que tenía entre las manos.

—Hola, me llamo Alex —el eco de mi voz regresó con tanta fuerza que casi me hizo perder el equilibrio—, y soy de Los Ángeles. Señor Buffett, he oído que una de sus formas de enfocar su energía es escribiendo las veinticinco cosas que quiere conseguir, escoger las cinco mejores y, después, descartar las veinte restantes. Me pica la curiosidad saber cómo se le ocurrió esta idea y qué otros métodos tiene para priorizar sus deseos.

—Bueno —contestó Buffett con una sonrisa—. ¡De hecho, a mí me pica más la curiosidad cómo es que a ti se te ha ocurrido esto!

Un ensordecedor rugido de carcajadas surgió de la multitud. Es difícil explicar lo que se siente cuando todo un estadio se ríe de ti al unísono.

—De verdad que no es mi caso —siguió—. Parece un buen método, pero es mucho más disciplinado de lo que realmente soy. Si me ponen golosinas delante —y señaló la caja de See's—, ¡me las como!

Bajo los focos, sentí mi rostro enrojecer.

—Charlie y yo llevamos una vida muy sencilla —añadió—. Pero sabemos lo que nos hace disfrutar y ahora tenemos la posibilidad de hacer casi lo que queramos. A Charlie le gusta diseñar edificios. Ya no es un arquitecto frustrado, sino uno de pleno derecho. Y, ¿sabes?, a los dos nos encanta leer. Pero nunca he hecho una lista. No recuerdo haber hecho una lista en mi vida. ¡Tal vez empiece ahora! —exclamó, provocando más carcajadas—. ¡Me has dado una idea!

Volví tambaleándome a la silla, incapaz de comprender lo que acababa de ocurrir. Lo que sí comprendía eran todas las risas y los susurros que oí al caminar por los pasillos. Caminé cabizbajo, tratando de no mirar a nadie.

Después de sentarme, Kevin se acercó a mí y me propuso una idea: las dos primeras preguntas probablemente habían sorprendido a Buffett y, si queríamos una buena respuesta de él, la siguiente tenía que ser sencilla y directa. Estuve de acuerdo, y ambos cogimos a Brandon por banda y le dijimos que su pregunta debía ser totalmente clara para que a Buffett no le quedara otra opción que responderla.

Kevin y yo fuimos al vestíbulo con Brandon para que pudiera practicar proyectando la voz y articulando cada palabra. Volvimos a nuestros asientos y, en un santiamén, Brandon estaba frente al micrófono.

—Hola… soy… Brandon… de… Los… Ángeles.

Era la pregunta más clara que podía haber imaginado. El problema fue que Brandon la dijo con tanta claridad, con tanta lentitud, que parecía sospechosa.

—Si tengo veinte años… —continuó—, y estoy empezando una empresa… ¿qué consejo me daría… para que los inversores… confíen en mí… antes de tener una trayectoria… como inversor en solitario?

Hubo un silencio.

—Bueno —respondió Buffett—, ¡a mí no me has vendido!

Otra ola de carcajadas recorrió el público.

Me pregunté si Buffett se había dado cuenta de lo que estaba ocurriendo. Allí había otro veinteañero en tejanos, que también era de Los Ángeles, que estaba en el Puesto 8, y que le hacía una pregunta anormalmente específica que no tenía nada que ver con el rendimiento reciente de Berkshire.

—Creo que todos deberíamos ser muy prudentes a la hora de invertir dinero en otros —dijo Buffett—, incluso cuando tienen una buena trayectoria, por cierto… Muchas trayectorias no significan mucho. Pero, en general, aconsejaría a cualquier joven que quiere gestionar dinero, y que luego quiere atraer dinero, que empiece a desarrollar una trayectoria auditada tan pronto como pueda. Quiero decir, no fue en absoluto la única razón por la que contratamos a Todd y Ted (quienes dirigían las inversiones de Berkshire), pero sin duda nos fijamos en su trayectoria. Y vimos un historial en el que ambos (Charlie y yo) creímos y comprendimos cabalmente, porque vemos muchos historiales que no creemos que valgan mucho.

»Si estuviéramos en un concurso de lanzar una moneda a cara o cruz —continuó—, y pones trescientos diez millones de orangutanes lanzando monedas, y cada uno lanza la suya diez veces, más o menos habrá unos trescientos mil que sacarán cara diez veces seguidas. Y estos orangutanes es probable que tratan de atraer dinero en los siguientes concursos de cara o cruz.

»De modo que, cuando contratamos a alguien para gestionar dinero, nuestro trabajo es saber si han tenido suerte o si en realidad saben lo que hacen…

—Bueno…

Una voz cortó a Buffett.

—… cuando te viste en esta situación, ¿no reuniste unos cien mil dólares de tu querida familia?

Era Charlie Munger.

—Sí —respondió Buffett—. En fin, espero que me siguieran queriendo después de darme el dinero.

Buffett rio otra vez.

—Quiero decir, yo… —siguió, tartamudeando—, fue muy lento, y tuvo que ser muy lento. Como ha señalado Charlie, supongo que algunos pensaron que estaba aplicando un esquema Ponzi. Y otros tal vez no lo pensaron, pero les beneficiaba asustar en parte a la gente porque también vendían inversiones en Omaha.

»Para atraer dinero, deberías merecer dinero. Y con el tiempo deberías desarrollar una carrera que lo demuestre. Deberías explicar a los demás por qué tu historial es el producto de un pensamiento inteligente en lugar de ser el producto de una moda o simplemente de tener suerte. ¿Charlie?

—Estás empezando en este negocio y tienes veinticinco años —repitió Munger, con un tono reflexivo—. ¿Cómo atraes dinero?

Nunca sabré lo que estaba pensando Charlie Munger, pero quizá también se había dado cuenta de que Buffett no nos estaba dando respuestas claras. Me pareció que Munger me estaba salvando de otra ronda de humillación.

Explicó que la mejor forma de recaudar dinero cuando apenas tienes experiencia es a partir de personas que ya creen en ti y confían en ti porque ellos ya te han visto hacer otras cosas en el pasado. Pueden ser familiares, amigos, profesores de la universidad, exjefes o incluso los padres de tus amigos.

—Es difícil hacerlo cuando eres joven —añadió Munger—, y esta es la razón por la que la gente empieza con cantidades tan pequeñas.

La conversación de Munger y Buffett se desvió hacia los fondos de inversión, y luego pasaron a la siguiente pregunta. Brandon volvió a su asiento. Aunque tuvo que soportar algunas risas, al final obtuvimos una respuesta.

Nos quedaba una última oportunidad. Dependía de Corwin.

Después de que Buffett respondiera una pregunta del Puesto 7, Corwin se fue al micrófono. El periodista hizo su pregunta, luego le llegó el turno al analista.

Los focos iluminaron el Puesto 8.

Corwin se inclinó hacia delante, la hoja con la pregunta en una mano, los pantalones cayéndose en la otra.

Empezó a hacer la pregunta, pero no pude oírle.

Le había silenciado el micrófono.

Sonó la voz de Buffett.

—Haremos una pausa de cinco minutos o así. ¡Gracias por venir! ¡Y espero verles el próximo año!

De esta manera, Buffett acabó con la sección de preguntas y respuestas.

Corwin se quedó allí arriba, bajo los focos, aguantándose los pantalones.

Mis amigos y yo salimos del estadio, abrumados por la confusión y la derrota. Mientras caminábamos entre la muchedumbre, la gente me miraba. Un tipo me dio una palmada en la espalda y me dijo:

—Buena pregunta, tío. Necesitaba reírme.

En la acera, seguían riéndose disimuladamente. Kevin me puso una mano sobre el hombro.

—No dejes que te acoquinen —me dijo.

Caminamos en silencio.

Unos minutos después, Kevin volvió a hablar:

—No tiene sentido… ¿Cómo puedes haber hecho una pregunta tan fuera de lugar?

—No era yo quien estaba fuera de lugar —espeté—, sino Buffett.

Le conté a Kevin todo sobre la lista de descartables y cómo había conocido a Dan, quien me había prometido ayudarme a contactar a Buffett. Le expliqué todas las historias que Dan me había explicado sobre cómo era trabajar con Buffett, y todas sus ideas para hacer la página web y enviar el zapato.

Kevin entornó los ojos.

—¿Cómo es posible que Buffett no supiera nada de la lista de descartables? —me pregunté, tratando de no gritar—. No puedo creer que Buffett me haya mentido así.

Kevin me miró y dijo:

—¿Y si no fuera Buffett quien te ha mentido?

23
¡SEÑOR KIIING!

Pronto supe que Kevin tenía razón. Poco después de la junta de accionistas, la novia de Dan me llamó y me dijo que también había empezado a sospechar de él. Contactó con la ayudante de Buffett, quien le dijo que Dan nunca había trabajado directamente para Buffett.

No me lo podía creer.

Cuando llamé a Dan, lo negó… y, luego, de repente, me preguntó si alguien más estaba escuchando la conversación. Le contesté que no, y cuando le pregunté más cosas sobre su pasado, la conversación se volvió tensa. Respondió a mis dudas, pero los detalles no encajaban. Dan colgó, y fue la última vez que hablamos.

Nunca antes me había sentido tan traicionado. No se trataba de que me hubiera engañado un extraño. Dan era alguien en quien confiaba, alguien que me importaba. Por eso el dolor me caló tan profundo.

Quizá era algo que tenía que aprender a las malas. Algunas personas no son lo que dicen ser. Mi problema era que estaba tan desesperado por conocer a Buffett que había pasado por alto las banderas rojas que me advertían sobre Dan. La lección era clara: la desesperación obstruye la intuición.

A la vez, tampoco puede decirse que yo fuera transparente. Desde el momento en que conocí a Dan, yo tenía unos planes. La única razón por la que me hice su amigo fue para acercarme a Warren Buffett. Cuando estaba con Dan en San Francisco, lo puse entre la espada y la pared delante de su novia. Aunque no fue fiel a la verdad, no habría continuado con la mentira si yo no le hubiera presionado. Mi estrategia y falta de transparencia lo habían arrinconado. La deshonestidad genera deshonestidad.

No pude desprenderme de la pesadumbre al volver a Los Ángeles desde Omaha. Poco después, una tarde, sentados en la acera, comiendo un bocadillo frente a una tienda de comestibles, Corwin trataba de animarme.

—Tío —dijo Corwin con la boca llena—, sé que estás decepcionado, y no te culpo, pero llega un momento en que debes dejarlo pasar y seguir tu camino.

Suspiré, luego le di un bocado al bocadillo.

—Tienes que volver a tu rutina —continuó—. ¿No tienes previstas más entrevistas?

—No tengo nada —respondí—. Y, aunque lo tuviera, probablemente lo estropearía. Mira lo que ha pasado con la junta de accionistas. La pregunta que le di a Andre tenía tantos detalles que puso a Buffett a la defensiva. No solo no puedo conseguir entrevistas: es que ni siquiera sé entrevistar.

—Deja de ser tan duro contigo mismo —dijo Corwin—. Entrevistar no es fácil. Es mucho más que limitarse a hacer preguntas. Es un arte.

Mientras hablábamos, tuvo lugar la coincidencia más inexplicable de este periplo. Un Lincoln negro con ventanas tintadas dobló la esquina y se detuvo frente a nosotros. Se abrió la puerta… y salió Larry King.

Uno de los entrevistadores más emblemáticos del mundo iba hacia el supermercado justo delante de mí, y estaba solo. El programa de Larry King en la CNN lleva veinticinco años en antena. Durante toda su vida, ha entrevistado a más de cincuenta mil personas. «¿Por qué no había intentado contactar con él antes?» Sabía que vivía cerca y casi todo el mundo conocía el lugar donde desayunaba cada día.

Pero me quedé sentado, inmóvil, viéndole desaparecer tras las puertas correderas.

—Tío —dijo Corwin—, ve a decirle algo.

Me pareció sentir bolsas de cemento sobre los hombros.

—Métete en la tienda —me presionó Corwin.

No sabía si me las estaba viendo con El Pavor o si estaba exhausto después de seis meses de negativas y humillaciones.

—¡Venga! —exclamó Corwin, empujándome el hombro para que me levantara—. Tiene ochenta años. No puede haber ido muy lejos.

Me levanté de la acera y crucé las puertas correderas. Escruté la panadería. Larry no estaba allí. Corrí por la sección de verduras: torres de coloridas frutas, muros de vegetales. Larry no estaba.

Entonces recordé que había aparcado en la zona de carga. «Se podría estar yendo en cualquier momento.»

Fui a toda prisa a la parte posterior de la tienda y recorrí los pasillos, comprobando que no estuviera en ninguno de ellos. Larry no estaba, no estaba, no estaba. Doblé a la izquierda, esquivé una torre de latas de atún y pasé como un rayo por la sección de congelados. Hice un esprín para llegar a las cajas registradoras. Pero allí tampoco estaba Larry.

Estuve a punto de chocar con un carrito de la compra extraviado. De nuevo, la había fastidiado. Cuando había tenido a Larry King delante de mis narices, no había hecho nada.

Llegué deprimido al aparcamiento, alcé la vista y, justo delante de mí, a diez metros, estaba Larry, con tirantes y todo.

En ese momento, toda la ira y energía contenidas en mí empezaron a combustionar y luego explotaron en mi boca, de manera que grité a todo pulmón…

—¡SEÑOR KIIING!

Larry irguió los hombros. Volvió lentamente la cabeza, arqueó las cejas hasta donde le empezaba el pelo, boquiabierto y cada arruga de su cara se estiró hacia atrás. Corrí hacia él y dije:

—Señor King, me llamo Alex, tengo veinte años, siempre he querido saludarle…

Levantó la mano.

—De acuerdo. Vale… Hola.

Y acto seguido se alejó de mí con prisas.

Lo seguí en silencio hasta llegar a la acera, delante de su coche. Abrió el maletero, guardó las bolsas, abrió la puerta del conductor, iba a subirse, así que grité de nuevo:

—¡Espere! ¡Señor King!

Me miró.

—¿Puedo… puedo desayunar con usted?

Echó un vistazo a su alrededor. Había una docena de personas observando cómo se desarrollaba la escena.

Larry respiró hondo, y luego dijo con su profunda voz de Brooklyn:

—Vale, vale, vale.

Le di las gracias y se puso el cinturón. Antes de que cerrara la puerta, pregunté a gritos:

—¡Espere, señor King! ¿A qué hora?

Me miró y cerró la puerta.

—¡Señor King! —chillé—. ¿A qué hora?

Encendió el motor.

Me puse frente a su coche, moviendo los brazos ante el parabrisas.

—¡SEEÑÑOOR KIIINGGG! ¿A qué hora?

Me miró fijamente, luego, a la multitud; movió la cabeza y dijo:

—¡A las nueve!

Y desapareció a toda velocidad.

Al día siguiente, fui al restaurante. Larry King estaba en el primer reservado sobre un cuenco de cereales, junto con otros hombres. Sobre la mesa había un gran marco plateado con fotos de Larry entrevistando a Barack Obama, Joe Biden, Jerry Seinfeld, Oprah Winfrey y muchos más. Había una silla libre en la mesa, pero, dado que todavía estaba avergonzado por cómo había actuado el día anterior, no me atrevía a tirar de la silla y dejarme caer en ella. Así que, a una distancia prudencial, saludé con la mano y dije:

—Hola, señor King. ¿Cómo está?

Me respondió con un movimiento de cabeza, farfulló roncamente y volvió a la conversación con sus amigos. Supuse que quería que volviera unos minutos después, así que me senté a una mesa cercana hasta que me lo indicara.

Pasaron diez minutos.

Treinta.

Una hora.

Al final, Larry se levantó y vino hacia mí. Empecé a sonrojarme. Pero pasó de largo y se fue hacia la salida.

Levanté la mano.

—¿Señor… señor King?

—¿QUÉ PASA? —respondió—. ¿QUÉ ES LO QUE QUIERES?

Una punzada aguda y familiar me atravesó el pecho.

—Sinceramente —le dije con una voz derrotada—, solo quería algunos consejos sobre cómo hacer entrevistas.

Entonces, una leve sonrisa le iluminó la cara, como si dijera con los ojos: «Pero ¿por qué no lo habías dicho antes?».

—Vale —dijo—. A veces, cuando alguien empieza y cree que no sabe cómo entrevistar, se fija en las personas que admira (tal vez en Barbara Walter, en Oprah o en mí), observa cómo entrevistamos e intenta copiarlo. Es el peor error que puedes cometer. No debes centrarte en lo que hacemos, sino en por qué lo hacemos.

Me explicó que Barbara Walters hace preguntas reflexivas en momentos estratégicos, Oprah se sirve de un montón de entusiasmo y emoción, y que él formula las preguntas simples que todo el mundo quiere hacer.

—Cuando los entrevistadores jóvenes intentan copiar nuestros estilos, no piensan en por qué tenemos estos estilos. La razón es porque estos estilos son los que más cómodos nos hacen sentir. Y, cuando nosotros estamos realmente cómodos, los invitados también están cómodos… y este es el secreto de las mejores entrevistas. El secreto es: no hay secreto —añadió—. No hay ningún truco para ser tú mismo.

Miró el reloj.

—Mira, chaval, me tengo que ir…

Me clavó la mirada, luego negó con la cabeza como si estuviera considerando algo en su mente. Me puso un dedo en la cara y dijo:

—¡De acuerdo, el lunes! ¡A las nueve en punto! ¡Nos vemos!

El lunes siguiente todas las sillas de la mesa de Larry estaban ocupadas, pero me hizo una señal para que me acercara de todas formas y me preguntó por qué estaba tan interesado en hacer entrevistas. Le conté mi misión y, cuando le pregunté si podría entrevistarlo, respondió:

—Vale, lo haré.

Hablamos un poco más de la misión, y luego me dijo que había alguien a quien quería que conociera.

—Oye, Cal —dijo dirigiéndose a uno de sus amigos—. ¿Puedes dedicarle unos minutos a este chaval?

Cal llevaba un sombrero de fieltro azul cielo y gafas con montura de pasta. Parecía tener unos cincuenta años, unas décadas más joven que el resto de la tripulación de Larry.

Larry me dijo que Cal Fussman escribía para *Esquire* y que había entrevistado a Muhammad Ali, a Mijaíl Gorbachov, a George Clooney y a docenas de personas famosas para la columna «Qué he aprendido». Larry le pidió que me diera algunos consejos.

Después de que Cal y yo nos fuéramos a una mesa cercana, le relaté cómo me habían ido las entrevistas anteriores.

—Da igual lo que me prepare —dije—, las cosas nunca me salen como las planifico. Y no logro saber por qué.

—¿Cómo haces las entrevistas? —preguntó Cal.

Asintió cuando le dije que me pasaba semanas, a veces, meses, investigando para las preguntas. Luego, entrecerró los párpados cuando le dije que iba a las entrevistas con una libreta llena de preguntas.

—¿Llevas el cuaderno porque te relaja —preguntó— o porque tienes miedo de que sin él no sepas qué preguntar?

—No estoy seguro —respondí—. Nunca he pensado en ello.

—De acuerdo, probemos algo —dijo Cal—. Ven a desayunar mañana. Tendrás un lugar en la mesa. No pienses que es una entrevista. Es solo desayunar y relajarse.

Me pasé todos los días de la siguiente semana haciendo precisamente eso. Cada mañana, me sentaba con Cal y observaba a Larry comerse su Cheerios con arándanos, cómo apartaba el cuenco cada vez que se acababa el último arándano, sin importar cuántos cereales quedaran; cómo hablaba por su móvil con tapa; cómo interactuaba con los desconocidos que venían a decir hola y a pedirle una foto. Larry no podía ser más amable con ellos, lo cual me hizo pensar en lo estrambótico que debí de parecer cuando le perseguí por el supermercado.

Al final de la semana, Cal me dijo que trajera la grabadora al desayuno del día siguiente.

—Pero vas a dejar el cuaderno en casa —me exigió—. Ahora ya estás cómodo. Siéntate a la mesa y deja que la curiosidad haga las preguntas.

A la mañana siguiente, todos estaban en sus sitios de siempre. Larry estaba delante de mí, volcado sobre los Cheerios. A su derecha, estaba Sid, uno de los mejores amigos de Larry desde hacía setenta años. Al lado, Brucey, que había ido al instituto con ellos. Luego, Barry, que también había crecido con ellos en Brooklyn, y por último Cal, con su sombrero de fieltro azul cielo. Me había comido media tortilla cuando le pregunté a Larry cómo comenzó en el mundo de la comunicación.

—Desde que éramos niños —intervino Sid—. Larry solía enrollar hojas de papel, simulaba que eran un micrófono y retransmitía los partidos de los Dodgers.

—Cuando Larry solía describir películas —añadió Barry—, su descripción duraba más que la misma película.

El sueño de Larry era ser locutor de radio, me dijo, pero no sabía por dónde empezar. Después de sacarse el bachillerato, hizo todo tipo de trabajos (mensajero, lechero, recaudador) hasta una tarde, cuando tenía veintidós años. Larry y un amigo bajaban por una calle en Nueva York cuando se toparon con un tipo que trabajaba en la CBS.

—Era quien contrataba los anuncios de radio —dijo Larry—. También era quien decía entre los programas: «¡Somos la CBS! ¡La radio de Columbia!».

Larry le pidió consejo para entrar en la industria. El tipo le dijo que se fuera a Miami, donde había muchas emisoras sin sindicatos que tenían vacantes. Larry se montó en un tren de camino a Florida, durmió en el sofá de unos familiares y empezó a buscarse un empleo.

—Llamé a puertas —dijo Larry—. En una emisora pequeña, me

hicieron una prueba de voz y dijeron: «Suenas bastante bien. En cuanto haya una baja, el trabajo es tuyo». Me quedé rondando por la radio (observé cómo hacían las noticias, aprendí, barrí suelos) y, luego, un día, un trabajador lo dejó. Era viernes. Me dijeron: «¡El lunes por la mañana empiezas!». No pude dormir durante todo el fin de semana, nervioso como un demonio.

—Espera, ¿qué quieres decir con «llamar a puertas»? —pregunté—. ¿Cómo lo hiciste?

Larry me miró como si yo fuera un niño de primaria.

—¡Toc, toc, toc! —gritó, golpeando la mesa con los nudillos.

—No es una figura retórica —dijo Sid—. Larry llamó a las puertas de diferentes emisoras de radio. Se presentó y pidió trabajo. Es lo que hacíamos por entonces.

—Era todo lo que podía hacer —añadió Larry—. No tenía currículum alguno. No había ido a la universidad.

—De acuerdo, entiendo que es lo que hacíais por entonces —dije—, pero, si tuvieras que empezar hoy, ¿qué harías?

—Lo mismo —contestó Larry—. Llamaría a puertas. Llamaría a todas las puertas que pudiera. Seguro que hay muchos más lugares a los que llamar. Y, mira: no hay nada nuevo. Tenemos internet, pero lo único que ha cambiado es la transmisión. La naturaleza humana no ha cambiado.

Cal me explicó que sigue siendo un ser humano quien toma la decisión de contratar. Solo después de mirarte a los ojos puede saber si eres auténtico. Tal vez en un correo utilicemos las mismas palabras, pero en persona es una experiencia diferente.

—A la gente le gustan los seres humanos —dijo Cal—. Lo que no le gusta es una lista de nombres desconocidos en la bandeja de entrada.

Me di cuenta de que cuando Spielberg me había animado dos años antes, cuando Elliott me llevó a Europa o cuando Larry me invitó a desayunar, todos esos momentos ocurrieron solo después de conocerles y mirarlos a los ojos personalmente.

«Un momento…»

Durante el último año había sido un nombre más en la bandeja de entrada del jefe de gabinete de Bill Gates. Habló conmigo por primera vez porque Qi Lu le había pedido un favor, no porque me conociera. Me lo había tomado como algo personal cuando el jefe de gabinete dejó de contestarme, pero en absoluto era personal. Yo solo era un nombre desconocido para él.

Y sabía exactamente cómo arreglarlo.

24

La última bala

Cuatro semanas después, en Long Beach, California

Me senté en una silla del bar del vestíbulo del hotel Westin. Me encontraba en el alojamiento principal del congreso TED y, durante todo ese viaje, no había estado en una posición mejor.

Al mirar a mi alrededor, me inundó una oleada de *déjà vu*. En el comedor, a unos ocho metros de mí, estaba la mesa donde comí por primera vez con Elliott. Había sido un año atrás, casi de forma exacta. La coincidencia era tan misteriosa que parecía que el destino me sonreía.

Estaba de buen humor porque unos minutos antes había estado desayunando con Tony Hsieh. Cuando escuchó por qué estaba en el Westin, me invitó a ver la retransmisión en directo de TED en su caravana aparcada delante del hotel.

Pero todo aquello no había sido fácil. Cuatro semanas antes contacté con Stefan Weitz, mi Topo en Microsoft. Sabía que el jefe de gabinete de Bill Gates asistía a las charlas TED cada año, así que le pedí a Stefan si me podía arreglar un encuentro con él, aunque solo fuera durante cinco minutos. Si no funcionaba, le prometí a Stefan que no volvería a pedírselo más. Era mi última bala.

Stefan estuvo de acuerdo y envió correo tras correo al jefe de gabinete durante semanas. Al no recibir respuesta, incluso le pidió a uno de sus compañeros que le escribiera. La generosidad de Stefan siempre había sido sorprendente, pero en aquella ocasión me dejó sin palabras.

El día antes del congreso, Stefan aún no había recibido respuesta alguna. Luego, a las 19.27 de esa misma tarde, llegó una respuesta. Sí, el jefe de gabinete confirmaba que estaría en TED; y sí, accedía a verme. Dijo que podíamos encontrarnos después de la primera sesión del congreso, hacia las diez y cuarto, en el bar del vestíbulo.

Y aquí estaba yo, mirando el reloj de la pared. Eran las 10.14.

—Señor —me dijo el camarero—, ¿en qué puedo servirle?

—Un momento, por favor —dije—. Debo encontrarme con una persona en unos minutos.

Un poco después, el camarero estaba de nuevo frente a mí, preguntándome si ya sabía qué quería.

Miré la hora: 10.21.

—Disculpe —dije—. Se debe de estar retrasando. Deme unos minutos más, por favor.

Escruté el vestíbulo y observé los rostros que salían de las puertas giratorias de cristal. Cuando volví a mirar el reloj, eran las 10.31. Mi instinto me dijo que algo no iba bien, pero traté de relajarme. La primera sesión del congreso seguramente se habría retrasado.

El tiempo empezó a ralentizarse. Luego, volví a oír:

—Señor, ¿va a pedir algo?

Eran las 10.45. Los taburetes a mi lado seguían vacíos. Después de todo lo que había pasado, después de todo lo que había hecho para llegar hasta aquí, ¿era así como iba a acabar?

Abrí un correo antiguo de la ayudante del jefe de gabinete y llamé a su oficina, forzándome a respirar hondo.

—Hola, Wendy. Soy Alex Banayan. Sé que teníamos una cita hoy a las 10.15, y estoy seguro de que está muy ocupado (le agradezco mucho que haya encontrado un hueco en su agenda), pero solo quería asegurarme de que no hay ningún problema. Ha pasado media hora y no ha aparecido.

—¿Qué dices? —respondió—. Me ha llamado y me ha dicho que tú no has aparecido.

—¡¿Qué?!

Al parecer, había dos bares en el vestíbulo, uno en el hotel y otro en el centro de convenciones, y yo había ido al lugar equivocado.

Agarré con fuerza el teléfono y traté de recomponerme, pero no pude. Empecé a llorar mientras me desahogaba con Wendy, explicándole todo por lo que había pasado en los últimos dos años para conseguir esa cita.

—De acuerdo —contestó—. Dame un momento. Vamos a ver qué se puede hacer.

Una hora más tarde, recibí un correo de Wendy. Decía que el jefe de gabinete iba al aeropuerto aquella tarde a las 16.30. La limusina le esperaría en la puerta del hotel, y había accedido a hablar conmigo mientras íbamos de camino al aeropuerto.

Estaba demasiado abatido para alzar los brazos en señal de victoria, pero sentí que una leve sonrisa se dibujaba en mi cara. Esta vez, sabía que solo había un hotel Westin.

Pasé el rato dentro de la autocaravana de Tony Hsieh, viendo la retransmisión en directo de las charlas TED en una pantalla plana y luego fui a almorzar con los amigos de Tony. De vuelta, cronometré el tiempo que había entre el hotel y la autocaravana: alrededor de un minuto. Puse la alarma del teléfono a las 16.10, para garantizar que no llegaría tarde.

Mientras estaba tumbado en un mullido sofá marrón de la autocaravana de Tony, entró un hombre. El sol brillaba a través de la ventana detrás de él, de modo que solo podía ver su silueta. Poco a poco, se agachó hacia el sofá, delante de mí. Su rostro me era familiar. Era un hombre mayor con cabello fino y blanco, una barba blanca y una gran barriga. Lo miré con más atención y entonces me di cuenta: era Richard Saul Wurman, el fundador de TED.

—Tú —dijo mirándome—, ¿qué te parece esto? —Señalaba la pantalla donde se retransmitían las charlas. El fundador de TED me estaba preguntando literalmente qué me parecía su congreso.

Compartí mis pensamientos con él y, antes de darme cuenta, me estaba contando toda la historia sobre los orígenes de TED. Me cautivó con una historia tras otra y me sentí como si hubiera roto la piñata de la sabiduría y estuviera metiéndome en los bolsillos tantos caramelos como fuera posible.

«¿Quieres saber el secreto para cambiar el mundo? Deja de intentarlo. Haz un buen trabajo y deja que este cambie el mundo.»

«No lograrás nada significativo en la vida hasta que tengas la epifanía de que no sabes nada. Sigues siendo demasiado arrogante. Crees que puedes aprender cualquier cosa. Crees que puedes acelerar el proceso.»

«¿Cómo se llega a tener éxito? Obtendrás la misma respuesta si le preguntas a una persona más mayor, más sabia y con más éxito: tienes que querer hacerlo con todas todas tus fuerzas.»

«No entiendo por qué hay gente que da charlas con diapositivas. Cuando hablas con diapositivas, te conviertes en un pie de foto. No seas nunca un pie de foto.»

«En mi vida, sigo dos mantras. Primero: quien no llora, no mama. Y, segundo: la mayoría de las cosas no funcionan.»

¡Pi-pip pi-pip pi-pip pi-pip!

Estaba sonando la alarma. Eran las 16.10, pero él estaba hablando a cien kilómetros por minuto y no había forma de disculparme sin cortar la conversación. Lo que decía era tan bueno que no quería irme. Además, no podía dejar plantado al fundador de TED. «A ver —pensé—, repetiré la alarma una vez.»

Él siguió hablando y hablando, y luego…

¡Pi-pip pi-pippi-pip pi-pip! Siguió perorando por encima de la alarma. Era como estar montado en un tren directo sin paradas. No me parecía bien irme a mitad de una historia. Y el hotel Westin estaba a solo un minuto. «Repetiré la alarma una vez más.»

Me quedé sentado, esperando que se tomara un maldito respiro. No tenía claro si era una de las mejores conversaciones de mi vida o si estaba siendo secuestrado. Seguí mirando la hora y luego…

¡Pi-pip pi-pip pi-pip pi-pip!

—El genio —dijo— es lo contrario de la expectativa. El genio —repitió, mirándome profundamente— es lo contrario de la expectativa.

¡Pi-pip pi-pip pi-pip pi-pip!

No sabía qué más hacer, así que me puse de pie de un salto y dije:

—Tal vez un día me arrepienta de esto, pero tengo que irme.

Y, antes de que pudiera decir una sola palabra más, salí pitando de la autocaravana.

Corrí por la acera, doblé la esquina y vi la limusina. Un conductor con traje y corbata estaba delante de ella. Mientras recuperaba el aliento, miré la hora: había llegado con un minuto de antelación.

Apoyado en el coche y mirando las puertas giratorias del hotel Westin, charlé con el conductor hasta que, al final, el jefe de gabinete apareció.

Llevaba una maleta de piel en una mano y el teléfono en la otra. Tenía el cabello oscuro y prolijo, con leves reflejos plateados, que se complementaban a la perfección con su blazer y las Ray-Ban negras. Se acercó al coche y bajó las gafas.

—Así que tú debes de ser Alex, ¿verdad?

Me presenté y nos dimos la mano.

—Por favor —me dijo, indicándome el coche—, entra.

Nos sentamos y el coche arrancó.

—Dime —empezó—, ¿cómo va tu proyecto?

—Oh, está yendo muy bien —respondí y, para dar la impresión de un buen impulso, enumeré todo lo que había hecho.

—Entonces —continuó—, supongo que todavía quieres entrevistar a Bill.

Le dije que era mi mayor sueño.

Asintió en silencio.

—¿A quién más has entrevistado?

Saqué la cartera donde tenía la tarjeta con los nombres de todas las personas que quería entrevistar, subrayadas en color verde las que ya había entrevistado. El jefe de gabinete sostuvo la tarjeta con ambas manos y lentamente recorrió la lista, examinándola como si fuera un informe.

—Ah, Dean Kamen —dijo—, lo conocemos bien. Larry King —siguió—, seguro que esta ha sido interesante.

Cuando iba a decir el siguiente nombre, una sensación inesperada me invadió y le corté.

—No se trata de nombres —dije con una voz más alta de lo previsto.

Se volvió hacia mí, un poco desconcertado.

—No se trata de nombres —repetí—. No se trata de las entrevistas. Se trata, en fin… Creo que, si todos estos líderes se unen para un mismo propósito, no para promocionar nada, no para la prensa, sino, más bien, se unen para compartir su sabiduría con la siguiente generación, creo que los jóvenes podrán lograr muchas más cosas…

—De acuerdo —dijo, cortándome con la mano—. Ya he oído suficiente…

Todo mi cuerpo se tensó.

Me miró, bajó la mano y dijo:

—¡Cuenta con nosotros!

Entrar por la Tercera Puerta

25

El Santo Grial: Parte I

Bill Gates.

Casi todo el mundo conoce su nombre, pero la mayoría desconoce la historia completa. Detrás de las gafas de empollón y las portadas de revistas, está el niño que a los nueve años leyó toda la *World Book Encyclopedia*. A los trece, su héroe no era una estrella de rock o un jugador de baloncesto, sino el emperador francés Napoleón. Una noche, a la hora de cenar, no salía de su habitación y su madre preguntó a gritos:

—¡Bill! ¿Qué estás haciendo?

—¡Estoy pensando!

—¿Pensando?

—Sí, mamá, pensando. ¿Lo has probado alguna vez?

Aunque para algunos pueda sonar repelente, a mí, por alguna razón, me parece adorable. A medida que indagué más en la vida de Gates, empecé a verlo como la persona más anormalmente normal del mundo.

Por un lado, a los trece años pasaba todo su tiempo libre en la sala de informática con su amigo Paul Allen, aprendiendo a codificar en el teletipo ASR-33. Es algo totalmente anormal. Mientras que la mayoría de los chicos del instituto se escapaban de casa por la noche para ir a fiestas, Gates se escapaba para ir a codificar al laboratorio informático de la Universidad de Washington. Esto era algo mucho más anormal. Por otro lado, aprovechó sus conocimientos informáticos para ayudar a su instituto a automatizar los horarios de clase… y amañó el sistema para ir a las clases donde había las chicas más guapas. Esto es normal.

Después del instituto, se graduó en Matemáticas Aplicadas en Harvard. ¿Por qué escogió esta carrera? Porque encontró un vacío legal. Averiguó una forma de matricularse prioritariamente en todas las clases que quisiera porque afirmaba que estaba «aplicando matemáticas» a la Economía o «aplicando matemáticas» a la Historia. A Bill le gustaba rebelarse por el gusto de la rebelión, así que se saltó las clases en las que estaba matriculado y asistió a aquellas en las que no lo estaba.

El hombre que los medios de comunicación retratan como un genio de la informática, extraño y aburrido, era conocido en la universidad por quedarse hasta altas horas de la madrugada apostando importantes sumas de dinero en el póker. A los veinte años, se desahogaba colándose por la noche en zonas de obras y conduciendo excavadoras por el barro. En los inicios de Microsoft, se daba un descanso de tanto codificar y se subía a su Porsche, pisaba el acelerador y recorría a toda velocidad las autopistas.

Su amor por la velocidad no se limitaba a los coches. Al leer historias sobre cómo llegaba a grandes acuerdos con empresas de software, me parecía estar viendo a un prodigio del ajedrez jugando contra diez oponentes a la vez, saltando de tablero en tablero, haciendo docenas de movimientos por minuto, sin parpadear, y venciéndolos a todos. A una edad en que sus amigos se estaban graduando en la universidad, él estaba batallando en las salas de conferencias de algunas de las empresas más importantes del mundo —IBM, Apple, HP— y negociando contratos con personas que le doblaban la edad. Con la metáfora del prodigio del ajedrez en mente, me di cuenta de que Gates había jugado la partida del código, la partida de las ventas, la partida de la negociación, la partida del CEO, la partida de la figura pública, la partida de la filantropía —todas al más alto nivel— y que las había ganado todas.

Hizo de Microsoft la empresa más valiosa del mundo en 1998, lo cual lo convirtió en el hombre más rico del planeta. Para ponerlo en perspectiva, Oprah Winfrey es increíblemente rica, y también lo son Mark Zuckerberg, Howard Schultz, Mark Cuban, Jack Dorsey y Elon Musk. Pues bien, cuando estaba preparando la entrevista, los activos de Bill Gates valían más que los de todos ellos juntos.

Después de dejar el cargo de CEO de Microsoft, Gates podría haberse jubilado para holgazanear en un yate y disfrutar de todos los placeres materiales que el mundo le podía ofrecer. Pero, en lugar de eso, se puso frente a nuevos tableros para asumir retos aún mayores: alimentar a los pobres del mundo, revolucionar la energía limpia, detener el contagio de enfermedades infecciosas y ofrecer una educación de calidad a los estudiantes más necesitados. Ya sabía que la Fundación Bill & Melinda Gates era la fundación filantrópica más importante del mundo, pero no tenía ni idea de que sus proyectos han ayudado a salvar la vida a más de cinco millones de personas. Gracias a la forma en que Bill Gates ha decidido gastar su fortuna, la tasa de mortalidad infantil se ha reducido a la mitad. En los próximos cinco años, está previsto que sus programas salven la vida de otros siete millones de niños. Si alguna vez ha habido un superhéroe real, este es Bill Gates.

Aproveché todo lo que aprendí de él para planificar la entrevista. Escribí docenas de preguntas en mi cuaderno y las coloreé según el tema. De las ventas a la negociación, me pareció estar creando mi propio mapa del tesoro.

Una semana antes de reunirme con Gates, fui a desayunar con Larry King y Cal Fussman y les pedí consejo para conducir la entrevista.

—Recuerda lo que ya te dije —dijo Larry, alzando un dedo—. El secreto es que no hay secreto. Sé tú mismo.

—Y debes estar tan relajado como cuando entrevistaste a Larry —añadió Cal.

Cuando acabó el desayuno, me pareció que no comprendían el tipo de presión que estaba soportando. No podía permitirme el lujo de relajarme. No se trataba de otra entrevista. Durante los últimos años, había decidido que toda la misión dependería de este momento. Juré a mi editor, a mi agente y a mi familia que, cuando tuviera la oportunidad de entrevistar a Gates, extraería unos consejos que cambiarían a toda mi generación. Algo que transformaría radicalmente las carreras de las personas. El Santo Grial.

Necesitaba ayuda de alguien que hubiera hecho algo parecido. Oí que Malcolm Gladwell, para el capítulo de «La regla de las 10.000

horas» de su libro *Fuera de serie* había entrevistado a Bill Gates. Si alguien podía valorar a lo que me iba a enfrentar, este tenía que ser Gladwell. Así que utilicé la pauta de correos a puerta fría de Tim Ferriss, y Gladwell respondió un día después.

> De: Malcolm Gladwell
> Para: Alex Banayan
> Asunto: RE: Sr. Gladwell: ¿consejos para entrevistar a Bill Gates?
>
> ¿Mi consejo? Bill Gates es la persona más fácil de entrevistar que jamás encontrarás porque es en extremo inteligente, directo y perceptivo. Estudia profundamente la trayectoria de su vida para no hacerle perder el tiempo y déjale hablar. Si se lo permites, te llevará en direcciones insospechadas.
> ¡Buena suerte!

Aunque agradecí los ánimos de Galdwell, no logré calmarme. En mi cabeza había demasiado en juego y Gates me intimidaba tanto que no podía relajarme. Necesitaba hacerlo bajar del pedestal en el que lo había puesto.

Intenté visualizar cómo era a mi edad. Lo imaginé con una camiseta gastada y tejanos, tumbado en la cama de su habitación en la universidad. Recordé una historia que había leído. Tuvo lugar durante su segundo año universitario en Harvard. Gates tenía diecinueve años cuando Paul Allen entró como un huracán en la habitación y tiró una revista sobre el escritorio.

—¡Bill, está ocurriendo sin nosotros! —gritó Paul.

En la portada de la revista, había una caja lisa de color azul pálido, con luces, interruptores y puertos. Era el Altair 8800, el primer miniordenador del mundo. Bill leyó el artículo y se dio cuenta de que, aunque MITS, la empresa que había inventado la Altair, ya había creado el hardware, aún no tenía el software. Microsoft no era ni una idea por entonces, pero Bill y Paul escribieron una carta a Ed Roberts, el fundador de MITS, y le ofrecieron un software. Bill y Paul querían sentirse más legitimados, así que añadieron el membrete de una empresa que habían fundado en el instituto, llamada Traf-O-Data.

Pasaron algunas semanas sin respuesta y Bill debió de preguntarse: «¿El fundador de MITS habrá tirado la carta a la basura? ¿Se ha dado cuenta de que soy un adolescente?».

Años después, Bill supo que el fundador de MITS no solo había leído la carta, sino que además le gustó tanto que quiso comprar el software. Llamó al número del membrete y le respondió una mujer desconocida… Bill y Paul habían olvidado que el membrete mostraba el número de teléfono de la casa de un amigo del instituto.

Pero en aquel momento no lo supieron, así que en la habitación de Bill discutieron sobre cómo seguir avanzando. Bill le tendió el teléfono a Paul.

—¡No, hazlo tú! —dijo Paul—. En estas cosas eres mejor.

—Yo no voy a llamar —replicó Bill—. ¡Llama tú!

Supongo que incluso la persona destinada a ser la más rica del mundo también padecía El Pavor. Al final, llegaron a un acuerdo: Bill llamaría, pero diría que era Paul.

—Hola, soy Paul Allen de Boston —dijo Bill con la voz más grave que pudo. MITS era una empresa pequeña, así que no le costó mucho que le pasaran con el fundador—. Tenemos algunos programas casi listos para el Altair y nos gustaría venir a verle y mostrárselos.

El fundador estuvo interesado y le dijo que podían ir a su oficina de Albuquerque, Nuevo México, para hacerle una demostración. Bill no cabía en sí de alegría. Solo había un problema: de hecho, no tenía ningún programa.

Durante las siguientes semanas, Bill invirtió cada minuto que tenía a codificar. Algunas noches ni siquiera se metía en la cama. Una tarde, Paul se encontró a Bill en la habitación, al lado de las terminales del ordenador, durmiendo, acurrucado en el suelo como un gato. Otra noche, Paul lo vio desfallecer sobre el teclado, que utilizó de almohada.

Después de ocho largas semanas, Bill y Paul acabaron el software para Altair. Cuando tuvieron que decidir quién volaría a Albuquerque para hacer la presentación, echaron mano de la lógica más simple: iría Paul porque... tenía barba.

Paul se subió al avión con el software seguro entre las manos. Cuando despegó, repasó mentalmente los pasos de la demostración y se dio cuenta de algo: «Dios mío, no he escrito un cargador para el programa». El «cargador» es el código que le dice al ordenador: «Esto es software». Sin él, el código era inútil.

Encorvado sobre la mesilla plegable, Paul escribió todo el código de memoria en un cuaderno y lo acabó justo antes de que las ruedas del avión tocaran la pista de aterrizaje. Ni siquiera tenía forma de probarlo.

Al día siguiente, Paul llegó a la sede de MITS y el fundador le enseñó la empresa. Se detuvieron frente a un escritorio con un Altair 8800. Era la primera vez que Paul veía uno tan de cerca.

—Muy bien —dijo el fundador—. Veamos cómo va.

Paul respiró hondo, cargó el software y... funcionó. Paul y Bill cerraron el trato, firmaron el contrato y así fue como vendieron su primer programa.

Para mí, había una lección primordial en esta historia. Aunque tenía un notable talento para codificar, nada de esto habría ocurrido si Gates no hubiera superado sus miedos en el dormitorio, hubiera cogido el teléfono y hubiera llamado a MITS. Fue su capacidad para hacer algo difícil y molesto lo que creó la oportunidad. El potencial para desencadenar el futuro está en tus manos, pero primero tienes que coger el maldito teléfono.

Aunque era una buena lección, no me parecía ni de lejos el Santo Grial. Cuando me sentara con Gates, debía extraer un conocimiento que fuera sorprendente, poderoso y que te cambiara la vida: algo que ningún entrevistador hubiera conseguido antes.

Para mí, el Santo Grial era una verdad viva y orgánica. Era lo que me había motivado a arrastrarme por el barro durante los últimos dos años. Y, ahora que lo tenía tan cerca, estaba mucho más convencido de que iba a conseguirlo.

La mañana anterior a la entrevista, preparé mi bolsa de mano, guardé el cuaderno en la mochila y me puse rumbo a Seattle.

26

El Santo Grial: Parte II

Caminé por un pasillo con luz dorada, con una sola puerta al final.

Una ayudante me dijo que no me moviera y desapareció tras la puerta. Yo me quedé contemplando la enorme puerta de cristal esmerilado. Me fijé en el picaporte de piel negra con un reborde plateado, estudiándolo como si ocultara alguna pista. Incluso el más mínimo detalle podía llevarme al Santo Grial y, dado que no sabía dónde estaba enterrado, no podía pasar por alto ningún detalle.

Después de todo, no podía limitarme a entrar y decir: «¿Qué pasa, Bill? ¿Por dónde tienes el Santo Grial?». No puedes hacer eso. Ni esperar que Bill Gates te dé una pista. No va a señalar una estatua de Buda en su escritorio y decir:

—Ah…, ¿ves este Buda? Lo tengo ahí para no olvidar el secreto de los negocios…

Tendría que encontrar las pistas por mí mismo, y no iba a disponer de mucho tiempo. Dado que debería estar completamente presente cuando empezara la conversación, el único momento para encontrar pistas visuales iba a ser al entrar.

Y, luego, como si fuera a cámara lenta, la puerta de cristal esmerilado se abrió. Delante de mí estaba Bill Gates, bebiendo una Coca-Cola Light. Sonrió y alzó la lata como si fuera a brindar.

—¿Qué tal? —dijo—. Pasa…

Al cruzar la puerta, me pareció estar en el concurso de los noventa *Supermarket Sweep*, aquel en el que los participantes deben correr por un supermercado, encontrar los productos más caros, tirarlos al carro y luego dirigirse hasta las cajas antes de que deje de sonar la bocina. Con la diferencia de que yo debía observar todos los detalles que pudiera, memorizarlos tan rápido como fuera posible, averiguar cuáles eran las pistas que me llevarían al Santo Grial y hacerlo antes de que empezáramos a hablar. Cuando Gates se dirigió a una zona con sillas del despacho, en mi cabeza solo oía: «Preparados… Listos… ¡Ya!».

El escritorio de Gates era de madera, estaba ordenado, había dos monitores y una silla alta de piel del color del whisky de malta. Los rayos del sol entraban por las enormes ventanas iluminando el cristal de cinco marcos que había colgados en la pared. En uno de ellos, Gates estaba riendo con Warren Buffett, en otro estaba con Bono y, en un tercero, había un primer plano de una madre meciendo a un bebé, en algún lugar del tercer mundo. Bajo los marcos había una mesa de café oval y pulida con dos libros apilados encima. Uno era de Steven Pinker, y tomé una nota mental: «Comprar libros de Steven Pinker». A un lado y otro de esta zona, había dos butacas gris marfil y un sofá marrón entre ellas. Gates se sentó en una butaca y me di cuenta de que sus mocasines eran negros y de punta redonda, con borlas. Hice otra nota mental: «Comprar mocasines con borlas». Llevaba unos pantalones de vestir oscuros y los calcetines arrugados por el tobillo, un polo de golf, relajadamente ajustado, de color dorado oscuro, casi marrón mostaza. Sus…

La bocina mental dejó de sonar.

—Bueno, ¿así que este es tu primer libro?

La característica voz aguda de Gates era incluso más aguda en persona, lo cual me pareció que era una señal de que estaba verdaderamente encantado de conocerme. Me felicitó, diciendo que estaba impresionado por las personas a las que había entrevistado. Luego me preguntó cómo había conocido a Qi Lu.

El jefe de gabinete de Gates entró en el despacho, me saludó y se sentó a mi lado en el sofá.

—Creo que con cuarenta y cinco minutos —dijo— lo tendremos listo, así maximizaremos el tiempo.

Coloqué la grabadora en la mesa y eché un vistazo al cuaderno. Pensé empezar preguntándole a Gates cuándo comenzó su primer negocio.

—He estado leyendo sobre la época de Traf-O-Data, en el instituto —dije—. ¿Qué aprendió de aquella experiencia que luego le fuera útil con Microsoft?

—Bueno —respondió Gates—, Paul Allen y yo trabajamos juntos en esa empresa. Nos fue bastante bien porque era un microprocesador bastante limitado...

Gates comenzó lentamente y, luego, como si se hubiera accionado un interruptor, se recolocó en la butaca, fijó la mirada en la pared y se convirtió en una versión sonora y rapidísima de la *World Book Encyclopedia*.

—... el primer microprocesador aparece en el setenta y uno. Es el 4004, que apenas servía para nada. Paul lo vio, me lo enseñó y supo que no podíamos hacer mucho. Luego, en el setenta y tres, aparece el 8008, y entonces me preguntó si podía escribir un código BASIC y le dije que no... No, no, no... Me he equivocado con las fechas... El 8008 salió en el setenta y dos y el 8080, en el setenta y cuatro...

Venía en busca de detalles y ahora estaba siendo enterrado por una avalancha de ellos.

—... decidimos que solo podíamos hacer cosas con un propósito específico, así que nos juntamos con un tercer socio que sabía cómo conectar cosas con alambre, y todo venía del hecho de que sabíamos que la gente tenía aquellos contadores con cables por el suelo que medían el tráfico perforando unos divertidos rollos de papel. Siempre habíamos creído que debía de haber alguna forma de hacerlo con un ordenador. De hecho, habíamos estado contratando a gente para que los procesara a mano. Los observábamos y anotábamos las cifras, las perforábamos en tarjetas y las introducíamos en un ordenador por lotes...

La avalancha no paraba y yo apenas podía mantener la cabeza por encima de la nieve.

—... así que fui a la universidad, a Paul le dieron un trabajo por allí, y seguimos debatiendo si teníamos que hacer hardware o software, cuándo deberíamos comenzar y, al final, empezamos con una empresa únicamente de software en 1979. No, no... creamos la empresa de software en el setenta y cinco. Sí, perdona, en el setenta y cinco. Nos trasladamos a Seattle en el setenta y nueve...

Pasaron diez minutos que me parecieron diez segundos. Un temor me recorrió el cuerpo. «¿Y si toda la entrevista se esfuma en lo que me parecerán cuarenta y cinco segundos?»

Justo en ese momento, se abrió la puerta del despacho.

—Disculpen por interrumpir —dijo una mujer asomando la cabeza—. Pero ha llamado Jenn y pregunta si puede hablar con usted.

—De acuerdo —contestó Gates, levantándose de la butaca—. Ahora vuelvo —me dijo—. Un segundo.

El jefe de gabinete se inclinó hacia mí.

—Familia —susurró.

Fue como si hubiera llegado un helicóptero de rescate.

Se cerró la puerta.

Me recosté en el sofá y exhalé profundamente.

Pasé las hojas del cuaderno frenéticamente para comprobar las preguntas.

—¿Esto... esto te ayuda? —me preguntó el jefe de personal—. ¿Es una buena perspectiva para las historias?

Le había pedido al jefe de gabinete que estuviera presente en la entrevista por si necesitaba ayuda, y ahora me la estaba ofreciendo. Mi primera pregunta no había sido muy reflexiva. En aquel momento, debería haber dicho: «Sí, me iría bien un poco de ayuda», pero tenía miedo de parecer un aficionado.

—Oh, sí —contesté—. Creo que me va a ir bien.

—De acuerdo —repuso—. Genial.

Volví a consultar el cuaderno. Si algo me podía llevar al Santo Grial, debía ser una pregunta táctica sobre los negocios, y seguramente algo relacionado con las ventas. Sin duda, la venta más importante en toda la vida de Gates había sido el acuerdo al que había llegado con IBM en su oficina de Boca Raton en 1980. Tenía veinticinco años e IBM era la empresa tecnológica más importante del mundo. Gracias a la capacidad de Gates de cerrar ese acuerdo, Microsoft gozó de una posición dominante en la industria del software durante décadas. Después de IBM, llegó a otro acuerdo con HP, y las piezas de dominó empezaron a caer. A los ejecutivos de los

PC, Gates les decía: «¿Van a apostar por un sistema operativo que solo usan los de segunda o van a apostar por el que respalda IBM?». Fue el punto de inflexión del éxito de Gates, pero en ninguna biografía se explicaba cómo había cerrado el trato.

—Les conté a mis amigos la historia de IBM en Boca —le dije al jefe de gabinete—. Y querían que hiciera una pregunta: si Bill diera una clase de cinco minutos sobre cómo gestionar una importante reunión de ventas, ¿qué enseñaría?

—Es una buena pregunta —dijo—. Me gusta.

Se abrió la puerta del despacho.

Gates se sentó y le hice la pregunta.

—En aquella época —comenzó—, yo era joven, y parecía mucho más joven. En la mesa, algunos ejecutivos de IBM eran, al principio, bastante escépticos conmigo.

Me explicó que el primer paso en cualquier reunión de ventas es desarmar ese escepticismo, y la mejor forma de hacerlo es abrumar a los asistentes con tus conocimientos: Gates les hablaba rápido y se sumergía inmediatamente en los detalles (los estándares de los caracteres, los chips informáticos, los lenguajes de programación, las plataformas de software) hasta que fuera innegable que no era un chaval cualquiera.

—Siempre que nos preguntaban cuánto tiempo nos llevaría hacer algo —añadió Gates—, decíamos algo así como, «bueno, lo podemos hacer más rápido que lo que nos cuesta decirles cuánto tiempo nos llevará. Así que, ¿cuándo lo quieren? Es decir, ¿en cuántas horas a partir de ahora?».

Su consejo de prometer de forma exagerada no es nuevo, pero Gates le estaba vendiendo a IBM una velocidad que era obviamente imposible. En realidad, Microsoft tardó meses en entregar el software. Pero a largo plazo no importaba. Lo importante era que Gates comprendió que uno de los problemas que tienen las grandes empresas es que se mueven despacio, así que les vendió lo que más necesitaban.

Gates me contó algo que cambió por completo la comprensión que tenía sobre cómo estructurar un acuerdo. Apostó que sería mejor sacarle menos dinero a IBM que exprimirle por todo lo que realmente valía. Estaba seguro de que otras empresas entrarían en el mercado de los PC y, si era capaz de llegar a un acuerdo con IBM, el resto de las empresas llegarían a acuerdos mucho más lucrativos con Microsoft.

—Así que, más o menos, monetizaríamos el acuerdo con IBM —explicó Gates—, pero ganaríamos mucho más con el resto de las empresas.

Gates quería que le pagaran con algo más valioso que el dinero: el posicionamiento estratégico. Es mejor llegar a un acuerdo justo que nos predisponga a más acuerdos en el futuro que llegar a un gran acuerdo que no prepare el terreno para nada. La moraleja era clara: escoger el posicionamiento a largo plazo en lugar de los beneficios a corto plazo.

Mirando atrás, tendría que haberle agradecido mucho las lecciones que Gates me estaba dando. En cambio, me quedé ahí pensando: «¿En serio…? ¿Eso es todo? ¿Dónde está el Santo Grial?».

Me ha llevado mucho tiempo comprender por qué estaba tan ciego. Formaba parte de la generación BuzzFeed, y dado que los conocimientos de Gates no se podían tuitear ni condensarse en un listículo con el título «10 secretos sorprendentes del hombre más rico del mundo», no fui consciente de su valor. Pensaba que el Santo Grial debía de estar enterrado en algún otro lugar, así que le pregunté a Gates sobre sus secretos en la negociación.

—¿Cómo fue negociar con personas que eran mucho mayores y tenían mucha más experiencia que usted?

—Bueno, en IBM había algunas limitaciones —respondió. Entonces empezó a hablarme del código fuente y de la responsabilidad ilimitada, que parecía no tener nada que ver con la negociación. No entendí por qué no respondía a mi pregunta.

Solo en retrospectiva puedo ver que sí la estaba respondiendo, pero no como yo quería. Hasta que escuché la grabación, no comprendí lo que había dicho.

Durante la negociación de IBM, Gates sabía que tenía que mantener en secreto el código fuente de Microsoft, pero también sabía que no se lo podía decir a IBM porque eso era lo que precisamente estaba comprando. Gates se dio cuenta de cuál era el mayor miedo de IBM —una demanda importante— y lo aprovechó para su estrategia. En el contrato, insistió en la responsabilidad ilimitada si IBM revelaba el código fuente por accidente. Eso significaba que si cualquier empleado, aunque fuera de manera involuntaria, filtraba el código, Microsoft los demandaría por miles de millones. Los abogados de IBM se asustaron tanto que la empresa decidió no tener el código fuente, que era justo lo que Gates quería. La lección: averigua los miedos de tu oponente y aprovéchalos a tu favor.

—Fue un movimiento profundamente estratégico —dijo Gates riendo—. Steve Ballmer y yo reflexionamos mucho sobre ello.

En la entrevista no comprendí nada de todo lo que me estaba contando. Así que respiré hondo y formulé pregunta de manera más específica.

—¿Cómo negoció con Ed Roberts?

Roberts era el fundador de MITS, la empresa que había comprado el primer programa de software a Gates.

Esperaba oír una lista secreta como: «Uno, yérguete en la silla; dos, dale un apretón de manos de tal manera; tres, cuando quede un minuto, levántate, mírale a los ojos y di…». Pero, por supuesto, Gates no me dijo nada de esto, sino que me relató la vida de Ed Roberts con pelos y señales. Y luego me explicó cuál era el modelo de negocio de MITS.

De nuevo, solo volviendo la vista atrás veo que la respuesta tenía sentido. Me estaba diciendo que era esencial ser un experto en el historial de la persona con la que estás tratando. Respecto al fundador de MITS, Gates aprendió todo lo que pudo sobre su personalidad, sus rarezas, sus éxitos y sus sueños. Por si fuera poco, Gates se informó a fondo sobre su modelo de negocio, sus limitaciones económicas, la estructura de su capital y los problemas de flujo de caja.

Pero, de nuevo, a mí todo aquello me sonó a chino. Miré el reloj. Se me estaba acabando el tiempo. Sentí cundir el pánico y pregunté por tercera vez:

—¿Cuáles son los tres errores típicos que se cometen al negociar?

Gates suspiró. Me miró como si no entendiera por qué no me entraba en la cabeza. Empezó a responder y, esencialmente, dijo algo así como: «Bueno… no hacer lo que acabo de decir…».

Me quedé pensando: «¿Qué le pasa a este tío? ¿Por qué no me da una respuesta de verdad?». En ningún momento se me ocurrió que era yo quien no estaba entendiendo nada.

Me dijo que les pidiera consejo a las personas con las que quería negociar, que pasara tanto tiempo informal con ellos como pudiera, que lograra que me pusieran bajo su protección. Ahora sé que lo que me decía Gates, esencialmente, era que dejara de preocuparme por los trucos de BuzzFeed. La mejor táctica para negociar es construir una relación auténtica y de confianza. Si eres un emprendedor desconocido y la persona con la que negocias no está interesada en ti, ¿por qué debería hacer negocios contigo? Pero, por otro lado, si la persona en cuestión es un mentor o un amigo, quizá ni siquiera sea necesario negociar.

Era lo último que esperaba escuchar del ajedrecista de los negocios más importante del mundo. Creía que me iba a contar secretos de batalla, pero, en lugar de ello, me decía que me hiciera amigo del oponente para que no fuera necesario batallar.

El jefe de gabinete carraspeó.

—Te queda tiempo para una pregunta más.

Miré las hojas del cuaderno. Todavía había muchas preguntas sin respuesta.

«Mierda —pensé—. Si solo me queda un minuto con Bill Gates, por qué no hacer algo divertido.»

Dejé el cuaderno a un lado.

—¿Cuál es la historia más memorable, loca y divertida de los primeros tiempos?

Gates pensó durante unos instantes.

—Pues bien —comenzó descruzando los brazos—, hubo un montón de negociaciones divertidas con empresas japonesas.

Alzó la vista como si estuviera mirando una película en los ojos de la mente. Percibí su entusiasmo cuando me relató una reunión con un grupo de ejecutivos japoneses. Gates trataba de convencerlos con todas sus fuerzas, explicándoles los detalles una y otra vez, hasta que, al final, les preguntó si querían llegar a un acuerdo. Los ejecutivos se apiñaron. Hablaron entre ellos en japonés durante un minuto, luego cinco, después diez. Pasaron veinte minutos. Al final, le dieron su veredicto.

—La respuesta es... —pausa dramática—... tal vez. Que en japonés casi siempre significa no —dijo Gates—. Luego les dijimos: «¡Oh, vuestro abogado habla muy bien inglés!». Y ellos respondieron: «¡Oh, pero su japonés es malísimo!».

El jefe de gabinete y yo nos reímos a carcajadas. Fue como si toda la tensión de los últimos cuarenta y cinco minutos se hubiera hecho añicos.

Gates contó otra anécdota sobre otro ejecutivo japonés. El hombre había volado a Seattle, apareció en el despacho de Gates y empezó diciendo lo magnífica que era la empresa Microsoft, soltando un cumplido tras otro. Gates se puso nervioso. Microsoft se estaba retrasando en la entrega del software para la empresa del ejecutivo, así que no tenía sentido. El ejecutivo siguió siendo extraordinariamente amable, prodigando elogios, y Gates se preguntaba: «Pero ¿qué quiere? ¿Quiere comprar más software?». Al final, el ejecutivo fue al grano.

—Señor Gates... lo que nosotros queremos comprar... es... —otra pausa dramática—... a usted.

Los tres nos reímos de nuevo y, por primera vez, pareció que aquello no era una entrevista. Solo éramos tres tipos pasándolo bien.

—¿Qué le dijiste? —preguntó el jefe de gabinete riendo—. ¿«La respuesta es tal vez»?

Bromeamos un poco más, luego el jefe de gabinete se agachó y cerró la cremallera de su bolsa. Gates siguió el ejemplo y se levantó de la butaca.

—¿Qué edad tenía al hacer estas negociaciones? —pregunté.

—Durante los grandes años de Japón yo tenía entre diecinueve y veintitrés años. Mi amigo y socio Kay Nishi se merece un gran reconocimiento por ello. Viajábamos juntos. Dormíamos en la misma habitación de hotel, con dos camas individuales. Nos llamaban en mitad de la noche. Recuerdo que una noche dormimos como tres horas seguidas, desperté a Kay y le dije: «Oye, ¿qué está pasando con la empresa? ¡No ha llamado nadie en tres horas!».

Gates siguió hablando un poco más y noté que una sensación de calidez se había extendido por el despacho. Me arrepentí de no haber comenzado con estas preguntas. Pero ya era tarde. Gates me dio la mano y se despidió. Se fue al escritorio y yo me dirigí a la puerta. Antes de salir, volví la cabeza por encima del hombro para mirarlo por última vez. Justo cuando todo empezaba a ir bien, se había acabado.

27

La Tercera Puerta

Dos meses después, en el almacén

Sentí que estaba atrapado en una vieja pesadilla. De nuevo estaba postrado sobre el escritorio, con las manos en la cabeza.

«Tiene que ser una broma…»

Cuando conocí al jefe de gabinete de Gates en el congreso TED, no solo me había dicho que Gates haría la entrevista, sino que también me ayudaría a conseguir una con Warren Buffett. Gates y Buffett era amigos íntimos, así que, si algo podía influir en Buffett, tenía que ser eso. El jefe de gabinete contactó con el despacho de Buffett y, aunque nunca supe qué ocurrió, el jefe de gabinete me mandó el siguiente correo:

> Por favor, no más llamadas al despacho de Warren.
> Gracias…

No podía creérmelo. No solo la respuesta seguía siendo no, sino que había sido tan pesado que me habían puesto en la lista negra.

Ningún libro empresarial explicaba esto. Ninguna cita advertía sobre los peligros de los sobreperseverantes. Nunca antes me había preguntado: «¿Soy el tipo de persona que los demás quieren ayudar?». En lugar de ello, había seguido llamando a la ayudante de Buffett semana tras semana. Y, después de meses recibiendo un no como respuesta, había volado a Omaha y le había enviado un zapato. Estaba tan obsesionado con lograr mi objetivo que no me había dado cuenta de qué impresión daba. Me había hundido en un agujero tan profundo que ni siquiera Bill Gates podía sacarme de él.

Tendría que haber conocido mucho antes los peligros de la sobreperseverancia, cuando estuve acosando a Tim Ferriss y le envié treinta y un correos. Ferriss no quería saber nada de mí. Solo accedió a que le entrevistara porque tenía a un Topo en DonorsChoose. Pero, como Ferriss al final accedió, me lo tomé como un triunfo. Solo entonces, con el fracaso final con Buffett, empecé a reflexionar sobre ello. La vida te sigue golpeando en la cabeza con la misma lección hasta que decides escuchar.

Y yo debía de haber ignorado muchas lecciones porque Buffett no era el menor de mis problemas. Desde que había salido del despacho de Bill Gates, había enviado más peticiones de entrevistas y había recibido aún más negativas, de Lady Gaga, Bill Clinton, Sonia Sotomayor, Michael Jordan, Arianna Huffington, Will Smith, Oprah Winfrey… Incluso Steven Spielberg, con quien volví a contactar, se negó.

Quería pensar que la negativa de Spielberg se debía a un error. Al conocernos, me miró a los ojos y me dijo que volviera a contactarle. Entonces, un amigo de Summit me presentó al copresidente de la productora de televisión de Spielberg para que pudiera explicarle la situación en persona. El copresidente transmitió personalmente mi petición, pero la respuesta de Spielberg no cambió. El copresidente probó otras tácticas, enviando una segunda petición y una tercera. Pero nada cambió.

¿Qué diablos estaba ocurriendo?

Cerré el portátil de golpe y comencé a dar vueltas por el almacén, pero el espacio abarrotado me hizo sentir todavía más frustrado. Saqué el móvil y le envié un mensaje a Elliott.

Necesito consejo. ¿Estás por ahí?

El teléfono sonó antes de dejarlo sobre la mesa.

—Eso sí ha sido rápido —dije.

—Claro que sí —contestó—. ¿Qué ocurre?

—Me estoy volviendo loco. El jefe de gabinete de Bill Gates me dijo que generara impulso y eso es lo que he hecho. Malcolm Gladwell escribió sobre el punto de inflexión y he llegado a él. Pensé que, después de entrevistar a Gates, todo iría sobre ruedas. Pero sigo sin sentir mejora alguna.

—Serás idiota. Ya me hiciste esta pregunta estúpida la primera vez que nos vimos y te dije que no hay punto de inflexión. Solo pequeños pasos.

Me quedé callado. Ya me lo había dicho.

—El punto de inflexión solo se ve en retrospectiva —añadió—. No lo notas cuando estás en las trincheras. Ser emprendedor consiste en presionar, no en dar propinas.

—Vale, lo entiendo —dije—. Pero ¿sabes qué me saca de quicio? Todas estas negativas que recibo no me ayudan nada. Me dicen: «¡Oh, nos encanta lo que estás haciendo! Pero, por desgracia, tiene la agenda muy ocupada». Claro que está ocupado. Pero también lo está Bill Gates. Si realmente quisiera hacerlo, buscaría un hueco. ¿Qué se supone que debo hacer cuando no solo me rechazan, sino que además ni siquiera me dicen la verdadera razón de su negativa?

—Tío, es la historia de mi vida. Se llama «No de mierda». Los recibo mil veces por semana. Tienes que construir una red de tuberías para que, cuando recibas un no de mierda de una persona, sigas teniendo otras treinta opciones.

»¿Quieres saber por qué funciona una red de tuberías? —continuó—. Hace un año y medio, cuando me escribiste por primera vez ese correo a puerta fría pidiéndome consejo, no sabías que un mes antes había hecho una promesa de Año Nuevo: encontrar a alguien a quien tutelar.

Me quedé de piedra.

—Qué locura, ¿no? No había forma alguna de que lo supieras. Lo que quiero decir es que estoy seguro de que no fui la primera persona a la que escribiste pidiendo consejo. Se lo pediste a docenas de personas y, debido a factores externos que no podías predecir, uno de esos intentos funcionó. No hay manera de saber qué ocurre en las vidas de las personas en tu red de tuberías. No puedes anticipar su estado de ánimo o cuán generosos se sienten. Lo único que está en tu mano es controlar tus esfuerzos.

—Pero ¿y si las treinta tuberías están atascadas?

—Entonces te quedan dos opciones: una, piensa a lo grande. Y, dos, piensa diferente.

—Venga, hombre, dame algo más concreto.

—No te puedo dar todas las respuestas, pero sí un ejemplo. En el congreso Summit que organizamos en Washington D. C., no encontrábamos a nadie dispuesto a dar la charla inaugural. Todos estaban ocupados. Blake Mycoskie, de TOMS, dijo que no podría venir. Fue un desastre. Así que tuvimos que pensar a lo grande: Bill Clinton. Y tuvimos que pensar diferente: montamos una recaudación de fondos para su fundación, de forma que estaba obligado a venir. Cuando supimos que venía, llamamos a Russel Simmons (que ya había dicho que no) y le pedimos si podía decir unas palabras para presentar a Bill Clinton, y entonces dijo que sí. Después, organizamos el evento para que coincidiera con un viaje de Ted Turner a Washington. Al hacerlo, además de Clinton, se sumó Ted Turner. Blake Mycoskie seguía aduciendo que tenía otros compromisos, así que modificamos la petición y le pedimos que moderara el turno de preguntas y respuestas con su héroe, que sabíamos que era Ted Turner. Boom. Blake también se sumó. Lo único que tienes que hacer es una oferta que la gente no pueda rechazar.

Se me empezó a ocurrir una idea.

—¿Me pregunto si…?

—Sí.

—Iba a decir que me pregunto que si…

—Sí, sí, sí. Cada vez que te preguntes, la respuesta es sí. Nadie quiere participar en proyectos insustanciales. Tienes que pensar a lo grande y pensar diferente. Deja de pasarte la vida preguntándote «Y si…». Haz que ocurra.

Una semana después, en Central Park, Nueva York

Me subí la cremallera de la chaqueta y seguí a Elliot entre la multitud. Hacía una hora que había anochecido. Justo delante de nosotros había un escenario al aire libre con luces de color rojo lava. John

Mayer estaba bajo los focos, colocándose la correa de la guitarra y desencadenando la ovación de sesenta mil admiradores.

Había ido a Nueva York para reunirme con gente, hacer más peticiones de entrevistas y construir mi red de tuberías. Elliott me había invitado a aquel festival y estábamos de camino al escenario. Mientras avanzábamos, Elliott vio a un conocido, saludó con la mano y fue en su dirección.

Me quedé atrás para que se saludaran. Un minuto después, Elliott me agarró del hombro y dijo:

—Matt, ¿conoces a Alex?

El amigo de Elliott negó con la cabeza, sin mostrar mucho interés. Tenía unos cuarenta años y las espaldas anchas.

—Te va a encantar —dijo Elliott—. Alex está trabajando en un proyecto que te puede interesar mucho. Ha entrevistado a Larry King, Bill Gates...

Los ojos de Matt se abrieron ligeramente. Elliott me dijo que le contara la historia de *El precio justo* y Matt no paró de reírse. Elliott volvió a intervenir.

—Alex, explícale la analogía que me has contado antes. Ya sabes, la de las tres puertas.

Unos días antes, Elliott y yo habíamos hablado por teléfono y me preguntó si veía algún elemento común en las personas que había entrevistado. Le dije que le había estado dando vueltas a una analogía.

Todas las personas que había entrevistado encaraban la vida, los negocios y el éxito de la misma manera. Desde mi punto de vista, era como ir a una discoteca. Siempre hay tres entradas.

—Está la Primera Puerta —le dije a Matt—, la entrada principal, desde donde la cola llega incluso a doblar esquina. Allí es donde está el noventa y nueve por ciento de las personas, esperando entrar.

»Luego, hay la Segunda Puerta, la entrada VIP. Allí es por donde se cuelan los millonarios, los famosos y los que vienen de buena familia.

Matt asintió.

—La escuela y la sociedad nos hacen creer que estas son las dos únicas entradas, pero, durante estos últimos años, me he dado cuenta de que siempre, siempre… hay una Tercera Puerta. Para llegar a ella tienes que salir de la cola, meterte en el callejón, llamar a la puerta cientos de veces, romper una ventana, colarte en la cocina… Siempre hay una forma de entrar. Ya sea la forma en que Bill Gates vendió su primer programa de software o cómo Steven Spielberg se convirtió en el director más joven de la historia de Hollywood, todos entraron por…

—… la Tercera Puerta —dijo Matt con una sonrisa—. Así ha sido toda mi puñetera vida.

Miré a Elliott, que se estaba riendo.

—Alex —dijo Elliott—, sabes que Matt creó la red social de Lady Gaga, ¿no? —Antes de que pudiera responder, Elliott añadió—: ¿No me dijiste que querías entrevistarla?

Por supuesto que Elliott sabía la respuesta. Era quien me había presentado al mánager de Lady Gaga un año antes. Desde entonces, había intentado forjar una relación con el mánager: fui a verlo a su despacho, le escribí correos, lo llamé. Pero cada vez que le pedía una entrevista la respuesta era no. Justo unas semanas antes me había vuelto a rechazar.

Y, aun así, de todos los músicos del mundo, me parecía que quien mejor representaba el espíritu de la misión era Lady Gaga.

—Me encantaría entrevistarla —contesté.

Matt me miró y asintió.

—Bueno —dijo—, pues Elliott es amigo de su mánager. ¿Por qué no lo llama y lo organiza?

No quería reconocer que me había rechazado, así que dije que era una buena idea.

Cuando John Mayer empezó a cantar «Waiting on the World to Change», Elliott vio a otro amigo y se acercó a saludarle. Matt y yo hablamos un poco más sobre la misión, y luego sacó su iPhone y empezó a pasar fotos. Me acercó la pantalla: era una foto de él con Lady Gaga; ella le abrazaba en los camerinos de un concierto. Pasó más fotos, otra de los dos juntos en un despacho. Gaga estaba sobre un escritorio alzando los brazos.

Matt siguió pasando fotos: en un campeonato de golf con Condoleezza Rice, patinando en una rampa con Tony Hawk, haciendo sonar la campana de apertura del NASDAQ con Shaquille O'Neal, en los camerinos con Jay-Z y sentado en un sofá con Nelson Mandela.

Matt desprendía una fuerza gravitacional y yo sentía cómo me atraía. Le pregunté cómo había empezado su carrera, y me contó una infinidad de historias de la Tercera Puerta, una detrás de otra. Después de entrenarse para ser un Ranger del ejército estadounidense y sufrir una lesión, Matt decidió crear un fondo de cobertura. Después, fundó una plataforma tecnológica para el comercio electrónico y empezó a invertir en *start-ups* como Uber y Planatir, y luego recibió una llamada de 50 Cent que, al final, le llevó a Lady Gaga. Llevábamos hablando una media hora cuando una mano me palmeó la espalda.

Elliott me dijo que teníamos que irnos, así que Matt y yo intercambiamos contactos.

—Si vas a San Diego —dijo—, házmelo saber. Te puedes pasar por mi rancho.

Oí que Elliott susurraba suavemente: «Cuando lo tienes delante... ve a por ello», pero al mirarlo, sus labios no se movían. La voz estaba en mi cabeza.

—¿Sabes qué? —dije—. En realidad, estaré en San Diego el próximo mes. Tal vez podría quedarme en tu casa.

—Dalo por hecho —contestó—. Tenemos una casa de invitados con dos camas. Toda tuya.

28

Redefiniendo el éxito

Un mes después, en Los Ángeles

—Es perfecto —dijo Cal.

Estaba de vuelta en la mesa donde desayunaba Larry King, y les acababa de decir que en unos días iba a entrevistar a Steve Wozniak, el cofundador de Apple, quien construyó uno de los primeros ordenadores personales con sus propias manos. El consejo de Elliott de crear una red de tuberías había funcionado.

—Lo mejor es que no tendrás el mismo problema que tuviste al entrevistar a Bill Gates —añadió Cal—. Esta vez no podrás estar nervioso. Es el Woz.

—¿Dónde vas a hacer la entrevista? —preguntó Larry.

—En un restaurante de Cupertino.

—Cuando estaba empezando —dijo Larry—, hice un programa de entrevistas en un restaurante Pumpernik de Miami. Los restaurantes son geniales. Todo el mundo se lo quiere pasar bien.

—Alex, hazme un favor —añadió Cal—. No te lleves el cuaderno. Pruébalo como si fuera un experimento. Si la entrevista no va bien, puedes echarme la culpa.

Estaba dudando, pero pensé que merecía la pena probar después de lo que había pasado en la entrevista con Bill Gates. Unos días más tarde, me subí a un avión y unas horas después entraba en Mandarin Gourmet, un restaurante a dos calles de la sede de Apple. Estaba esperando en la entrada cuando sonó el teléfono. Era mi amigo Ryan.

—¿El Woz? —preguntó cuando le dije lo que iba a hacer—. Hermano, sé que has tenido problemas para conseguir entrevistas, pero Woz tuvo su momento cumbre hace unos veinte años. Mira la lista *Forbes*. Ni siquiera aparece en ella. No entiendo por qué lo haces. De hecho, ¿sabes qué? Quizá sea bueno que lo entrevistes. Intenta averiguar por qué Woz nunca llegó a tener tanto éxito como Steve Jobs.

Antes de que pudiera responder, vi de reojo que Steve Wozniak venía hacia mí, con zapatillas de deporte y gafas de sol. Había un bolígrafo y un puntero láser verde en el bolsillo de su camisa. Colgué, lo saludé y entramos en el restaurante.

La sala era un mar de manteles blancos. Tan pronto como nos sentamos, abrí la carta, pero Wozniak me hizo una señal para que la dejara de nuevo sobre la mesa. Llamó al camarero y pidió por los dos, con el mismo entusiasmo de un niño que puede pedir todos los postres que quiera. Pronto la mesa rebosaba con arroz frito, *chow mein* de vegetales, ensalada de pollo china, pollo con sésamo, gambas con nueces y miel, ternera mongola y rollos de huevo crujientes. Antes de dar un solo bocado, Wozniak parecía la persona más feliz que había conocido en mi vida. Tanto si me contaba cosas sobre su mujer, sus perros, sus restaurantes favoritos o el viaje en coche que iba a hacer al lago Tahoe, Wozniak parecía estar encantado con todos los aspectos de su vida.

Me contó que había conocido a Steve Jobs en 1971, a unos pocos kilómetros de donde estábamos sentados. Jobs estaba en el instituto y Wozniak, en la universidad. Un amigo mutuo, llamado Bill Fernandez, los presentó. En cuanto se conocieron, Wozniak y Jobs se llevaron de maravilla y se pasaban horas sentados en la acera, riendo y contándose historias de las travesuras que habían hecho.

—Una de mis bromas favoritas fue durante mi primer año en la universidad —me explicó Wozniak—. Diseñé un dispositivo que interfería la televisión y que cabía en la palma de la mano. Girando un botón, podías interferir cualquier televisor, de manera que las imágenes se veían borrosas por la electricidad estática.

Me contó que, una noche, él y un amigo se fueron a la sala común de otra residencia para liarla un poco. Había unos veinte estudiantes viendo televisión a color. Wozniak se sentó al fondo, escondió el aparato en la mano y empezó a interferir la transmisión.

—Las primeras veces, mi amigo iba al televisor, lo golpeaba —pam— y volvía a verse a la perfección. Luego, lo interfería de nuevo. Después de un rato, mi amigo lo golpeaba con más y más fuerza y, si se esforzaba lo suficiente, funcionaba de nuevo. Al cabo de media hora, todo el grupo de universitarios estaba golpeando el televisor con los puños y, si hubiera sido un programa que realmente hubieran querido ver, habrían acabado golpeándolo con las sillas.

Wozniak siguió acudiendo a la residencia para ver hasta dónde podía llevar la broma. En una ocasión, vio que algunos chicos trataban de arreglar el televisor, y uno de ellos tenía una mano en medio de la pantalla y un pie por los aires. Wozniak desactivó inmediatamente el dispositivo. Cuando el tipo sacó la mano de la pantalla y bajó el pie, lo activó de nuevo. El tipo tuvo que quedarse, con una mano en la pantalla y el pie por los aires, durante media hora, para que todos pudieran ver el programa.

Cuando Wozniak iba a contarme otra broma, una mujer con cabello castaño corto se sentó a nuestra mesa.

—Woz —dijo—, ¿le has enseñado el test del puntero láser?

Wozniak me presentó a su mujer, Janet. Cogió el puntero láser y lo acercó a mi rostro, diciéndome que podía detectar «el nivel de densidad del cerebro». Cuando lo activó en mi oreja derecha, apareció una luz verde en la pared opuesta.

—¡Santo Dios! —exclamó—. Tu cabeza está totalmente hueca.

Al mirar abajo, vi que tenía un segundo puntero láser que sostenía bajo la mesa. Woz y yo soltamos una carcajada. Volvió a meter el puntero en el bolsillo y le contó a su mujer de qué iba mi misión. Nombró a todas las personas a las que había entrevistado.

—¿Sabes? —dijo, mirándome y en voz baja—, no sé por qué me entrevistas a mí. No soy un magnate exitoso como Steve Jobs ni nada parecido…

Sus palabras permanecieron como si me estuviera provocando para que respondiera. Sentí que me estaba probando, pero no sabía qué responder, así que hice lo único que se me ocurrió: me metí un rollo en la boca.

—De niño —dijo Wozniak—, tenía dos objetivos en mi vida. El primero era crear algo que cambiara el mundo con la ingeniería. El segundo, vivir según mis propias reglas.

»La mayoría de las personas hacen lo que hacen porque es lo que la sociedad les dice. Pero, si te paras un segundo y haces algunos cálculos (de hecho, si piensas por ti mismo), te das cuenta de que hay una forma mejor de hacer las cosas.

—¿Por eso eres tan feliz? —pregunté.

—Bingo —contestó—. Soy feliz porque hago lo que quiero cada día.

—Oh —respondió su mujer—, hace exactamente lo que quiere.

Me picaba la curiosidad sobre cuál era la diferencia entre Wozniak y Steve Jobs, así que le pregunté cómo había sido fundar Apple cuando solo eran ellos dos. Wozniak me contó un montón de historias, pero las que más me llamaron la atención fueron aquellas en las que quedaban claros los valores tan diferentes que tenían.

Una de estas historias tuvo lugar antes de que se formara Apple. Jobs estaba trabajando para Atari y le encargaron crear un videojuego. Sabía que Wozniak era mejor ingeniero que él, así que hicieron un trato: si Wozniak creaba el juego, compartirían el pago de setecientos dólares. Wozniak agradeció la oportunidad y programó el juego. Cuando pagaron a Jobs, le dio inmediatamente a Wozniak los trescientos cincuenta dólares que le había prometido. Diez años después, Wozniak se enteró de que a Jobs no le habían pagado setecientos dólares, sino unos cuantos miles de dólares. Cuando la historia se convirtió en noticia, Jobs quiso desmentirla, pero incluso el CEO de Atari aseguraba que era verdad.

Después me explicó otra historia de los inicios de la andadura de Apple. En aquella época, parecía evidente que Jobs sería el CEO de la compañía, pero no estaba claro dónde encajaría Wozniak dentro del equipo ejecutivo. Jobs le preguntó qué cargo quería. Wozniak sabía que gestionar a personas y dirigir la política de la corporación era lo último que quería hacer, así que le dijo a Jobs que no quería ser más que un ingeniero.

—La sociedad nos dice que el éxito consiste en lograr la posición más poderosa posible —dijo Wozniak—. Pero yo me pregunté: ¿era aquello lo que iba a hacerme más feliz?

La última historia que me explicó tuvo lugar cuando Apple se estaba preparando para su primera entrada en bolsa. Jobs y Wozniak iban a ganar más dinero del que nunca habían imaginado. Antes de la entrada en bolsa, Wozniak supo que Jobs se había negado a que algunos de los primeros empleados de Apple tuvieran opciones sobre acciones. Para Wozniak, estos empleados eran como su familia. Los habían ayudado a crear la empresa. Pero Jobs se negó a cambiar de parecer. Así que Wozniak decidió regalar parte de sus acciones a estos empleados para que pudieran beneficiarse de la recompensa económica. Cuando la empresa entró en bolsa, estos empleados se hicieron millonarios.

Al observar cómo Wozniak se recostaba en la silla, abrí una galleta de la suerte y se reía con su mujer, oí las palabras que Ryan me había dicho antes de la entrevista zumbando en mis oídos.

Pero lo único que pude pensar fue lo siguiente: «¿Quién puede decir que Steve Jobs tuvo más éxito que Wozniak?»

29

Estar de prácticas

Tres semanas después, en Miami, Florida

Estaba asomado a la barandilla de un balcón y miraba la ciudad mientras caía el sol, con tonos de rosa y naranja envolviendo las siluetas de las palmeras. Nos encontrábamos en el piso vigésimo de un rascacielos de apartamentos y Armando Pérez me estaba enseñando la belleza de su ciudad. Parecía la escena de *El rey león*, cuando Mufasa mira por encima de la colina y dice: «*Simba, toda la tierra que baña la luz es nuestro reino*».

El dedo de Armando señaló hacia la izquierda.

—Mira, allí está el parque Marlins.

Luego, hacia la derecha.

—Esa es la escuela que subvenciono, SLAM.

»Aquel es el hotel donde suelo pasar el rato.

»Allí abajo está el barco con el que navego por el océano.

»¿Ves aquel edificio blanco, al lado de Grove Isle? Es el hospital Mercy. Allí fue donde nací.

Quienquiera que me viera al lado de Armando seguramente lo reconocería por otro nombre: Pitbull, el rapero y músico ganador de un Grammy.

Pensar diferente y construir una red de tuberías seguía dándome ventajas. Primero, había podido hablar con Wozniak, luego con Pitbull y, justo aquella mañana, había recibido una confirmación de Jane Goodall. La misión empezaba a dar sus frutos y yo no podía estar más feliz.

Pitbull me llevó adentro, donde algunos de sus amigos estaban charlando en el sofá. Cogió un vaso rojo, lo llenó hasta el borde con vodka y soda, y volvimos al patio. Al sentarnos, me di cuenta de lo diferente que Pitbull parecía del personaje que alzaba los puños pocas horas antes en su concierto. Su energía se había calmado, sus movimientos eran más lentos. Decidí no empezar con una pregunta y dejarme llevar por la conversación, para ver a dónde nos dirigía. Pronto me dijo que, desde que era un crío, siempre le había encantado tener nuevos retos.

—Un verdadero aventurero siempre está buscando el siguiente —dijo—. Es como jugar a un videojuego, pongamos por ejemplo Mario Bros. De acuerdo, superas el primer nivel, luego tienes que superar el segundo y después el tercero. Cuando has acabado el juego, te sientes como «¡Ua, ua! ¿Cuál es el siguiente juego? ¿Dónde está?».

Sentí que mis pensamientos iban en una dirección nueva.

«¿Cuál es la clave para ascender constantemente?»

«¿Cómo logras aumentar tu éxito cuando ya estás en la cresta de la ola?»

«Cuando lo has logrado, ¿cómo te mantienes arriba?»

A esto debía de referirse Cal cuando me decía que tenía que dejar que la curiosidad hiciera las preguntas. Le pedí a Pitbull que me contara los diferentes niveles del videojuego de su vida, con la esperanza de encontrar el secreto por el camino.

—¿Cuál fue tu primer nivel? —pregunté.

Cogió el vaso, dio un sorbo y luego se quedó en silencio unos momentos. A principios de los ochenta, me dijo, salió del útero de su madre con cocaína en la sangre. Cuando su padre los abandonó, la madre de Pitbull lo crio sola y utilizaba el dinero de la droga para llegar a fin de mes. Se mudaban continuamente. Pitbull cambió de colegio ocho veces. El tráfico de drogas era lo único que conocía, así que fue bastante natural que también él se dedicara a ello. A medida que reflexionaba sobre aquello, pude ver el dolor en sus ojos.

—Vendía de todo, amigo —me confesó—. Era mi momento y vendía de todo.

Vendió éxtasis, hierba, cocaína y heroína. En el instituto, Pitbull nunca llevaba drogas encima, sino que las escondía en las taquillas de las chicas. Cuando hacía una venta, le decía al comprador en qué taquilla podía recoger la mercancía. Un día, el director lo agarró y lo empujó hasta su despacho: «¡Sé que estás vendiendo drogas! ¡Saca lo que llevas en los bolsillos!». Pitbull se vació los bolsillos. «¡Maldita sea! ¡Déjame ver las zapatillas!» Pitbull se las sacó. «¡El gorro!» El director estaba cada vez más frustrado, y luego Pitbull dijo: «¿Sabes qué? ¿Por qué no miras esto?», y se bajó los pantalones.

Poco después, el director imprimió un diploma, se lo entregó a Pitbull y le dijo que se fuera del campus y que no volviera.

—Me dio el puto diploma —dijo Pitbull—. En realidad nunca me saqué realmente el bachillerato. Pero seguía yendo, y en un estudio me saqué mis propias fotos de graduación. En una estaba riendo y en la otra hacía una peineta. Ambas siguen colgadas en casa de mi abuela.

Aunque fueron tiempo duros para Pitbull, nunca tomó cocaína. Había visto cómo afectaba a sus padres y no lo quería para él mismo. Ya con el «bachillerato» y después de haber sobrevivido al mundo del tráfico de drogas, había llegado la hora de ir al nivel dos de su videojuego: convertirse en el rapero más importante de Miami.

—Comencé a comprender la oportunidad que tenía si realmente me concentraba —dijo Pitbull—. Es la regla número uno de cualquier cosa: comprender la oportunidad que tienes. Sabía que, si quería ganar dinero rapeando, tenía que escribir música. Así que empecé a escribir rimas. Por entonces, no sabía ni lo que era un disco. Pero me puse a escribir rimas, rimas, rimas, rimas.

Pitbull también sabía que, si quería ser el próximo rey del rap en la escena de Miami, tenía que aprender del rey de aquel momento: Luther Campbell, el líder del grupo de hip hop 2 Live Crew.

—Luther Campbell no solo era el tipo más importante allí —continuó—, sino que también era un emprendedor. Por un lado, fabricaba sus propios discos, se promocionaba a sí mismo y vendía millones. Me enseñó esta mentalidad independiente. Nadie va a comprender tu visión mejor de lo que tú la comprendes.

Pitbull firmó su primer contrato con el sello Campbell y recibió un anticipo de mil quinientos dólares. No pudo tener un mentor mejor en aquella época, porque en 1999 Napster cambió las reglas del juego de la industria musical al permitir que la gente se descargara canciones sin pagar. Los artistas que prosperaron, en su mayor parte, fueron los que tenían esa mentalidad empresarial.

—Lo más importante que aprendí de Luther Campbell —dijo Pitbull— es que no hay nada mejor que estar de prácticas en la vida. Los mejores CEO empezaron haciendo prácticas. Porque, cuando pasas de ser un becario a CEO, nadie te puede dar gato por liebre. Lo único que puedes hacer es ayudarlos. «Mira, yo ya he hecho esto. Sé exactamente lo que se necesita para lograrlo.»

El talento de Pitbull para rapear, más las lecciones que aprendió de Luther Campbell, acabaron dando sus frutos. El álbum de debut de Pitbull, *M. I. A. M. I.*, se convirtió en disco de oro.

—¿Cuál fue el siguiente nivel de tu videojuego?

Pitbull me contó que, a pesar de que se había convertido en el rapero más importante de Miami, no conseguía llegar al gran público. El sencillo que más triunfó en aquella época llegó al puesto trigésimo segundo de la lista *Billboard* Hot 100. Él quería llegar al número uno. Así que buscó nuevos expertos con los que colaborar y de los que aprender: ejecutivos musicales que trabajaban con David Guetta, Flo Rida y Chris Brown, compositores de canciones que habían creado números uno para Katy Perry, Lady Gaga y Britney Spears.

—Nunca dejo de estudiar el juego —añadió Pitbull.

Después de años de reposicionar su sonido y su marca, lanzó el álbum *Planet Pit* que, además de granjearle su primer Grammy, se convirtió en número uno.

El videojuego continuó. El siguiente nivel: convertirse en algo más que un músico. Pitbull quería respaldar algo, quería utilizar su influencia para algo bueno, así que empezó a trabajar con una escuela subvencionada en Little Havana llamada SLAM, donde ayuda a los jóvenes del barrio en el que creció. En una parte de la ciudad en la que las esquinas están repletas de vallas metálicas y licorerías venidas a menos, el nuevo edificio de siete pisos de la escuela SLAM es un rayo de esperanza. Al mismo tiempo, Pitbull también se volvió más internacional en sus letras, y las utilizó para resaltar la influencia de los latinos en Estados Unidos.

Latin is the new majority, ya tú sabe [Los latinos son la nueva mayoría, ya lo sabes]

Next step: la Casablanca [Próximo paso: la Casa Blanca]

No hay carro, nos vamos en balsa

Esta canción, «Rain Over Me», en la que también cantaba Marc Anthony, fue número uno en seis países. Las letras políticas de Pitbull no acabaron ahí, porque en 2012 el presidente Obama le pidió participar en su campaña para la reelección. Dos años después, Pitbull actuó en la celebración del Cuatro de Julio de la Casa Blanca.

Cuando Pitbull fue de nuevo a rellenarse el vaso, un momento de silencio entró furtivamente en nuestra conversación. Sentí que no debía decir nada y disfrutar del momento.

—El mes pasado —dijo Pitbull, rompiendo el silencio—, iba de camino a una reunión con Carlos Slim Jr. en México y le dije: «No sé muy bien qué es lo que estáis haciendo vosotros en vuestro mundo, pero quiero aprender. Oye, quiero hacer prácticas con vosotros».

—¿De verdad?

—Al cien por cien, papo. Le dije: «Quiero estar por ahí para ver de qué habláis, cómo hacéis las cosas. No tengo ningún problema con ser el último eslabón durante un mes, yendo a buscar donuts, preparando café, no me importa».

Su mirada me dejó claro que no estaba bromeando. Una parte de mí no podía creerlo. Es uno de los músicos más famosos del mundo, que puede ser cabeza de cartel en el Madison Square Garden. Pero parecía decir realmente en serio lo de llevarle café a Carlos Slim Jr.

Continuamos hablando y Pitbull siguió expandiendo la cuestión de ir de prácticas por la vida. Me dijo que, aunque se mueve por los sellos discográficos como un rey, no le extrañaría que pronto paseara por los pasillos de Apple o Google para tomar notas. Esta dualidad es la que hace que Pitbull sea Pitbull. Y fue entonces cuando me di cuenta de su clave para seguir triunfando: consiste en estar siempre de prácticas.

Se trata de ser lo suficientemente humilde para aprender, incluso cuando estás en la cúspide de tu juego. Se trata de saber que cuando estás cómodo siendo un ejecutivo es cuando estás empezando a fracasar. Se trata de darte cuenta de que, si quieres seguir siendo Mufasa, al mismo tiempo debes seguir siendo Simba.

30

La colisión

Dos semanas después, en San Francisco

—Este es el señor H. Vamos juntos a todas partes.

Acababa de entrar en la habitación de hotel de Jane Goodall, y me estaba presentando a su monito de peluche.

Me indicó que la siguiera hasta el sofá y luego me pidió que sostuviera el peluche mientras ella iba a buscar una taza de té. Cuando me senté a su lado, la antropóloga de setenta y nueve años no pudo hacerme sentir más cómodo. Nada en este saludo inicial pronosticaba cómo saldría yo de la entrevista: angustiado, desorientado y en un conflicto profundo. Goodall me hizo verme de una forma diferente y, sinceramente, no me gustó lo que vi.

La conversación comenzó de manera sencilla, cuando me explicó que su padre le regaló un chimpancé de peluche a los dos años. El regalo era significativo, porque mientras caían bombas en Londres durante la Segunda Guerra Mundial, había días en que la familia de Goodall no tenía suficiente dinero para permitirse un helado de cucurucho. Goodall se llevaba el chimpancé de juguete allá donde iba y su obsesión por los animales no hizo más que crecer. Su mejor amigo era un perro, Rusty; sus libros favoritos, *Tarzán de los monos* y *La historia del Doctor Dolittle*; soñaba despierta con vivir entre primates y ser capaz de hablar con ellos. Al crecer, decidió cumplir su mayor sueño: estudiar a los chimpancés en la jungla africana.

Goodall no tenía suficiente dinero para la universidad, pero esto no la amilanó. Siguió leyendo libros sobre simios mientras trabajaba como secretaria y camarera, que eran de los pocos trabajos que podía tener una mujer en la Inglaterra de 1950. A los veintitrés había ahorrado suficiente dinero para comprarse un pasaje en barco a África. Al llegar a la costa de Kenia, Goodall acabó en una fiesta en la que le relató su obsesión a otro invitado, quien le recomendó que contactara con Louis Leakey.

Leaky era uno de los paleoantropólogos más importantes del mundo. Había nacido en Kenia, pero era de ascendencia inglesa, estaba doctorado por Cambridge y su trabajo se centraba en comprender cómo los humanos y los simios habían evolucionado. Goodall no podría haber tenido un mejor mentor, excepto por una cosa.

Mientras su esposa estaba embarazada, Leaky tuvo una aventura con una mujer de veintiún años que trabajaba como ilustradora de su libro. Se la llevó de viaje por África y Europa, y acabaron viviendo juntos. Su mujer le pidió el divorcio y Leaky se casó con la ilustradora y volvieron a vivir en Kenia. Entonces, Leaky tuvo otra aventura: esta vez, con su ayudante. La segunda mujer de Leaky se enteró y Leaky terminó con la aventura, y su ayudante se trasladó a Uganda. En aquel momento, había una vacante en el equipo de Leaky, y fue por entonces cuando recibió una llamada de Jane Goodall.

He aquí a dos personas: una mujer de veintitrés años con un sueño y un hombre de cincuenta y cuatro con la llave para ese sueño. Y estaban destinados a colisionar.

Goodall llegó al despacho de Leaky, que estaba en un museo de Nairobi. Pasearon por la exposición y charlaron sobre la vida salvaje africana. Leaky se quedó impresionado y, naturalmente, le dio el puesto de ayudante. Goodall se desarrolló con Leaky. Fue su mentor. Lo acompañó en expediciones en busca de fósiles. Luego, justo cuando Goodall creía que el sueño de estudiar chimpancés estaba al alcance de su mano, Leaky se le insinuó.

Por alguna razón, dejé de pensar en Goodall y empecé a imaginarme a mis hermanas en esta situación. Talia tenía dieciocho años. Briana, veinticuatro. Pensar que cualquiera de ellas pudiera trabajar para cumplir su mayor sueño, viajar a otro continente para lograrlo y, luego, justo antes de hacerlo realidad, el mentor que tiene la llave insinúa «si te acuestas conmigo, te lo daré», me hizo sentir una repugnancia que nunca antes había sentido.

Aunque a Goodall le aterrorizaba la idea de dejar escapar su sueño, me dijo que siguió rechazando sus proposiciones.

—Tengo dos hermanas —le dije a Goodall, cambiando de posición en el sofá—. Cuando Leaky se te echaba encima, ¿cómo lo rechazabas?

Me preparé para una explosión de emoción. Pero Goodall respondió con tranquilidad:

—Esperé que respetara lo que le decía. Y lo hizo.

Después se recostó, como si dijera «fin de la historia».

Creía que iba a ver dinamita, y no vi ni una chispa.

—¿Cómo te sentiste —pregunté— en aquel preciso momento?

—Pues bien, estaba muy preocupada —dijo Goodall—, porque pensaba que si rechazaba sus insinuaciones quizá también perdería la posibilidad de estudiar a los chimpancés. Nunca me lo dijo de forma explícita, era su forma de ser, ¿sabes? Pero, por supuesto, lo rechacé de todas formas. Y me respetó porque era una persona decente. No era un depredador. Sucumbió a mis encantos —añadió—. Tampoco es que fuera el único. Así que, de alguna forma, estoy acostumbrada.

A una parte de mí le pareció que Goodall estaba defendiendo a Leaky. Desde mi punto de vista, él era su mentor y debería haberla protegido. Lo que hizo era una injusticia. Pero Goodall parecía encogerse de hombros y decir: «Oye, así es como funciona el mundo».

Goodall me contó que Leaky no solo respetó su decisión de no tener una aventura, sino que también le consiguió financiación para estudiar a los chimpancés. Se pasó tres meses viviendo en la selva con chimpancés salvajes, ocultándose de cuclillas en los arbustos y observando que utilizaban herramientas igual que los humanos. Antes de la investigación de Goodall, se definía a los humanos como la única especie que usaba herramientas, así que los hallazgos de Goodall sacudieron a la comunidad científica y redefinieron para siempre la relación entre humanos y simios. Desde entonces, Goodall ha seguido con sus investigaciones, ha publicado treinta y tres libros, y ha recibido cincuenta *honoris causa*, la Orden del Imperio Británico y el título de Mensajera de la Paz de las Naciones Unidas.

Comenzamos a hablar de otras cuestiones. Pero, por mucho que tratara de estar presente, no podía dejar de pensar en la historia de Louis Leaky. Acabé frustrándome. Goodall me había dicho que no había para tanto. Si no le preocupaba a ella, ¿por qué me preocupaba a mí?

Acabamos la entrevista y nos despedimos. Me subí a un taxi y fui al aeropuerto. Con la cabeza apoyada en la ventana, no pude dejar de pensar en cómo se habrían sentido mis hermanas en la posición que Leaky había puesto a Goodall.

Y luego se me ocurrió un pensamiento inesperado… «Esta es la primera vez que hago una entrevista y que quiero compartir lo que ha ocurrido con mis hermanas.» Normalmente llamaba a mis amigos o mentores que, de repente, me di cuenta de que todos eran… hombres.

Empecé a recordar todas las entrevistas que había hecho hasta aquel momento: Tim Ferriss, Qi Lu, Sugar Ray Leonard, Dean Kamen, Larry King, Bill Gates, Steve Wonziak, Pitbull… y, como si estuviera percatándome por primera vez, una idea se hizo sorprendente y vergonzosamente clara: hombres, hombres, hombres, hombres, hombres, hombres, hombres, hombres.

«¿Cómo no me había dado cuenta antes?»

Cuando empecé la lista, estaba con mis amigos hombres soñando con las personas de las que queríamos aprender. Cuando pensaba en preguntas antes de una entrevista, estábamos yo y mis amigos hombres pensando en qué queríamos aprender. No se me había pasado por la cabeza pensar de quién querían aprender mis hermanas o mis amigas. Estaba tan metido en mi propia burbuja que no vi nada fuera de mi versión de la realidad; solo tenía en cuenta un lado. Y el hecho de que no supiera que había sido tendencioso no me libró de la culpa. Era el ejemplo perfecto de un tipo que afirmaba preocuparse por el trato igualitario, pero en ningún momento me había observado a mí mismo ni me había preguntado si hacía lo que predicaba.

Me imaginé cuántos hombres como yo habría ahí fuera. Igual que yo estuve con mis amigos pensando a quién incluiríamos en nuestra lista, debe de haber ejecutivos en salas de juntas con sus amigos hombres pensando a quién van a contratar y a quién van a ascender. Como mis amigos y yo, probablemente esos ejecutivos no saben que, por instinto, dan preferencia a personas que se les parecen. Los prejuicios que no sabemos que tenemos son los más peligrosos.

El taxi se detuvo en la acera del aeropuerto y me colgué la bolsa de viaje sobre el hombro, pero me pareció más pesada que antes. Me arrastré por la terminal. Debido a la niebla, la vista sobre San Francisco se oscureció en los cristales. De camino a la puerta de embarque, no dejé de preguntarme: «¿Cómo he podido estar tan ciego frente a algo tan claro? ¿Cómo no me he dado cuenta de que yo era parte del problema?».

No sabía las respuestas, pero sabía qué era lo primero que tenía que hacer.

Me fui directo a ver a mis hermanas.

31

Convertir en luz la oscuridad

Llegué a casa lleno de preguntas. Pero cuando me senté con mis hermanas en el salón, me di cuenta de que ni siquiera entendía lo que no entendía.

—¿Acabas de hacer una entrevista a una de las mujeres más exitosas del mundo y todo lo que puedes decir es que su mentor se le insinuó?

Era Briana. Tiene tres años más que yo, estaba en tercero de Derecho y, desde que la conozco, ha luchado por lo que cree.

—Incluso durante la entrevista —continuó—, cuando se lo has preguntado otra vez, te ha dicho que no era para tanto. Su respuesta a las insinuaciones de Leaky fue todo lo que espero hacer si me ocurre a mí.

Se levantó del sofá.

—Creo que sé por qué te ha afectado tanto. Es porque consideras una insinuación sexual como una falta de respeto. A veces lo es, pero no siempre. Durante toda mi vida, tú y papá habéis pensado igual. Papá me dejó claro que, si un tío mostraba interés por mí o por Talia, era un acto de agresión. Por esto te ha molestado tanto.

»Y me sorprende que te haya llevado tanto tiempo comprender que las mujeres se ven en esta tesitura todo el tiempo. Has vivido con mujeres toda tu vida. Has crecido con dos hermanas, una madre y unas primas de nueve años que fueron tus mejores amigas. Incluso puedo recordar que en el instituto leías *Yo sé por qué canta el pájaro enjaulado*. Si alguien tendría que haberse dado cuenta de esto antes, ese eras tú.

Bajé los ojos y me miré los pies. Al mirar a mi hermana pequeña, Talia, la vi asimilándolo todo, allí sentada. Sabía que pronto me iba a decir lo que pensaba.

—No quiero hacerte sentir mal —añadió Briana—. Solo quiero que te des cuenta. Si ni siquiera tú has comprendido los problemas a los que se enfrentan las mujeres, y has crecido rodeado de ellas, imagínate cómo es para los hombres que no han sido educados en estas condiciones.

El silencio se instaló en el salón, y luego Talia cogió el móvil. Pulsó un meme de Facebook y me colocó la pantalla en la cara.

"¿Qué pasa? ¡Es la misma distancia!"

Mientras miraba la imagen, Talia dijo:

—Seguro que te estás fijando en la parte equivocada. No solo son los obstáculos adicionales que tienen las mujeres lo que me preocupa… es la frase de abajo. Es el hecho de que la mayoría de los hombres ni siquiera se da cuenta de nuestra realidad. Hay problemas a los que nos enfrentamos que los hombres nunca comprenderán… porque nunca intentan comprenderlos.

Es difícil saber exactamente por qué no había asimilado las memorias de Maya Angelou como Briana había supuesto. Cuando leí *Yo sé por qué canta el pájaro enjaulado* de adolescente, me abrumó tanto la experiencia afroamericana que no pude fijarme en nada más. Maya Angelou había nacido en una época en la que podías ver a un hombre negro colgado de un árbol, o mirar por la ventana y ver a encapuchados del Ku Klux Klan prendiendo fuego a una cruz. Cuando Maya Angelou tenía tres años, la subieron a un vagón de tren junto a su hermano de cinco años, de camino al sur, portando únicamente una etiqueta con el nombre atada a los pies. Angelou y su hermano fueron recibidos por su abuela y vivieron en su casa de Stamps, Arkansas, una ciudad claramente dividida entre negros y blancos.

Solo entonces, cuando abrí de nuevo las memorias de Maya Angelou, intenté leerlas desde la perspectiva de su género. Una tarde, cuando tenía ocho años, Angelou iba de camino a la biblioteca cuando un hombre la cogió del brazo, le bajó los bombachos y la violó. Después, amenazó con matarla si se lo decía a alguien. Cuando acabó confesando, arrestaron al hombre. La noche después del juicio, lo encontraron muerto: le habían dado una paliza hasta acabar con su vida detrás del matadero. Fuera de sí y traumatizada, Angelou vivió la experiencia como si sus palabras hubieran matado a aquel hombre. Durante los siguientes cinco años, Angelou dejó de hablar.

A medida que pasó el tiempo, se topó con nuevos obstáculos. Se quedó embarazada a los dieciséis, trabajó como prostituta y como madame, y fue víctima de violencia doméstica. En una ocasión, un novio la llevó a un lugar romántico, le dio una paliza, la dejó inconsciente y la tuvo secuestrada durante tres días. Pero no fueron estas experiencias las que la definieron. Lo que define a Maya Angelou es cómo convirtió la oscuridad en luz.

Canalizó sus experiencias en obras de arte que tuvieron una gran repercusión en la cultura estadounidense. Se convirtió en cantante, bailarina, escritora, poeta, profesora, directora de cine y activista por los derechos civiles, y trabajó con Martin Luther King Jr. y Malcolm X. Escribió más de veinte libros, y *Yo sé por qué canta el pájaro enjaulado* habló tan directamente al alma de los lectores que Oprah Winfrey llegó a decir: «Conocer a Maya en aquellas páginas fue como conocerme a mí misma profundamente. Por primera vez, como joven negra, mi experiencia era válida». Angelou ganó dos Grammy y fue la segunda poeta de la historia estadounidense, precedida únicamente por Robert Frost, que recitó un poema en una inauguración presidencial.

Y ahora estaba a punto de coger el teléfono y llamarla. Un amigo me había ayudado a conseguir la entrevista. Angelou tenía ochenta y cinco años, y acababa de salir del hospital, así que el encuentro no podía durar más de quince minutos. Mi objetivo era sencillo: no solo preguntar lo que me habían pedido mis hermanas, sino también escuchar y, con suerte, comprender.

Mis hermanas resumieron sus preguntas en cuatro obstáculos. El primero era cómo gestionar la oscuridad. Hay una expresión que acuñó Maya Angelou: «el arcoíris entre las nubes». La idea es que, cuando todo en la vida es oscuro y está nublado, y no hay esperanza a la vista, la sensación más maravillosa es encontrar un arcoíris entre las nubes. Así que le pregunté a Angelou:

—Cuando alguien es joven y está empezando su viaje, y necesita encontrar ese arcoíris que le dé ánimos para seguir, ¿qué consejo le darías?

—Miro atrás —dijo Angelou con una voz suave y sabia—. Miro atrás, a personas de mi familia, o personas que he conocido, o personas sobre las que he leído. Quizá me fije en un personaje ficticio, alguien de *Historia de dos ciudades*. Y quizá recuerde a un poeta que ha muerto hace mucho. Podría tratarse de un político o de un atleta. Miro a mi alrededor y me doy cuenta de que fueron seres humanos (quizá eran africanos, tal vez franceses, o chinos, o eran judíos o musulmanes), los miro y pienso: «Soy un ser humano. Ella era un ser humano. Superó todo esto. Y sigue luchando. Increíble».

»Aprende todo lo que puedas de los que te han precedido —añadió—. Son los arcoíris de las nubes. Aunque no sepan tu nombre, aunque nunca hayan visto tu cara, todo lo que han hecho, lo han hecho por ti.

Le pregunté qué se debería hacer cuando buscamos el arcoíris y solo vemos nubes.

—Lo que sé —respondió— es lo siguiente: las cosas irán a mejor. Si estás en una mala situación, tal vez empeore, pero al final mejorará. Y tienes que saberlo. Ahora suena una canción country, que ojalá hubiera escrito yo, que dice: «*Every storm runs out of rain*» [Todas las tormentas acaban quedándose sin agua]. Si fuera tú, enmarcaría esta frase. Escríbela en el cuaderno. No importa lo desfavorable o apagada que sea la vida ahora: cambiará. Será mejor. Pero tienes que seguir esforzándote.

Angelou escribió una vez: «Nada me aterroriza más que escribir, pero nada me satisface tanto». Cuando compartí esta cita con mis hermanas, me dijeron que las inspiraba. En muchos aspectos, se puede aplicar a cualquier cosa que hagamos. La pasión de Briana por la ley de educación especial se había convertido en su sueño, pero aquel sueño se estaba convirtiendo en la fría realidad de aplicarla en las empresas y de preguntarse si ella era lo suficientemente buena. Le recordé esta frase a Angelou y le pregunté cómo lidiaba con este miedo.

—Rezando mucho y temblando mucho —respondió riendo—. Tengo que recordarme que lo que hago no es algo fácil. Y creo que le ocurre lo mismo a cualquier persona que empieza a hacer lo que quiere hacer, lo que siente que debe hacer. No como una carrera profesional, sino como una vocación.

»Un cocinero, o una cocinera, cuando va a la cocina, tiene que recordarse que todas las personas (al menos aquellas que pueden) comen. De modo que preparar comida no es una actividad exótica: todo el mundo come. No obstante, para prepararla bien (cuando todos comemos algo de sal, algo de azúcar, algo de carne, si podemos o queremos, algo de verduras), el cocinero o cocinera debe hacerlo como nadie lo ha hecho antes. Y lo mismo ocurre con la escritura.

»Te das cuenta de que todas las personas que hablan emplean palabras. Así que debes tomar algunos verbos, algunos adverbios, algunos adjetivos, nombres y pronombres, y juntarlos para que tengan un efecto. No es algo sencillo. Así que es algo elogioso tener el valor de intentarlo. ¿Comprendes?

El tercer obstáculo tenía que ver con las críticas. En su autobiografía, Angelou escribió sobre unirse a un colectivo de escritores. Leyó en voz alta un texto que había escrito y el grupo lo destrozó.

—Escribiste que, si querías escribir —dije—, tenías que desarrollar un nivel de concentración como el de una persona que espera su ejecución.

—¡En los próximos cinco minutos! —exclamó Angelou riendo otra vez—. Es verdad.

—¿Qué consejo le darías a una persona joven que debe enfrentarse a las críticas y trata de desarrollar el mismo nivel de concentración?

—Recuerda esto —dijo—, me gustaría que lo anotaras. Nathaniel Hawthorne dijo: «La lectura fácil es tremendamente difícil de escribir». Y es probable, lo contrario también e que verdad, es decir, que la escritura fácil es tremendamente difícil de leer. Aborda la escritura, aborda lo que sea que tengas entre manos, con admiración por ti mismo y por aquellos que te han precedido. Conoce tu oficio tanto como sea posible.

»Lo que yo hago, y lo que animo a que hagan otros escritores jóvenes, es meterme en una habitación a solas, cerrar la puerta y leer algo que ya haya escrito. Léelo en voz alta, para poder escuchar la melodía del lenguaje. Escucha el ritmo del lenguaje. Escúchalo. Muy pronto dirás: «Mmm… ¡no está mal! Parece bueno». Hazlo para poder admirarte por intentarlo. Felicítate por emprender una tarea tan difícil, pero tan deliciosa.

El cuarto obstáculo era una cuestión que le preocupaba a Briana. Al buscar trabajo, todas las ofertas decían: «Se necesita experiencia previa». Pero ¿cómo podía adquirir experiencia si todos los trabajos requerían experiencia previa? En su autobiografía, Angelou describía una experiencia similar.

—Leí sobre la época en que fuiste contratada como editora asociada en el *Arab Observer* —dije—. Lograste el puesto porque exageraste tus capacidades y experiencia previa. Cuando te contrataron, entonces debiste aprender a nadar. ¿Cómo fue?

—Fue duro —respondió—, pero sabía que podía hacerlo. Es lo que tienes que hacer. Tienes que saber que posees ciertas capacidades naturales y que puedes aprender otras, así que puedes intentarlo. Puedes intentar tener un trabajo mejor. Puedes intentar ascender. Y, si pareces seguro de ti mismo, esta seguridad hace que los demás también se sientan seguros. «¡Oh, ahí viene, ella sabe lo que hace!» Bueno, la cuestión es que vas a la biblioteca cada noche y estudias y proyectas mientras los demás se van a su casa.

»No creo que nazcamos con el arte —añadió—. Ya sabes, si tienes un buen ojo, puedes ver la profundidad, la precisión, el color y todo eso; si tienes un buen oído, puedes oír ciertas notas y armonías. Pero casi todo se aprende. Si tienes un cerebro normal, y quizá incluso un poco anormal, puedes aprender. Confía en ti mismo.

Me quedaba un minuto. Le pedí algún consejo para los jóvenes que están comenzando sus carreras.

—Trata de pensar diferente —dijo—. Trata de comprender que el taoísmo, la religión china, ha funcionado muy bien para los chinos, así que tal vez también te sirva a ti. Busca toda la sabiduría que puedas. Busca a Confucio, busca a Aristóteles, busca a Martin Luther King, lee a César Chávez, lee. Lee y di: «Oh, son seres humanos como yo. De acuerdo, quizá todo esto no me sirva, pero creo que puedo aprovechar esta parte». ¿Entiendes?

»No pongas límites a tu vida. ¡Yo tengo ochenta y cinco años, y acabo de empezar! La vida va a ser corta, por muy larga que sea. No tienes mucho tiempo. Ponte manos a la obra.

Con el tiempo, agradecí mucho más haber tenido esta conversación porque, si hubiera esperado un poco más, no habría ocurrido nunca. Casi un año después de esta llamada, Maya Angelou falleció.

32

Sentarse con la muerte

Habían pasado meses desde mi conversación con Maya Angelou, y el consuelo que me había dado había desaparecido. Estaba sintiendo un nivel de tristeza que no conocía. A mi padre acababan de diagnosticarle cáncer de páncreas.

Solo tenía cincuenta y nueve años. Y yo veía cómo se estaba debilitando. Observar cómo se caía su mata de pelo, cómo perdía cuarenta kilos y oírlo llorar por las noches me produjo un dolor que nunca seré capaz de expresar. Sentía una desesperación y una indefensión tan hondas... Era como estar en un bote en medio del océano y ver que mi padre se ahogaba, que tragaba agua y que, por mucho que tratara de cogerlo, no lograba alcanzarlo.

Pero, por muy abrumadores que fueran estos pensamientos, no era el momento para hundirme en la tristeza. Estaba en el vestíbulo de la sede de The Honest Company, y en pocos minutos iba a entrevistar a Jessica Alba, lo cual significaba que, durante la siguiente hora, debería recomponerme, concentrarme en la misión y dejar de pensar en la muerte.

Me acompañaron por el pasillo. La brillante luz del sol llenaba la sala. En una de las paredes había cientos de mariposas de bronce. En la otra, docenas de tazas de cerámica blanca formaban la palabra «Sinceridad». Todo en la empresa denotaba positivismo y alegría, y quería que la entrevista concordara con ello.

Al doblar una esquina y acercarme al despacho de Jessica Alba, reflexioné sobre todo lo que ella había conseguido. Es la única persona de la historia de Hollywood que simultáneamente ha logrado ser una actriz reconocida y la fundadora de una *start-up* de mil millones de dólares. The Honest Company ha obtenido unos ingresos brutos de trescientos millones de dólares desde su creación y sus películas han recaudado unos mil novecientos millones de dólares en todo el mundo. También es la única persona del mundo que ha sido portada de las revistas *Forbes* y *Shape* el mismo mes. No escaló una montaña y luego la otra. Escaló dos montañas a la vez. Y yo estaba ahí para averiguar cómo lo había hecho.

La saludé y nos sentamos en un sofá con forma de L, en su despacho. Durante la investigación, me había dado cuenta de que, siempre que Alba hablaba de su madre, tenía cosas maravillosas que decir. Y, unas semanas antes, desayunando con Larry King, Cal me había dado una de sus preguntas favoritas: «¿Qué es lo mejor que te ha enseñado tu padre?». Pensé que, si aunaba estos dos elementos, llegaríamos inmediatamente a un lugar positivo y profundo.

Le pregunté a Alba qué era lo mejor que había aprendido de su madre. Se tomó un momento para pensar, pasó los dedos por los flecos de sus tejanos desgastados. Me recosté en el sofá, sintiendo que había dado en el clavo.

—Aprendí —dijo Alba— a aprovechar a fondo todos los momentos. Debes saber que la madre de mi madre se murió cuando solo tenía veintipocos años…

«No pienses en ello. No pienses en ello.»

—De adolescente, cuando no me portaba bien —continuó Alba—, mi madre decía: «Deberías ser más buena conmigo, porque no voy a estar siempre por aquí».

Se quedó en silencio, como si estuviera buscando algo en su interior.

—Nunca pensamos en que la vida se va a acabar —dijo—, hasta que se acaba.

No podía soportarlo más. Tenía que redirigir la conversación.

Había visto vídeos en YouTube en los que Alba estaba radiante mientras contaba la historia de cómo había empezado su empresa. Fue así: ella tenía veintiséis años, estaba embarazada de su primer hijo y, después de la fiesta de celebración por estar encinta, lavó un mono en la lavadora y se quedó de piedra al ver los alérgenos que contenía el detergente «especial para niños». Esto le inspiró para crear una empresa que produjera productos seguros y libres de toxinas. En todos los vídeos, los ojos de Alba se iluminaban cuando hablaba de crear vidas más felices y saludables, lo cual era una cuestión perfecta.

—¿Cómo comenzaste The Honest Company? —pregunté.

—Estaba pensando en la mortalidad —contestó—, mi propia mortalidad.

—¿A los veintiséis?

—Cuando traes vida al mundo —dijo, inclinándose hacia delante—, te das cuenta de cuán cercanas están la vida y la muerte. Comprendes: «Esta persona no estaba aquí, y ahora lo está. Y, de la misma forma, puede morirse». Y no solo los bebés deberían poder acceder a productos saludables: todo el mundo debería. Yo misma. No quiero morir prematuramente. No quiero tener Alzheimer. Me da pavor. El padre de mi madre lo tuvo. Y luego mi madre tuvo cáncer. Mi tía tuvo cáncer. Mi abuela tuvo cáncer. Mi tía abuela tuvo cáncer. El hijo de mi primo tuvo cáncer. Así que… no quiero morir.

No podía articular palabra. Pero no importaba porque Alba siguió hablando de la muerte y el cáncer, de la muerte y el cáncer, de la muerte y el cáncer… hasta que me entraron náuseas.

—A mi padre le acaban de diagnosticar cáncer de páncreas —balbuceé.

Por primera vez decía estas palabras, y no pudieron salir de mi boca sin que me brotaran las lágrimas. A medida que pasaban las semanas, podía articular las palabras, pero no me lo creía. Ahora me sentía bloqueado. En todas esas fases, siempre tuve las mismas reacciones. La mayoría de las personas me abrazaban y me decían que todo saldría bien; otras me decían amablemente, en voz baja «lo siento», lo cual no me había predispuesto para la reacción de Alba. Golpeó el sofá con la mano y dijo:

—Oh, mierda. Joder.

Sus palabras fueron como un cubo de agua fría. Y lo más extraño fue que me sacó un peso de encima que ni siquiera había notado que estuviera ahí.

A partir de ahí, ya no pareció una entrevista.

Pasamos la siguiente media hora hablando del cáncer en nuestras familias. Me contó cómo lo había pasado yendo a toda prisa a emergencias con su madre, cuando vomitaba durante tres días seguidos y los médicos le iban cortando el intestino. Alba hizo seguir a sus padres unas dietas especiales, los alejó de los fármacos nocivos, los puso en contacto con un nutricionista y ambos perdieron veinticinco kilos. Le dije que había puesto en contacto a mi padre con una nutricionista especializada en pacientes con cáncer, pero mi padre no quería seguir sus consejos, ni siquiera quiso verla por segunda vez.

—Es la mayor locura que he visto —dije.

—A mis padres —contestó Alba— tuve que decirles: «Mirad, si queréis estar vivos para ver a vuestros nietos sacarse el bachillerato o casarse, tenéis que pensarlo. Ya no podéis seguir así. Tenéis que hacer lo que sea necesario». Y lo hicieron.

De alguna forma, sus palabras me hicieron sentir menos solo.

—Es horrible estar enfermo —añadió suspirando—. Y, luego, cuando oigo que hay más mujeres que tienen endometriosis e histerectomías, cánceres hormonales, cáncer de mama, cáncer de cérvix y todo eso… Es lo mismo de siempre, ¿sabes? Y pienso: «¿Qué diablos está ocurriendo?». Obviamente, la causa es una combinación de cosas, pero al final me pregunté: «¿Qué está bajo mi control?». Y lo que está bajo mi control es lo que hay en mi casa y alrededores.

—La primera vez que compré algo de vuestra página web —dije— fue después del diagnóstico de mi padre. Sé que sonará raro, pero el cáncer provoca que sus deposiciones huelan realmente mal, y no quería comprarle un ambientador normal porque no sé qué elementos químicos lo componen. Y vosotros sois de los pocos que tienen un ambientador no tóxico, el que tiene aceites esenciales. Le dije a mi padre: «Este es tu mejor amigo. Utilízalo cada día». Y ayudó.

Los ojos de Alba brillaron como si le hubiera dado un regalo.

—Tú y yo sabemos que lo que metemos en nuestros cuerpos, lo que inhalamos, lo que compone nuestro entorno… afecta a nuestra salud —dijo—. La generación de nuestros padres piensa: «Si lo puedo comprar en una tienda, está bien. Si me lo venden, es que no hay problema». Y nosotros pensamos: «No, esta mierda no está bien». Es muy difícil porque a nuestros padres les da terror probar algo nuevo.

—Es la historia de mi vida —dije.

—Hace poco, mi abuela descubrió que tenía diabetes —continuó Alba—. Estoy segura de que tiene la enfermedad desde hace tiempo, pero nunca iba al médico. Ha tenido apoplejías, y podían tratarse de apoplejías relacionadas con la diabetes, pero ella no quería reconocerlo. Entonces, anoche, a la hora de la cena, mi abuelo le dio su pastel y su helado. Y yo pensaba: «¡Literalmente podría darle una convulsión y quedarse en coma! ¿Qué estáis haciendo?». No quieren aceptar la realidad.

—Estoy cagado de miedo —dije—. No tengo ni idea de cómo te enfrentas a ello con tantos familiares. Con uno solo ya siento que me ahogo.

—Creo que es diferente cuando se trata de tu padre —contestó.

—Parece que, a medida que mejora la tecnología y podemos salvar más vidas —dije—, lo que nos puede matar es cada vez más extremo: las toxinas, la contaminación…

—Creo que se debe a que hemos dado en el clavo —dijo Alba—, porque ahora la gente lo comprende.

—Lo increíble es que, aunque sé que hablas de lo mucho que tu empresa ayuda a los bebés, también estás haciendo esto por mi padre. Lo estás haciendo, literalmente, por lo que ahora mismo más me duele.

Abrió los ojos y entonces tuve una epifanía.

—¡Es increíble! —exclamé, levantándome del sofá—. Todo esto —y señalé a la puerta de cristal, donde se veía trabajar a algunos de sus quinientos empleados—, todo esto es porque has cogido a la muerte por los cuernos, te has sentado a la mesa y te has preguntado: «¿Qué voy a hacer con mi vida?».

Ahora era ella a quien parecía que le habían echado un cubo de agua fría.

—¡Es verdad!

—Podrías haber continuado con tu exitosa carrera y contentarte con ella, pero…

—¡Exactamente! —dijo.

—Es alucinante... Uau... si... —Sentía tanta energía que apenas podía articular una frase—. Si hubiéramos tenido esta conversación dos meses antes, no estaríamos hablando de nada de todo esto. Nunca antes había tenido que pensar en la muerte. Pero ahora veo tu empresa desde una perspectiva totalmente distinta.

Muchos famosos crean empresas que son el reflejo de su vida en la cresta de la ola. Lanzan fragancias o líneas de ropa, pero Alba creó un negocio que refleja su punto más bajo. Decidió apelar a su humanidad. Creó algo que tiene un efecto en todos. Esta fue la clave para que pudiera ascender a la segunda cumbre: bajar, en primer lugar, al valle más profundo.

—Enfrentarte a la muerte —dijo Alba— hace que te des cuenta de lo frágil que es la vida. Todo —chasqueó los dedos— puede desaparecer en un momento. Te obliga a pensar en tus decisiones de forma diferente. ¿Qué es lo realmente importante? ¿A qué vas a dedicar tu vida? ¿Qué vas a hacer cuando te encares con tu mayor miedo?

Apenas me di cuenta de que nuestra hora había pasado, pero no me importó porque seguimos hablando. Saqué el móvil y le enseñé el meme de Talia, el del hombre haciendo una carrera a una mujer que tenía muchos más obstáculos por delante.

—Quiero que me digas qué piensas de esto —dije.

Alba cogió el móvil y observó la imagen. Luego, se rio. Ya se la había mostrado a una docena de personas y nadie había reaccionado así. Quizá solo lo sentí en mi cabeza, pero me pareció que la risa de Alba tenía un punto de tristeza.

—Es divertida... porque es una verdad como un templo —dijo—. Si todos pudiéramos elegir ser un hombre blanco en Estados Unidos, nacido en una familia que se preocupa por su educación, probablemente todos lo haríamos porque es verdaderamente mucho más fácil.

Alba siguió mirando el meme.

—Creo que puedes eliminar algunas de las trabas del camino si te rodeas de las personas adecuadas —añadió—. Si quieres vivir como un lobo solitario, si estás enfadado y continuamente luchas contra el sistema, nadie querrá estar a tu lado porque siempre vas a estar indignado, peleando una gran batalla. Pero si puedes correr la carrera con gracia, dignidad e integridad, es mucho más fácil llegar a la línea de meta.

»Nadie puede decidir quién es cuando nace —continuó—. Nacemos en la familia que nacemos y en las circunstancias que tenemos. Así que debemos aprovechar lo que tenemos y no compararnos con los demás. Debemos mirar nuestro camino y saber que sea lo que sea lo que tengamos, y a dónde vayamos, es algo único. No estamos destinados a ser ninguna otra cosa.

»Y es muy fácil distraerse —agregó—. El hombre del carril de la izquierda seguirá tratando de llegar a la línea de meta. A él no le importa. Es posible que te mire al principio, pero luego empezará a correr. Si lo miramos de reojo continuamente, nunca acabaremos la carrera. Y, ¿sabes qué? Los obstáculos a los que nos enfrentamos las mujeres nos hacen mejores en los negocios. Porque, al final, sabemos cómo enfrentarnos a algunas mierdas. El hombre del dibujo no estará preparado porque en realidad solo se aprende de aquello que vives.

Volvió a mirar el meme y me devolvió el móvil.

—¿Qué fue lo que te impulsó a trabajar en este proyecto? —preguntó.

Le expliqué que todo empezó mirando el techo y cómo se desarrolló el viaje. Luego me preguntó si había encontrado un patrón en las entrevistas.

—Me encantaría que me dieras tu opinión sobre eso —dije—. Mi teoría es que todas estas personas se enfrentan a la vida y a los negocios como… a una discoteca.

Soltó una risita. Siguió asintiendo mientras le contaba la analogía de la Tercera Puerta.

—Me gusta —dijo—. Es verdad. Los cofundadores de mi empresa y yo siempre decimos que es difícil encontrar candidatos para trabajar que sean inteligentes y estén concentrados, pero también que sean soñadores. El sueño es parte del espíritu emprendedor. Si esta puerta está cerrada, y esa también, y aquella otra también…

¿cómo diablos vas a entrar? Tienes que averiguarlo. Debes utilizar el sentido común, forjar relaciones. No me importa cómo entres, pero tienes que entrar de alguna forma.

—De modo que, literalmente, ¿contratas a los trabajadores basándote en la Tercera Puerta? —pregunté riendo.

—¡Sí! No me importa dónde te graduaste. No me importa tu experiencia previa. Me importa que sepas resolver problemas. Me importa cómo afrontas los retos. ¿Cómo creas nuevas formas de hacer las cosas? Se trata de tener esa inquietud, esa fuerza. Es lo más importante que tienen las mejores personas que trabajan conmigo. Todo consiste en la Tercera Puerta.

33

El impostor

El fundador de TED me había dicho: «Dos mantras dirigen mi vida. Uno: quien no llora, no mama. Y dos: la mayoría de las cosas no funcionan».

Y ahora acababa de formular mi pregunta más descabellada y me estaba yendo mejor de lo que jamás habría imaginado. Le había pedido a Qi Lu si podía presentarme a Mark Zuckerberg por correo y de inmediato respondió que estaría encantado. Recorrí el almacén con la mirada, sin creérmelo. Hacía solo tres años, había tenido que esconderme en un cuarto de baño para hablar con Tim Ferriss. Ahora, un simple correo me conectaba con Mark Zuckerberg.

Como me aconsejó Qi, escribí un párrafo explicándole a Zuckerberg cuál era mi misión y que asistiría a la Startup School, un congreso en el que él tenía programado dar una conferencia la siguiente semana. Le pedí si podíamos vernos allí. Después, Qi le envió mi mensaje por Facebook y, dieciséis horas después, recibí esto:

Para: Alex Banyan (cc: Stefan Weitz)
De: Qi Lu
Asunto: (sin asunto)

Esto es lo que me ha respondido Mark:

Claro, por favor, pásale mi dirección de correo e intentaré
reservar unos minutos para hablar con él antes de irme.

No puedo asegurar que tenga tiempo, pero, si tengo unos minutos, hablaré con él.

Su dirección de correo es *******

Saludos,

Qi

Sabía exactamente a quién quería llamar de inmediato.

—Hostia… puta —dijo Elliott.

Hablaba con un nivel de entusiasmo que sonaba como un coro de trompetas tocando la canción más victoriosa que jamás había escuchado. Me aconsejó escribir un correo que no requiriera mucho por parte de Zuckerberg, para que le fuera fácil responder «Suena bien». Elliott me ayudó a escribirlo y lo mandé.

Para: Mark Zuckerberg (cc: Qi Lu)
De: Alex Banayan
Asunto: Nos vemos el sábado

Hola, Mark,

Qi Lu me transmitió tu respuesta y me dio tu dirección de correo. Qi ha sido como un ángel de la guarda durante estos últimos años y le estoy muy agradecido. Y también me ha contado algunas cosas increíbles de ti.
Puedo pasarme unos minutos por los camerinos después de tu conferencia en la Startup School. Si al final no tienes tiempo para hablar, lo comprendo perfectamente. Te parece bien?
Sea como sea, te admiro mucho y agradezco que seas una inspiración tan grande.

Caminé de un lado a otro del almacén y miré el correo cada hora. Pero no hubo respuesta. Dos días antes del congreso, escribí de nuevo a Qi para preguntarle si le parecía bien enviar un correo de seguimiento. Qi me preguntó de qué le estaba hablando. «Mark respondió casi de inmediato.»

«Es imposible. Espera… Y si…»

Abrí la carpeta de spam.

Viagra

Viagra

Viagra

Mark Zuckerberg

Viagra

Viagra

Viagra

Ni siquiera Gmail se creía que Mark Zuckerberg me había escrito un correo.

Para: Alex Banayan (cc: Qi Lu)
De: Mark Zuckerberg
Asunto: RE: Nos vemos el sábado

Encantado de conocerte. Qi es una gran persona y me alegro de que hayas conectado con él.
Intentaré reservar unos minutos después de la conferencia del sábado en la Startup School. No tengo mucho tiempo, pero estaré encantado de hablar un poco contigo.

Envié los correos de Zuckerberg y de Qi a la organizadora de la Startup School, le expliqué la situación y le pregunté cómo debería acceder a los camerinos. Luego llamé a Elliott y le conté las buenas noticias.

—No le envíes otro correo a Zuckerberg —dijo.

—Pero ¿no debería confirmar?

—No. Nunca te hagas pesado. Ya ha dicho que sí. A partir de ahora, todo lo que tienes que hacer es aparecer.

Aunque no lo tenía del todo claro, había ignorado los consejos de Elliott muchas veces en el pasado para darme cuenta después de que tenía razón. No iba a cometer el mismo error.

—Pues bien, señor Pez Gordo, felicidades —dijo Elliott—. Tienes una reunión con el Zuck. Bienvenido a la primera división.

Un día después, en Palo Alto, California

El restaurante estaba a rebosar y nuestra mesa repleta de pitas, hummus y kebabs de pollo. Era la noche anterior al congreso Startup School y estaba cenando con Brandon y Corwin, quienes me iban a acompañar al día siguiente. Cuando el camarero dejó la cuenta en la mesa, abrí el correo y vi la respuesta de la organizadora:

> Hola Alex,
>
> No puedo garantizar tu petición para mañana. Necesito que las peticiones provengan del equipo de Mark.

Contesté diciendo que no conocía a nadie del equipo de Mark y que había contactado con él gracias a Qi Lu. La organizadora no respondió. Cada hora que pasaba me ponía más nervioso. Escribí otra vez, pero no hubo respuesta.

Más tarde aquella misma noche, escribí a un amigo de Summit que conocía al equipo que organizaba el congreso. Le conté la situación y le pregunté qué hacer. A la mañana siguiente, me respondió.

> El correo de Zuck es real? La organizadora me ha escrito diciendo que has intentado colarte en los camerinos con un correo falso de Zuckerberg...

Corwin y Brandon estaban apiñados alrededor de mi portátil en la cocina de los padres de Corwin.

—Escribe a Zuck y cuéntale lo que está pasando —dijo Brandon.

—No creo que sea una buena idea —contesté—. Elliott me dijo que no me precipitara.

—Tío, es solo un correo —dijo Corwin.

Apreté los labios.

—Vale, si no vas a escribir a Zuck —continuó Corwin—, al menos escribe a Qi Lu.

Negué con la cabeza.

—Sé que, si hablo cara a cara con la organizadora y le enseño los correos por el móvil, me creerá. No tenemos que molestar a Qi Lu por esto.

Cerré el portátil y nos fuimos al coche. Media hora después, Corwin estaba entrando en el aparcamiento del De Anza College. Los tres salimos del coche y miramos los edificios beige del campus. Cientos de asistentes se abarrotaban en el césped, la mayoría con portátiles o iPads. La cola para entrar daba la vuelta a la esquina. Vi otra entrada por la parte de atrás del edificio, y supuse que era la que utilizaban los VIP para ir al camerino.

Fui de inmediato a la mesa de registro principal y pedí hablar con la organizadora. Después de esperar unos minutos, me dijeron que no podría verla. Pero por nada del mundo pensaba perderme mi reunión con Zuckerberg. Busqué frenéticamente el teléfono de la organizadora, llamé y respondió.

—Hola, soy Alex Banayan, la persona que te envió un correo anoche sobre Mark Zuckerberg. Solo quería…

—Vayamos al grano —respondió—. Sabemos que has inventado el correo. Hemos contactado con el equipo de relaciones públicas de Mark y dicen que no te tienen en su lista de reuniones. Hemos contactado con el equipo de seguridad de Facebook y no saben nada de ti. Y, además, sabemos que ni siquiera es la dirección de correo de Mark. Si yo fuera tú, lo dejaría antes de que te metas en graves problemas. Adiós.

No sabía qué hacer. Tenía miedo de molestar a Qi Lu una tarde de sábado, pero necesitaba ayuda. Pensé en llamar a Stefan Weitz, que había trabajado con Qi Lu en Microsoft. Stefan respondió enseguida y me dijo que iba a resolverlo. Un minuto después, me incluyeron en copia en un correo dirigido a la organizadora. Stefan le aseguraba que el correo era real al cien por cien y, si seguía teniendo dudas, podía llamarlo personalmente a su móvil.

Pasaron dos horas. La organizadora seguía sin responder al correo de Stefan. Le mandé su teléfono. Stefan llamó, pero la organizadora no respondió. Se me estaban acabando las opciones. Quedaba una hora para la conferencia de Zuckerberg y no tenía un plan B. Envié otro correo.

> Para: Mark Zuckerberg (cc: Qi Lu)
> De: Alex Banayan
> Asunto: RE: Nos vemos el sábado
>
> Acabo de llegar a la Startup School y el personal no me deja pasar a los camerinos. ¿Debería seguir intentándolo un rato o hay algún otro lugar donde podamos encontrarnos más fácilmente?

Miré la hora: quedaban treinta minutos. No había respuesta de Zuckerberg, así que decidí tomar cartas en el asunto.

Era probable que Zuckerberg accediera por la entrada VIP de la parte de atrás del edificio. Cuando saliera del coche, quizá podía decirle que era la persona que venía de parte de Qi Lu, y entonces Zuckerberg le diría a la organizadora quién era yo. Era el único plan que se me ocurría, así que Brandon, Corwin y yo nos fuimos a la entrada para coches que llevaba al acceso VIP. Encontramos un gran árbol que daba sombra y nos sentamos. Poco después, mientras hablábamos y jugábamos con ramitas del suelo, vi que aparecía la cabeza de un hombre por la esquina y que luego desaparecía. Un minuto después, apareció el mismo hombre, susurró a una radio y volvió a desaparecer.

Antes de que me diera cuenta, las siluetas de una mujer y de un hombre enorme se dirigían hacia nosotros. Se pararon a unos metros, como si no quisieran acercarse demasiado. El *walki-talkie* en la mano del hombre dejaba claro que era de seguridad. Dio un paso al frente y me miró fijamente.

—¿Os importa que os pregunte qué hacéis aquí? —dijo la mujer, y reconocí su voz.

—Hola, soy Alex —dije, alzando la mano y saludando amablemente—, soy la persona que…

—Sé quién eres —dijo la organizadora—. ¿Por qué estás sentado bajo este árbol?

—Oh… estamos aquí sentados porque… nuestro coche está aparcado allí y queríamos tomar un poco de aire.

El coche realmente estaba ahí, pero ambos sabíamos cuál era la verdadera razón de por qué estábamos bajo el árbol. Ojalá hubiera tenido el valor de decirle: «Mira, sé que crees que soy un impostor, y sé que solo estás haciendo tu trabajo, pero yo también tengo que hacer el mío. Un director de Microsoft me puso en contacto con el fundador de Facebook y lo último que haré será no comparecer a la cita que tengo. Si no te crees que el correo sea real, es tu problema. En cualquier caso, pregúntaselo a Mark cuando aparezca su coche». Pero fui incapaz de articular palabra. Me limité a seguir mirándola.

Su mirada se endureció.

—Sé lo que intentáis hacer —dijo—. Tenéis que abandonar las instalaciones inmediatamente.

El guardia de seguridad dio un amenazador paso el frente.

—Si no os vais ahora —añadió el hombre—, llamaremos a la policía.

Me imaginé que aparecía el coche de Zuckerberg y que él salía del coche, que me veía con las manos esposadas a la espalda, con las luces azules y rojas, y que yo gritaba mientras me metían en la patrulla: «¡Mark, por favor! ¡Diles que tenemos una reunión!».

Bajé la cabeza, le dije al guardia que no queríamos problemas y nos fuimos.

No era capaz de perdonarme. Era la única vez que no había tenido que saltar por encima de un contenedor o llamar a una puerta cien veces para utilizar la Tercera Puerta. Había enviado un correo a Qi y Mark Zuckerberg había respondido: «¡Adelante!». Pero, por supuesto, el segurata de la discoteca me había visto, me había cogido del brazo y me había dicho: «No tan rápido, gamberro».

Lo que peor me hacía sentir era pensar que había defraudado a Qi Lu. Le envié un correo explicándole lo que había pasado. Qi respondió en minutos.

> Stefan me lo contó y siento mucho que haya acabado así. Después de hablar con él, le envié un correo por Facebook a Mark, pero no respondió. En retrospectiva, si me hubieras llamado, podría haber contactado con la organizadora para que te dejara pasar.
> Si puedes esperar, una opción es volver a probarlo el año que viene. Dado que Mark ya ha accedido, es como una especie de cupón canjeable, y puedo contactar con la organizadora de antemano para que ordene a sus trabajadores que te dejen entrar. Si no puedes esperar tanto, puedo escribir de nuevo a Mark, pero no estoy seguro de que responda, puesto que no ha respondido al mensaje anterior que le envié.

Le di las gracias y le pedí si podía volver a probar. Creía que la mente de Mark seguiría fresca. Si tenía que ocurrir, debía ser ahora. Qi envió un segundo mensaje a Zuckerberg. Tres días después, Qi me escribió.

> Envié el mensaje por Facebook a Mark el jueves y por el momento no ha respondido.
> Teniendo en cuenta experiencias previas, por desgracia significa que no está abierto a esta posibilidad, porque, de otra forma, habría respondido. Siento no haber podido ayudarte más. Espero que haya otras formas de que puedas entrevistarlo.

Durante las siguientes semanas, traté desesperadamente de salvar la situación. Un exempleado de Facebook que conocí en Summit contactó con el equipo de seguridad de Zuckerberg; la oficina de

Bill Gates contactó con el ayudante de Zuckerberg; Matt Michelsen, el fundador de la red social de Lady Gaga que había conocido gracias a Elliott, me presentó a uno de los abogados de Zuckerberg. Luego, me llevó a la sede de Facebook para que me reuniera con el director de marketing de la empresa. Pero Zuckerberg seguía sin dar señales de vida.

A medida que pasaban los meses, lo que más me dolía de este fracaso era no darlo por terminado. No había *post mortem*. Una parte de mí creía que, desde el principio, no había tenido una buena estrategia. Ni siquiera habría sido una reunión como Dios manda con Zuckerberg. Básicamente, en su correo decía que me daría la mano y que hablaría conmigo un minuto. Era genial, pero tendría que haberle pedido a Qi que me presentara al jefe de gabinete de Zuckerberg, alguien con quien me pudiera sentar, explicarle lo que estaba haciendo y que pudiera plantear una entrevista con todas las de la ley.

Pero otra parte de mí sabía que no importaba. Aunque solo fuera una reunión de un minuto, Qi Lu me había dado el pase perfecto. Había recibido el balón a una yarda de la línea de meta y sin defensores alrededor. Todo lo que tendría que haber hecho era dar dos pasos al frente, pero aun así tropecé.

34

El mayor regalo

Me lamenté durante semanas, pensando en cuando había estado sentado bajo aquel árbol, sin lograr conseguir la entrevista con Zuckerberg. Luego pensé en cuando envié el zapato, en no poder dejar de molestar a Buffett. E incluso cuando había logrado hablar con Bill Gates, no le hice las preguntas adecuadas. Había momentos en que creía que mi viaje había sido un largo y patético camino de errores. Pero dejé de pensar en mi dolor en cuanto estuve frente a Quincy Jones.

—¿De dónde eres, campeón?

Su profunda voz de ochenta y un años retumbó en mis oídos como las notas de un saxo barítono. Quincy llevaba una bata azul real que le llegaba hasta los tobillos. Me senté a su lado en un sofá del salón circular de su mansión en Bel-Air.

—Nací y crecí en Los Ángeles —contesté.

—No —dijo, negando con la cabeza—. Te he preguntado de dónde eres.

—Oh. Mis padres son de Irán.

—Eso es lo que creía.

—¿Cómo lo sabías?

En lugar de responder directamente, se embarcó en una historia increíble sobre sus viajes por Irán cuando tenía dieciocho años, cuando asistió a fiestas que organizaba el *sah* y se reunió con revolucionarios que querían sacar al Ayatolá de la cárcel. Después me contó la historia de cuando tuvo una cita con una princesa persa.

—*Khailee mamnoon* —dijo riendo, al recordar algunas frases en persa—. Estuve en Teherán, Damasco, Beirut, Irak, Karachi… en todas partes. Llevo viajando sesenta y cinco años por todo el planeta.

Había estado investigándolo antes de la entrevista, pero fue entonces cuando me di cuenta de lo poco que sabía de él. Sabía que le habían nominado a los Grammy más veces que a ningún otro productor. Sabía que había producido *Thriller* de Michael Jackson, el disco más vendido de todos los tiempos, así como «We Are the World», el sencillo más vendido de todos los tiempos. Había trabajado con algunos de los mejores compositores del siglo veinte, desde Frank Sinatra hasta Paul McCartney y Ray Charles. En el cine, había producido *El color púrpura* con Steven Spielberg, que fue nominada a diez Oscar. Para televisión, creó *El príncipe de Bel-Air*, nominada a un Emmy. Como mentor, había ayudado a lanzar las carreras de Will Smith y Oprah Winfrey. No cabe duda de que Quincy Jones es una de las figuras más importantes de la historia del entretenimiento, y ahora me estaba preguntando:

—¿Tienes un boli?

Me saqué uno del bolsillo. Cogió una hoja de papel de debajo de la mesa. Empezó a dibujar letras redondeadas, para enseñarme a escribir en árabe. Luego me enseñó cómo escribir en mandarín. Luego, en japonés. En el colegio había odiado aprender idiomas, pero con Quincy parecía que eran la clave del universo.

—Mira aquí —dijo, señalando el techo abovedado del salón. Doce vigas de madera irradiaban desde el centro, como si fueran los rayos del sol—. Esto es feng shui —dijo—. Simbolizan las doce notas de la escala musical, los doce apóstoles, los doce signos del zodíaco…

Señaló otros lugares del salón. A nuestro alrededor había docenas de artefactos antiguos —una escultura china de un joven sobre un caballo, el busto de una diosa egipcia— y cada uno de ellos parecía tener su vórtice de energía.

—Tengo a Nefertiti por allí —dijo Quincy—. A Buda, más allá. La dinastía Tang, por aquí. Japón, más allá. El de allí abajo es de Picasso. Al lado, un modelo del cohete SpaceX original. Me lo dio Elon. Es mi vecino.

Yo no paraba de girar la cabeza de un lado a otro y Quincy sonrió, como si supiera algo de mí que yo ignoraba.

—Ahí fuera el mundo es enorme —dijo—. Tienes que salir a conocerlo.

La conversación se fue acelerando. Primero hablaba de meditación, luego de nanotecnología, después de arquitectura («Frank Gehry siempre me dice (también es piscis): "Si la arquitectura es música congelada, entonces la música tiene que ser arquitectura líquida". Todo arte genial es arquitectura emocional»), y luego pasó a hablar sobre dirigir películas («Cuando Spielberg vino a mi estudio, me dijo que dirigía cine de la misma forma que yo dirijo música. Crea una estructura sólida y, entonces, improvisa. Debes dejar espacio para que los demás pongan algo de su personalidad»). Seguía dejando caer joyas de sabiduría y me senté en el sofá, para no perderme ni una.

> «A los músicos que tutorizo, les enseño a ser ellos mismos. A conocerse y a amarse a sí mismos. Es todo lo que me importa... Conócete y ámate.»

> «Los jóvenes siempre van a la carrera. Es porque piensan que lo controlan todo. Tienen que aprender a estar conectados con el universo. Dejar que las cosas les ocurran.»

> «Las limitaciones de todos los traumas de la infancia caducan. Arregla toda tu mierda y sigue con tu vida.»

Quincy cogió un libro de la mesa de café. Pasó las páginas llenas de ilustraciones en blanco y negro.

—Chicago en los años treinta —dijo señalando las fotos—. Aquí es donde pasé mi infancia. Mi padre era el carpintero de los mafiosos negros más conocidos del planeta. No se andaban con tonterías, tío. De joven, quería ser mafioso. Veía pistolas y cuerpos muertos todos los días.

Se subió la manga y me mostró una cicatriz en el dorso de la mano.

—¿Ves esto? Tenía siete años. Me metí en un mal barrio. Con un cuchillo, unos tipos me encadenaron a una valla y me pusieron un picahielo en la nuca. Creía que iban a matarme.

Algunos veranos su padre lo llevaba a Louisville para visitar a su abuela, que había sido esclava. Ella le decía a Quincy que fuera al río a cazar ratas que todavía movieran la cola. Las freía con cebollas en la estufa de carbón para cenar.

A los diez años, su familia se mudó a Seattle. Una noche, cuando estaban robando comida con unos amigos en un centro comercial, en una de las salas se tropezó con un piano. Era la primera vez que veía uno. Cuando sus dedos tocaron las teclas, le pareció un momento divino.

—Todo cambió para mí —dijo—. Me gustaba tanto la música que escribía canciones hasta que mis ojos sangraban.

Quincy aprendió a tocar todos los instrumentos que pasaron por sus manos: violín, clarinete, trompeta, sousafón, bombardino barítono, trompa y trombón. Empezó a frecuentar clubes nocturnos para conocer a los músicos de jazz que pasaban por la ciudad. A los catorce años, Quincy se coló en un club y conoció a un adolescente ciego dos años mayor que él. Se cayeron bien y fue el mentor de Quincy. Se convirtieron en buenos amigos. El adolescente ciego era Ray Charles.

—Conocí a McCartney cuando él tenía veintidós; a Elton John, cuando este tenía diecisiete. A Mick Jagger. A todos. A Lesley Gore, cuando ella tenía dieciséis.

«It's my party», de Leslie Gore, que produjo Quincy, fue una de las mejores canciones de 1963.

—¿Cómo la encontraste? —le pregunté.

—A través de su tío, que era de la mafia. Acudió a Joe Glaser, que trabajaba con Al Capone. Cuando empecé, toda la música estaba controlada por la mafia. Las agencias de contratación de Duke Ellington, Louis Armstrong, Lionel Hampton… todas pertenecían a la mafia. Estaba jodido, tío. No puedes creerte cómo se explotaba a los negros. Por entonces aprendí que, si no tienes una copia maestra, un negativo, o derechos de autor, no estás en el negocio de la música. Lo aprendí a las malas.

Quincy había compuesto diez canciones para el icónico líder de la banda Count Basie. Un ejecutivo musical llamado Morris Levy le dijo que pasara por su despacho para firmar el contrato. El contrato estaba sobre la mesa, y Levy, rodeado de todos sus compinches.

«Puedes pedir lo que quieras —le dijo a Quincy—, pero solo te llevarás un uno por ciento.»

—Firmé el contrato —me contó— y, antes de salir por la puerta, todo lo que hiciera ya le pertenecía.

Quincy rio como si estuviera rememorando un buen recuerdo, pero, por alguna razón, se me tensó todo el cuerpo.

—Era joven y aprendí la lección —continuó—. La segunda vez que hice un disco para Basie, me preguntó: «¿Qué vamos a hacer respecto a la publicación?». «Nada —respondí—. Lo publicaré yo mismo.» Y él contestó: «¡Por fin estás siendo listo, chico! ¿Por qué no lo pensaste la primera vez?».

Quincy rio más.

—La mafia se llevó todo lo que hice —añadió—. Todavía lo estoy recuperando.

—Eso es jodido —dije con una ira que nos sorprendió a los dos. Echando la vista atrás, puedo ver de dónde provenía. Seguía estando tan decepcionado por lo que me había pasado con Zuckerberg que incluso el recuerdo más nimio de que alguien en una posición de poder se aprovechara de otro me sacaba de mis casillas.

—Está todo bien, tío —dijo Quincy, poniéndome la mano en el hombro—. Es así como se aprende.

Cuando nos miramos, algo dentro de mí hizo clic. Fue como si mi cuerpo hubiera sido un neumático demasiado inflado y que Quincy hubiera abierto la válvula para que toda la presión se esfumara.

—Debes valorar los errores —dijo—. Tienes que levantarte sin importar las veces que te tumben. Algunas personas, frente a la derrota, se retiran. Otras se vuelven prudentes y temerosas, y tienen más miedo que pasión. Pero eso no está bien. Sé que parece complejo, pero es relativamente simple. En resumen: suelta y deja que Dios obre. No llegarás al excelente si tienes miedo de que te suspendan —añadió—. La psicología de crecer en tu campo es increíble, no importa lo que hagas. El crecimiento proviene de los errores. Tienes que valorarlos para aprender de ellos. Tus errores son tu mayor regalo.

Nos pasamos el resto de la tarde hablando sobre infinidad de cosas, desde las pirámides de Egipto hasta los bailarines de samba del carnaval de Río. Quincy hizo que me diera cuenta de que me había pasado los últimos cinco años mirando constantemente arriba: al hombre más rico del mundo, al inversor más exitoso, al director más famoso. Y ahora me estaba percatando de que quería explorar el horizonte: viajar y absorber la magia de los lugares más recónditos del mundo. Quincy me estaba inculcando un hambre nueva. Me parecía que se cerraba una fase de mi vida y que se abría otra.

—Me siento como una persona diferente —dije cuando se estaba acabando la conversación—. Me has enseñado algo que no esperaba aprender.

—¿El qué?

—Me has enseñado a ser una persona completa, una persona del mundo.

—Es increíble, tío. Es verdad. Nat King Cole solía decirme: «Quincy, tu música no puede ser más ni menos de lo que eres como ser humano».

—Es lo que nos da el mundo —añadí.

—No —me corrigió—. Es lo que los errores te han dado.

Parecía querer repetir la lección hasta que la aprendiera. Y lo había hecho. En un momento de claridad, me di cuenta de que los consejos de Bill Gates nunca habían sido mi Santo Grial. Lo que más me cambió fueron todos los errores que cometí para llegar a él.

Siempre había considerado el fracaso y el éxito como opuestos, pero entonces supe que eran resultados diferentes de lo mismo: intentarlo. Me juré que desde aquel momento sería independiente del éxito, e independiente del fracaso. Solo dependería de intentarlo, de crecer.

Casi fue como si Quincy pudiera ver las elucubraciones de mi cabeza, porque lentamente puso la mano sobre mi hombro y dijo:

—Ya lo tienes, tío. Ya lo tienes.

Antes de poder pensar una respuesta, me miró y dijo:

—Eres un ser humano hermoso, hermoso. No cambies nunca, hijo de puta.

35

Meterse en el juego

Tres meses después, en Austin, Texas

Fuimos a una discoteca y nos acercamos a una cola tan caótica que parecía una manifestación. Matt Michelsen, el fundador de la red social de Lady Gaga, me cogió del brazo y me guio entre la multitud. El suelo estaba repleto de botellas de cerveza rotas y la luz de la luna se reflejaba en las esquirlas. Varios seguratas custodiaban la entrada.

—El aforo está completo —dijo uno de ellos dando un paso al frente.

—Estamos con Gaga —repuso Matt.

—Ella ya está dentro. No puede entrar nadie más.

Hubo un breve silencio, luego Matt dio un paso al frente, dijo algo al oído del segurata, este vaciló… y luego dio un paso al lado.

Tan pronto como se abrió la puerta, el estruendo de la música techno hizo que todo mi cuerpo vibrara. Matt y yo fuimos apartando gente hasta llegar a la pista de baile. Cientos de personas miraban boquiabiertas en una dirección, con los móviles en alto, tomando fotos. Sobre una plataforma VIP elevada, bajo la resplandeciente luz blanca, estaba una de las estrellas del pop más famosas del mundo. El cabello plateado de Lady Gaga le caía por debajo de la cintura. Bailaba con unos zapatos de, por lo menos, treinta centímetros de altura.

La plataforma VIP estaba abarrotada y un segurata bloqueaba las escaleras y la entrada de cualquier persona. Esta vez, Matt no se preocupó de hablar con el segurata. Se dirigió al centro de la plataforma, justo debajo de donde estaba Gaga.

—¡Hey, L. G.! —gritó.

Ella bajó la mirada y se le iluminó el rostro.

—¡Sube!

—Está muy lleno —contestó Matt—. No van a dejarme...

—¡Sube de una puta vez!

Unos segundos después, dos guardias nos cogieron de los brazos y nos subieron a la plataforma. Matt fue directo a Gaga. Yo me quedé a un lado, para darles espacio.

Minutos más tarde, Matt señaló hacia mí. Un guardia me agarró el hombro, me arrastró entre la multitud y me plantó entre Matt y Lady Gaga. Matt nos rodeó con los brazos y nos acercó.

—¡Hey, L. G.! —gritó por encima de la música—. ¿Recuerdas aquello que te conté de la Tercera Puerta?

Sonrió y asintió.

—¿Y recuerdas la historia de aquel chaval que amañó *El precio justo*? ¿El mismo que fue con sus amigos a la reunión de accionistas de Warren Buffett?

Ensanchó aún más la sonrisa y asintió con más vehemencia.

—Pues bien —dijo Matt señalándome—, aquí lo tienes.

Gaga abrió los ojos, se volvió hacia mí, alzó los brazos y me dio un enorme abrazo.

Desde que Elliott me presentó a Matt en el concierto de Nueva York, este se había convertido en mi mentor. Me había quedado a dormir en su casa de invitados durante semanas, había viajado con él a Nueva York y San Francisco, y, cuando tuve problemas con Zuckerberg, intentó ayudarme sin pensárselo. Incluso cuando se trató de organizar una entrevista con Lady Gaga, no tuve ni que preguntárselo. Se le ocurrió a él mismo y se ofreció a ayudarme. Es ese tipo de personas.

La tarde después de conocer a Gaga en la discoteca, estaba en un sofá de la suite de hotel de Matt cuando entró con el teléfono pegado al oído. Matt dio vueltas por la habitación. Al colgar, le pregunté con quién había hablado. Me dijo que con Gaga. Y que estaba llorando.

Matt se sentó y me explicó la situación. Los primeros dos discos de Gaga habían sido un éxito y la habían catapultado a la cumbre de la industria musical, pero luego, durante el último año, se había roto la cadera, había tenido que operarse de urgencia, había estado obligada a ir en silla de ruedas y tuvo que cancelar veinticinco conciertos de la gira. Luego se peleó con su representante, con quien llevaba trabajando desde hacía mucho tiempo, por la dirección que estaba tomando su carrera y, cuando lo despidió, hubo una avalancha de titulares. Su representante, el que había rechazado mis peticiones de entrevista, contó a la prensa su versión de la historia, pero Gaga no dijo nada, lo cual solo suscitó más preguntas. Y apenas unas semanas después, Gaga lanzó su tercer disco, *ARTPOP*, que los críticos dejaron por los suelos. *Rolling Stone* lo calificó como «estrambótico». *Variety* etiquetó algunas canciones como «coñazo». Con los discos anteriores, había vendido más de un millón de copias la primera semana. *ARTPOP* no llegó al cuarto de millón.

Todo aquello había ocurrido cuatro meses antes y Gaga estaba a punto de volver a estar bajo los focos. En dos días, iba a participar en *Jimmy Kimmel Live* por la tarde, luego daría un concierto por la noche y, a la mañana siguiente, estaría en la inauguración del South by Southwest.

La inauguración era lo que más le preocupaba. No se trataba de un breve discurso frente a sus admiradores, sino de una entrevista de una hora en una sala de baile llena de ejecutivos musicales y periodistas, muchos de los cuales eran amigos de su exrepresentante. Gaga temía que algunos esperaran que hiciera el ridículo. No era difícil imaginarse el tipo de preguntas que podían hacerle: «¿Crees que *ARTPOP* ha sido un fracaso? ¿Despedir a tu representante fue un error? ¿Tu ropa estrafalaria irá en tu contra ahora que han caído las ventas del disco?».

Por todo esto Gaga había llamado a Matt llorando, para pedirle ayuda. Sentía que nadie la comprendía. Sabía que había sido fiel a sí misma al componer *ARTPOP*, pero no encontraba palabras para describir qué significaba. Los siguientes días eran la oportunidad para un nuevo capítulo de su carrera y no quería que el equipaje del último año la sobrepasara.

Después de que Matt me lo explicara, llamó a uno de sus empleados y, en una hora, estaban sentados junto a mí en la suite del hotel, pensando en ideas para un relato que Gaga pudiera explicar durante la semana. El empleado de Matt rondaba los treinta. Sabía que había estudiado Empresariales en la universidad, y todo lo que salió de su boca fueron palabras de moda: «¡*ARTPOP* habla de la colaboración!», «¡Sinergia!», «¡Conexión!».

Yo quería gritar: «¡No es así como se describe el alma de un artista!». Pero me pareció que estaba fuera de lugar decir algo, sobre todo después de la generosidad con la que me había tratado Matt. Estaba organizando una entrevista con Gaga para el final de la semana y, además, me permitía alojarme en la habitación extra de su suite. Así que no dije ni mu.

Pero sentía las ideas zumbar dentro de mí. Ya había leído la biografía de Gaga, me había sumergido en todos los artículos que hablaban sobre ella y había analizado las letras de *ARTPOP* hasta la saciedad. Al escucharlos, me sentí como un jugador de baloncesto en el banquillo, con las piernas inquietas, muerto de ganas de salir a la cancha.

Una hora después, Matt me miró, frustrado.

—¿No tienes nada que decir?

—Bueno... —dije tratando de contenerme, pero, casi de forma incontrolable, las lecciones que había aprendido en mi periplo se mezclaron con todo lo que había leído de Gaga y salieron a trompicones de mi boca—. El arte es arquitectura emocional y, si consideramos a Gaga desde esta perspectiva (sus cimientos, sus vigas de madera), todo se remonta a su infancia. Cuando era una niña, la mandaron a un colegio católico y se sintió asfixiada. Las monjas le medían la falda. La obligaban a cumplir con las normas. Ahora, cuando lleva vestidos hechos de carne, ¡sigue rebelándose contra esas monjas!

—¡Todo lo que defiende Gaga es la rebelión creativa! —dijo Matt.

—¡Exacto! El fundador de TED me dijo una vez: «El genio es lo opuesto a la expectativa», ¡y ahora lo entiendo! Ya sea con su música o con sus vestidos, Gaga siempre ha ido contra las expectativas.

Salté del sofá, sintiéndome más vivo que nunca.

—El héroe de Gaga es Warhol —continué—, ¡y utilizar una lata de sopa Campbell como tema también es lo opuesto a las expectativas! Los críticos se han cargado *ARTPOP* por ser demasiado marginal, por no apelar a las masas como su último disco, pero... ¿y si precisamente se tratara de esto? ¡El disco de Gaga tenía que ser así! Todo su arte es lo opuesto a las expectativas. Tiene sentido que, si estaba en la cumbre del Top 40, quisiera hacer lo contrario. *ARTPOP* no es un disco con el que Gaga haya perdido la cabeza. ¡Es el disco en el que ha sido ella misma completamente!

Seguí hablando hasta que me desplomé en el sofá para tomar aire. Miré a Matt.

—Felicidades —me dijo—. Tienes veinticuatro horas para escribirlo negro sobre blanco.

Era pasada medianoche. Matt había salido y yo estaba solo en la suite del hotel, los ojos pegados a la pantalla. El río de palabras que había estado fluyendo se estaba secando. Por la mañana, debía entregarle a Matt un documento de una página con los puntos centrales, y también un PowerPoint que debía presentarle a Gaga.

Antes, cuando había estado observando a Matt y a su empleado, había visualizado todo lo que haría si estuviera en el meollo. Pero, ahora que estaba dentro, me parecía que, por mucho que me esforzara en saltar, mis pies seguían clavados en el suelo.

Los minutos se convirtieron en horas. Me fui a dormir, con la esperanza de encontrar inspiración por la mañana. Pero, bajo las mantas, no pude pegar ojo. Mi mente seguía maquinando y, sin saber por qué, empecé a pensar en un vídeo de Steve Jobs que había visto en YouTube años atrás. Estaba presentando la campaña de marketing «Piensa diferente» y disertaba sobre la importancia de definir los valores. Era uno de los discursos más brillantes que había visto. Salí de la cama y abrí el portátil. Volví a ver el discurso y de nuevo me sorprendió. Todo lo que podía pensar era lo siguiente: «Tengo que enseñarle este vídeo a Gaga. Tiene la magia que me falta».

Pero yo no iba a verla al día siguiente. Y, aunque me invitaran, no podía obligar a Gaga a ver un vídeo de YouTube. Así que le escribí un correo a Matt:

> Es esto... Confía en mí y mira el vídeo entero de siete minutos:
>
> https://www.youtube.com/watch?v=keCwRdbwNQY

Poco después, Matt llegó a la suite.

—¿Has visto el vídeo? —pregunté.

—Aún no. Lo veré ahora.

Por fin, me pareció que todo volvía a encajar. Matt desapareció en su habitación y oí el vídeo a través de la puerta abierta. Luego salió con el cepillo de dientes en la boca y el móvil en la mano, sin apenas mirar hacia el vídeo. Cuando acabó, Matt ni se dio cuenta. Volvió a su habitación sin decirme una palabra.

Me metí bajo las mantas. No solo mi plan no había funcionado, sino que además estaba en el último cuarto del partido y ya no me quedaban ideas.

Me desperté antes del amanecer y me fui al vestíbulo para seguir escribiendo. Por mucho que lo intentara, las palabras no tenían el efecto que sabía que podían tener. Entonces, me llamó Matt.

—Sube a la habitación —me dijo—. Hemos avanzado la reunión con Gaga. Solo nos quedan dos horas.

Subí corriendo a la suite, abrí la puerta y fue cuando vi a Matt en la barra de la pequeña cocina, con el portátil delante y los auriculares puestos: viendo a Steve Jobs en pantalla completa. Estaba concentrado. Cuando acabó el vídeo, Matt volvió lentamente la cabeza.

—Tengo una idea —dijo.

Me quedé callado.

—Voy a sentarme con Gaga... y voy a enseñarle el vídeo.

—¡Síii! —grité.

La euforia se apoderó de mí, abrí el portátil y escribí la página de los puntos centrales en un minuto, canalizando a la perfección todo lo que había dicho el día anterior. Matt conocía a Gaga de una manera que yo nunca podría, de modo que sus retoques lograron que las palabras alcanzaran nuevas cotas. Ahora lo único que nos faltaba era el PowerPoint.

En una hora, Matt tenía que estar en casa de Gaga, así que me quedé en el hotel para rematar la faena. Había algo excitante en estar bajo aquella presión, como si el tiempo del partido estuviera haciendo la cuenta atrás... 10... 9... 8... Cuando Matt me llamó para decirme que estaba entrando en casa de Gaga —sonó la bocina—, pulsé «enviar».

Una hora después, el móvil vibró. Era un texto de Matt.

Golazo. Aquí todo el mundo está llorando.

Los siguientes dos días fueron un torbellino. Aquella noche fui a un concierto de Snoop Dogg donde estaban Matt y Lady Gaga. Después de pedir un Red Bull en el bar, los vi en el sofá de la sección VIP. Matt me indicó que me sentara al lado de Gaga. Ella me puso un brazo sobre los hombros. Con la otra mano, cogió mi lata de Red Bull, le dio un sorbo y me la devolvió.

—Alex —dijo—, a veces... a veces algo es tan profundo que no lo puedes expresar. Por primera vez, lo has expresado con palabras por mí. Y esa frase de Andy Warhol —añadió sonriendo y haciendo un tirabuzón con la mano—, increíble.

Cuando acabamos de hablar, Kendrick Lamar se unió a nosotros y se sentó a mi lado en el sofá. Snoop Dogg seguía con su actuación en el escenario, rapeando mis canciones favoritas. Me puse en pie y empecé a bailar, sintiéndome más libre que nunca.

La siguiente noche, mientras Matt y yo nos dirigíamos al concierto de Gaga, vi que en Twitter ella había cambiado su nombre de perfil por «Rebelión Creativa». Y tuiteó:

ARTPOP es una rebelión creativa. No sigo las normas de las monjas. Sigo las mías. #MonsterStyle #ARTPOP

Un segundo después, cuando Gaga subió al escenario, oí la ovación estruendosa de miles de fans. Mientras cantaba, una mujer a su lado bebía un líquido verde de unas botellas. Gaga se puso bajo los focos y la mujer se provocó arcadas y luego vomitó sobre la estrella del pop. Gaga lo llamó «arte vómito».

Al mirar el líquido verde que salía de la boca de la mujer y caía sobre el cuerpo de Gaga, sentí cierta vergüenza. Matt se rio.

—Estábamos hablando de lo opuesto a las expectativas, ¿no?

Aquella noche, más tarde, se retransmitió la entrevista de Gaga en *Jimmy Kimmel Live*. Comenzó metiéndose con los vestidos de Gaga, y luego con *ARTPOP*. Pero Gaga no se amilanó. Replicó con la expresión «lo opuesto a las expectativas» y el público la recibió con un sonoro aplauso.

En lo que me pareció un abrir y cerrar de ojos, me encontré en la primera línea de la entrevista inaugural de la mañana siguiente, entre Matt y el padre de Gaga. La iluminación se atenuó. Gaga subió al escenario con un vestido enorme hecho de lonas de plástico. Una de las primeras preguntas fue sobre el «arte vómito».

Explicó cómo se le había ocurrido la idea y luego dijo:

—¿Sabes?, Andy Warhol pensó que podía convertir una lata de sopa en arte. A veces, cosas realmente extrañas, que pueden parecer muy equivocadas, realmente cambian el mundo… Se trata de liberarnos de las expectativas de la industria musical y de las expectativas del *statu quo*. Nunca me gustó que me midieran la falda en el colegio o que me dijeran bajo qué reglas tenía que vivir.

De inmediato, la sala se llenó de aplausos. La inauguración se había acabado y el público estaba a sus pies y se levantó para ovacionarla.

Matt se fue directo al aeropuerto y yo volví al hotel para hacer las maletas. Mientras recogía las cosas, Matt me envió una captura de pantalla de un texto que le acababa de enviar Gaga:

Ni siquiera sé qué decir. Estoy tremendamente agradecida por lo que habéis hecho. Me habéis apoyado de verdad y hoy tengo alas gracias a vosotros. Espero que Alex y tú estéis orgullosos de mí.

Cuando acabé de leerlo, recibí otro mensaje. Un amigo de la USC me invitaba a una fiesta en el campus. Los amigos con los que había comenzado la carrera habían llegado al último semestre y celebraban la graduación. Yo sentí que, a mi manera, también estaba haciéndolo.

Al mirar por la ventana del avión, con las nubes flotando bajo las alas, no podía dejar de pensar en cómo había ocurrido toda esta experiencia. En cierta forma, me pareció que era el resultado de pequeñas decisiones. Años atrás, decidí escribir un correo a puerta fría a Elliott Bisnow. Luego, decidí ir a Europa con él. Decidí ir a aquel concierto en Nueva York donde Elliott me presentó a Matt. Más tarde decidí pasar tiempo con Matt y forjar una relación.

A medida que repasaba mis pensamientos, me acordé de una cita, de un lugar aparentemente inesperado. Era de uno de los libros de Harry Potter. En un momento decisivo de la historia, Dumbledore dice: «Son nuestras decisiones las que muestran quienes somos realmente, mucho más que nuestras habilidades».

«Son nuestras decisiones… mucho más que nuestras habilidades…»

Recordé las conversaciones con Qi Lu y Sugar Ray Leonard. El mensaje de esta cita es la lección subyacente que aprendí durante aquellas entrevistas. Aunque Qi Lu y Sugar Ray habían nacido con capacidades notables, lo que a mí me parecía importante eran las decisiones que habían tomado. El Tiempo Qi era una decisión. Correr detrás del autobús era una decisión.

Diferentes imágenes aparecieron en mi mente, como si fueran una presentación de diapositivas. Cuando Bill Gates se sentó en su dormitorio, superó sus miedos y cogió el teléfono para hacer su primera venta: eso fue una decisión. Cuando Steven Spielberg saltó del autobús que hacía el tour por los estudios Universal: eso fue una decisión. Cuando Jane Goodall tuvo varios trabajos para poder ahorrar y viajar a África: eso fue una decisión.

Todos tenemos la capacidad de tomar pequeñas decisiones que pueden cambiar nuestra vida para siempre. Podemos decidir dejarnos llevar por la inercia y seguir esperando en la cola para entrar por la Primera Puerta, o podemos salir de la cola, ir al callejón y entrar por la Tercer Puerta. Todos tenemos esta opción.

Si algo había aprendido en este viaje, es que era posible tomar estas decisiones. Esa mentalidad de posibilidades ha transformado mi vida. Porque, cuando cambias lo que crees que es posible, cambias lo que puede llegar a ser posible.

Las ruedas del avión tocaron el suelo de Los Ángeles. Cargando la bolsa, recorrí la terminal sintiendo una agradable calma que no había conocido antes.

Salí de la zona de recogida de equipajes. Cuando mi padre acercó su coche a la acera y salió, le di un largo abrazo. Metí la bolsa en el maletero y me senté en el asiento del copiloto.

—Entonces ¿cómo ha ido la entrevista?

—No la hice —contesté.

Al contarle la historia, sonrió de oreja a oreja y nos fuimos a casa.

En memoria de David Banayan
1957-2017

Agradecimientos

Cuatro días antes de que muriera, mi padre me enseñó una de las lecciones más importantes de mi vida. Estaba en el apartamento de Elliott, en Santa Mónica, cuando recibí una llamada de la doctora de mi padre. Acababa de visitarlo en casa y había empeorado.

—Por lo que veo —me dijo—, probablemente solo le quedan unos días de vida.

Nada podía prepararme para saber lo que era escuchar estas palabras. Todo a mi alrededor se hizo borroso. No podía pensar. Lo único que podía hacer era sentir. Sentía un aislamiento abrumador, lleno de miedo y tristeza, como si fuera un niño al que de repente han separado de sus padres en una estación de tren abarrotada, perdido y solo, sin saber qué hacer.

En aquel momento, hice lo único que podía hacer. Llamé a mi hermana mayor, Briana. Después de informarle del diagnóstico de la doctora, me subí al coche, fui a buscarla y nos fuimos a casa de nuestros padres. Al llegar, mi madre y la cuidadora de mi padre estaban sentadas en el sofá, en silencio. Mi padre estaba en su butaca preferida, pero había cambiado. Tan solo dos días atrás, había desayunado con él: comió como un campeón y se movía con facilidad. Pero ahora estaba inmóvil, con los ojos cerrados. Sabía que no dormía. Tenía la piel amarillenta. Le costaba respirar. Mi padre había decidido tener una muerte natural en casa, así que reprimí las ganas de llamar a una ambulancia.

—¿Papá? —dije.

Como no respondió, me acerqué, le cogí la mano, la acaricié.

—¿Papá?

Miré a mi madre. Negó ligeramente con la cabeza, como si todas las palabras sobraran. Me senté junto a mi hermana en el sofá. Nos quedamos en silencio, tratando de asimilar la realidad. Estábamos viendo a nuestro padre, que nos había dado la vida, entrar en coma.

Unos minutos después, la cuidadora dijo que era el momento de administrarle los calmantes. De pie, a su lado, trató de darle la píldora, pero mi padre no abría la boca.

—David —suplicó—, por favor, abre la boca.

Pero no hubo respuesta.

Me aterroricé, no por nosotros, sino por mi padre. Sabía que, si no se tomaba los calmantes, sus últimos días estarían llenos de un dolor insoportable.

—David, por favor —repitió la cuidadora.

Se lo pidió una y otra vez, pero mi padre no reaccionó.

Entonces, mi madre se puso lentamente en pie. Cogió la píldora y se sacó los zapatos. Se arrodilló al lado de mi padre y le cogió las manos.

En cuanto mi madre habló —en cuanto su voz llegó a sus oídos pidiéndole que abriera la boca—, su boca se abrió sin problemas. No solo se tomó la pastilla, sino que además la tragó con facilidad.

Empecé a sollozar, y me doblé sobre las rodillas. Pero no lloraba de tristeza, sino porque todo aquello era demasiado bello. Al ver a mi madre de rodillas junto a mi padre, me pareció que quería enseñarme que, al final de la vida —cuando no tienes acceso al dinero o las posesiones, cuando ni siquiera puedes abrir los ojos—, todo lo que te queda es el latido del corazón, la respiración y la conexión del alma con aquellos a los que amas.

Así que, papá, el primer agradecimiento es para ti. Podría llenar cien páginas con todas las cosas que quiero decirte, pero seguirían siendo insuficientes. Así que, por el momento, solo diré: te quiero y te echo de menos…

El siguiente agradecimiento es para mi madre. Siempre había pensado que era una superheroína, pero durante el último año de vida de mi padre me demostró que no había visto ni la mitad. De alguna forma, el profundo dolor que tuvo que soportar la transformó en una mujer aún más fenomenal. En lugar de consumirse por el miedo, se volvió más valiente. En lugar de endurecer su corazón, lo abrió todavía más. Mamá, estoy tan orgulloso de ser tu hijo… Soy quien soy por quien tú eres.

Quiero dar las gracias a mis hermanas, Talia y Briana, que no solo son las amigas que más quiero, sino también las mejores maestras. Cuando murió nuestro padre y nos caían bombas emocionales todos los días, el hecho de que estuviéramos los tres juntos en las trincheras y de que pudiera ver que estabais a mi lado, me hizo sentir que, al final, todo va a salir bien. Me siento muy agradecido por poder vivir junto a vosotras.

Gracias a mis abuelos, a mis bisabuelos, tías, tíos y primos porque, antes de estar en el dormitorio mirando al techo, estuve sentado en vuestros sofás y mesas, sintiéndome completamente querido. Y gracias a Mike Eshanghian y a Aj Silva, que nos han acompañado en este viaje con la mente firme y el corazón abierto.

Y un agradecimiento especial es para mi abuela, a quien afectuosamente llamamos Momina, y que en esta historia es más conocida por la frase *jooneh man*. Al final de mi viaje, cuando estuve más seguro de la decisión de no volver a la universidad, Cal Fussman se sentó conmigo y me recordó que aún no me había disculpado con mi abuela por romper el juramento.

Me defendí. Le dije a Cal que mi abuela sabía que no tenía pensado volver a la universidad y que mi relación con ella era genial. No tenía que decirlo explícitamente.

—Lo juraste por su vida y rompiste el juramento —dijo Cal—. Es necesario decir algo al respecto.

Era reacio, pero una noche fui a casa de mi abuela para hablar con ella. Estábamos a media cena cuando logré armarme de valor.

—No sé si te acuerdas —le dije—, pero hace unos años te juré que acabaría la universidad y que obtendría un máster. Dije *jooneh man*.

Mi abuela dejó el tenedor en la mesa.

Me miró en silencio, como si llevara tiempo esperando a que dijera estas palabras.

—Rompí el juramento y… —se me anegaron los ojos— lo siento.

El silencio que siguió me hizo sentir peor. Luego dijo:

—No… no pasa nada.

Respiró hondo.

—Espero… espero… espero… que yo fuera la que estuviera equivocada al pedirte que hicieras ese juramento.

En los últimos meses de vida de mi padre, sentí más dolor del que jamás había sentido. Pero también sentí un tipo de amor que no sabía que existiera.

Elliott me llamaba varias veces al día para saber cómo estaba mi padre y cómo le iba a mi familia. Cuando su estado empeoró, Elliott vino a Los Ángeles más a menudo para visitar a mi padre y sentarse bajo el naranjo de nuestro jardín. Elliott y mi padre hicieron buenas migas bajo ese árbol. Elliott incluso hizo una página web para el árbol. Su hermano, Austin, escribió una canción sobre el árbol. Su mejor amigo, IN-Q, escribió un poema. Elliott mandó fabricar dos docenas de gorras de béisbol con el logo «El naranjo del señor Banayan». Sin importar cuánto dolor estuviera sintiendo, cuando se sentaba bajo el naranjo con Elliott, se iluminaba.

Cuando escribí por primera vez a Elliott, soñaba con tener un mentor. No solo tuve la suerte de tenerlo, sino que también gané un amigo íntimo. Pero nunca, ni en mis sueños más descabellados, me había imaginado que se convertiría en mi hermano.

Al final, llegó el momento de llamar a Elliott y decirle que mi padre había entrado en coma. Elliott estaba de viaje por trabajo y me dijo que vendría a Los Ángeles tan pronto como pudiera.

Los siguientes días pasaron con lentitud. La cuarta tarde, estaba bajo el naranjo con mis hermanas, buscando un remanso de paz en medio del caos emocional. Cuando se ponía el sol, salió mi tío y nos dijo que fuéramos al dormitorio de mi padre. En el momento que entré, Elliott apareció por la puerta principal. Vio mi mirada y me siguió en silencio al dormitorio. Estuvimos de pie, en círculo alrededor de mi padre —yo, mis hermanas, mi madre, mi tía, mi tío y Elliott— y nos cogimos de la mano. Un minuto después, mi padre dio su último suspiro.

Un mar de emociones me inundó al ver a mi padre morir frente a mis ojos. Muchos pensamientos y teorías daban vueltas en mi cabeza, y siempre me he preguntado si mi padre esperó a que Elliott llegara y me cogiera la mano para poder morir en paz.

Mi padre me enseñó una última lección antes de que lo enterraran, y tuvo lugar el día de su funeral.

Después de la misa en la capilla, seis porteadores llevaron el féretro de mi padre al coche fúnebre. Mi madre, mis hermanas y yo nos subimos a otro coche y nos dirigimos al cementerio. Al salir del coche, por alguna razón, los seis porteadores no estaban en el cementerio para llevar el féretro a la tumba.

Empecé a preocuparme, pero no tuve mucho tiempo para pensar porque un rabino llegó para hablar con la familia. No pude ver lo que ocurrió después, pero oí que se abría el maletero del coche fúnebre y que sacaban el ataúd de mi padre.

Cuando al final salí al jardín y miré el cortejo, vi que mis mejores amigos estaban portando el ataúd.

Las lágrimas se convirtieron en llanto y alcé la cabeza para mirar el cielo. De nuevo, no lloraba de tristeza, sino de la belleza que tenía ante mí. Fue como si mi padre quisiera decirme, un minuto antes de que lo enterraran, que en la vida hay amigos, hay amigos íntimos, y hay amigos íntimos que portan el ataúd de tu padre.

Gracias a Kevin Hekmat, a Andre Herd, a Jojo Hakim, a Ryan Nehoray, a Brandon Hakim y a Corwin Garber, que han redefinido el significado de la amistad, y que han demostrado que es verdaderamente la fuerza más poderosa del mundo.

Os quiero como a mi familia. Porque sois mi familia.

Y estoy agradecido de que mi familia por elección no acabe ahí.

Más que ninguna otra persona, para mí Cal Fussman es una prueba de que Dios existe. Me parece que la forma en que nos conocimos fue un milagro, y lo que me dio Cal también. Además de enseñarme cómo entrevistar, Cal también me enseñó a escribir, y se pasó dos horas conmigo por la noche, dos o tres días por semana, durante los últimos cuatro años. Revisó frase tras frase y nunca perdió la paciencia. Editamos algunos capítulos 134 veces. Pero la generosidad de Cal no acaba ahí. Me adoptó como parte de su familia: *obrigado*, Gloria, Dylan, Keilah y Bridgette. Y, ahora, Bridgette, su hija pequeña, es mi ahijada, lo cual es uno de los mayores honores que he tenido en mi vida. Cal, decir que te estoy increíblemente agradecido es quedarme cortísimo.

Gracias a toda la familia Bisnow: Austin, IN-Q, Nicole, Deena, Mark y Margot. Siempre que estoy con vosotros, sea donde sea, me siento en casa.

Estoy muy agradecido a mis amigos más íntimos, los de la infancia, los de la universidad y los de hoy, que me han dado más sentido, amor y diversión en todos los aspectos de la vida. Vuestras energías colectivas recorren las frases de este libro: Andrew Horn, Arturo Nuñez, Ben Nemtin, Brad Delson, Cody Rapp, Danny Lall, Jake Strom, Jason Bellet, Jesse Stollak, Jon Rosenblum, Kyla Siedband, Max Stossel, Maya Watson, Mike Posner, Miki Agrawal, Nia Batts, Noa Tishby, Olivia Diamond, Penni Thow, Radha Agrawal, Ramy Youssef, Ross Bernstein, Ross Hinkle, Sean Khalifian, Sophia Zukoski y Tamara Skootsky.

Y a mi querida amiga Mallory Smith, que fue la luz de nuestra vida y me animó a leer desde que éramos niños: te echamos de menos y siempre te tendremos en nuestros corazones.

Hay una cita de Rabbi Abraham Joshua Heschel que me interesa particularmente: «De joven, admiraba a la gente inteligente. Ahora que soy mayor, admiro a la gente amable».

Cuando conocí a Stefan Weitz, me atrajo su inteligencia y su capacidad para encontrar diez soluciones para cada problema. Ahora, en retrospectiva, lo que más me maravilla es su generosidad y su altruismo. Stefan, apoyaste con toda tu reputación una misión que, en un momento dado, no era más que el sueño imposible de un chico de dieciocho años. Son las personas como tú las que de verdad cambian el mundo. Te estaré agradecido el resto de mi vida.

Gracias a Matt Michelsen, que no solo me abrió las puertas, sino que también me aceptó en su mundo y cuidó de mí cuando más lo necesitaba. Matt, tú vives la Tercera Puerta. Te doy unas sentidas gracias a ti, a Jenny y a las tres Ges por el apoyo constante, y por recibirme en tu casa con los brazos abiertos.

También quiero dar unas gracias especiales a mis primeros mentores, desde el instituto hasta los primeros días de la misión, que creyeron en mí antes de que yo mismo lo hiciera. Encendisteis la llama que hay en mí y no puedo estar más agradecido: Calvin Berman, César Bocanegra, Dan Lack, Indra Mukhopadhyay, John Ullmen, Keith Ferrazzi, Kristin Borella, Michele Halimi y Richard Waters.

Quiero dar un agradecimiento especial a Stewart Alsop, a Gilman Louie, a Ernestine Fu y a todo el equipo de Alsop Louie Partners. No solo me habéis introducido en el mundo del capital de riesgo, sino que también me habéis animado a escribir este libro durante todo este tiempo.

Estaré eternamente agradecido a mi agente literaria, Bonnie Solow, que gracias a Dios no pensó que estaba loco cuando le envié aquel correo de «Torrente de consciencia a las tres de la madrugada». Bonnie, has comprendido el corazón de la misión desde la primera vez que hablamos por teléfono. Has dirigido magistralmente este sueño, desde la idea, pasando por el contrato editorial hasta el libro que hoy tienes entre las manos.

Gracias a mis editores, Roger Scholl y Tina Constable, por razones que con solo pensarlas me emocionan. Roger y Tina, cuando mi padre se estaba muriendo, me tratasteis con un nivel de compasión y amabilidad que fue casi inconmensurable. Gracias por darme tiempo para asimilar mis sentimientos, para descansar y para estar con mi madre y mis hermanas. Es de sobra conocido que sois maestros de la edición, pero quiero que el mundo sepa que lo más importante que tenéis es el corazón.

Gracias a los dos, y a todo el equipo de Crown Publishing Group: Campbell Wharton, Megan Perritt, Ayelet Gruenspecht, Nicole McArdle, Owen Haney, Erin Little, Nicole Ramirez, Mary Reynics, Norman Watkins, Andrea Lau y muchos más... por todo lo que habéis hecho para que este libro resplandezca. Un agradecimiento especial para Rick Horgan, que me presentó a la familia Crown y me ayudó a dar forma a la visión de este libro desde el principio. Estoy muy agradecido a Adam Penenberg por sus meticulosas correcciones, que han dejado el manuscrito limpio y compacto. Y quiero dar las gracias a Kevin McDonnell por la revisión de los datos y a Ben Hannani por cribar las primeras transcripciones de las entrevistas.

Cuando me estaba acercando al proceso de escritura, algunos de mis mejores amigos me hicieron comentarios y sugerencias notables: Breegan Harper, Casey Rotter, Chaplain Kevin, Claire Schmidt, Dani Van De Sande, Julie Pilat, Michelle Zauzig y Sam Hannani. No solo me ayudasteis a mejorar el libro, sino que también me recordasteis cuál era la razón para escribirlo.

Quiero dar —no, quiero gritar— unas gracias a nivel aleluya a David Creech por poner su magia en la portada del libro. Y también quiero dar unas gracias enormes a mi hermano, Arturo Nuñez, por hacerla realidad.

Gracias a los siguientes autores, algunos de los cuales conozco bien, y a otros con los que solo he intercambiado correos, por haberme guiado tan generosamente en el proceso de publicación. Sois la prueba de que verdaderamente hay gente buena en el mundo: Adam Braun, Adam Penenberg, Baratunde Thurston, Ben Casnocha, Ben Nemtin, Brendon Bruchard, Cal Fussman, Craig Mullaney, Dan Pink, Dave Lingwood, Dave Logan, David Eagleman, Diane Shader Smith, Emerson Spartz, Esther Perel, Gary Vaynerchuck, Gina Rudan, Guy Kawasaki, Jake Storm, James Marshall Reilly, Janet Switzer, John Ullmen, Josh Linkner, Julien Smith, Keith Ferrazzi, Kent Healy, Lewis Howes, Malcolm Gladwell, Mastin Kipp, Neil Strauss, Rich Roll, Ruma Bose, Sam Horn, Seth Godin, Simon Sinek, Stanley Tang, Tim Ferriss, Tim Sanders, Tony Hsieh, y Wes Moore.

Durante años he imaginado cómo sería escribir las siguientes palabras.

A continuación, he hecho una lista de todas las personas a las que he entrevistado para la misión, a las que he coordinado una entrevista o he intentado entrevistar. La longitud de esta lista me resulta preciosa. Es el testamento final de lo que ha costado hacer este libro.

Desde el fondo de mi corazón, os doy las gracias a cada uno de vosotros:

Adrianna Allen
Ali Dalloul
Allie Dominguez
Allison Wu
Aman Bhandari
Amelia Billinger
Amy Hogg
Andrea Lake
Arturo Nuñez
Asher Jay
Barry Johnson
Ben Maddahi
Ben Schwerin
Bettie Clay
Bill Gates
Blake Mycoskie
Bobby Campbell
Brenna Israel Mast
Bruce Rosenblum
Cal Fussman
César Bocanegra
Cesar Francia
Charles Best
Charles Chavez
Chelsea Hettrick
Cheri Tschannel
Corey McGuire
Courtney Merfeld
Dan Lack
Daphne Wayans
Darnell Strom
Dean Kamen
Debbie Bosanek

Debborah Foreman
Drew Houston
Dylan Conroy
Elise Wagner
Elizabeth Gregersen
Elliott Bisnow
Franck Nouyrigat
Fred Mossler
Gerry Erasme
Gilman Louie
Hannah Richert
Howard Buffett
Jacob Petersen
James Andrews
James Ellis
Jane Goodall
Jason Von Sick
Jason Zone Fisher
Jennifer Rosenberg
Jesse Berger
Jesse Stollak
Jessi Hempel
Jessica Alba
Joe Huff
Joey Levine
Johnny Steindorff
Jon Rosenblum
Jonathan Hawley
Jordan Brown
Juan Espinoza
Julia Lam
Julie Hovsepian
Justin Falvey

Karla Ballard
Katie Curtis
Keith Ferrazzi
Kelly Fogel
Kevin Watson
Kristin Borella
Lady Gaga
Larry Cohen
Larry King
Lee Fisher
Lisa Hurt-Clark
Marie Dolittle
Mastin Kipp
Matt Michelsen
Max Stossel
Maya Angelou
Maya Watson
Michael Kives
Michelle Rhee
Miki Agrawal
Penni Thow
Peter Guber
Phillip Leeds
Pippa Biddle
Pitbull
QD3
Qi Lu
Quddus Philippe
Quincy Jones
Radha Ramachandran
Rebecca Kantar
Rick Armbrust

Robert Farfan	Soledad O'Brien	Tony Hsieh
Romi Kadri	Sonja Durham	Tracy Britt
Ruma Bose	Stefan Weitz	Tracy Hall
Ryan Bethea	Steve Case	Van Scott
Ryan Junee	Steve Wozniak	Vivian Graubard
Samantha Couch	Stewart Alsop	Warren Bennis
Scott Cendrowski	Sugar Ray Leonard	Wendy Woska
Scott McGuire	Suzi LeVine	Will McDonough
Seth London	Tim Ferriss	Zak Miller
Shira Lazar	Tom Muzquiz	
Simmi Singh	Tony DeNiro	

Tal vez la última pregunta que queda por contestar es: «A partir de aquí, ¿a dónde vamos?».

Después de la muerte de mi padre, seguí el consejo de Quincy Jones de viajar a los lugares más recónditos del planeta para absorber la sabiduría y la belleza de las diferentes culturas. Durante el último año, mis mejores amigos y yo hemos viajado a Argentina, Brasil, Kenia, India, Japón, Sudáfrica y ahora escribo estas líneas desde Australia, donde Kevin y yo estamos haciendo submarinismo en la Gran Barrera de Coral. La entrevista con Quincy Jones me cambió la vida porque cambió lo que quiero de la vida. Y no podría estar más agradecido.

Viajar me ha dado la oportunidad de considerar estos últimos años con una mirada fresca. Cuanto más reflexiono en mi periplo, más puedo comprender en qué consiste el alma de la misión.

Cuando empecé, me centré en recabar la sabiduría de los más grandes para que, en retrospectiva, fuera la perspectiva de mi generación. Y, aunque este aspecto sigue siendo importante, me he dado cuenta de que la misión va mucho más allá. Este libro, y la mentalidad de la Tercera Puerta, trata sobre la posibilidad.

He aprendido que, a pesar de que a alguien se le puede dar el mejor conocimiento y las mejores herramientas del mundo, a veces tal vez sienta que su vida sigue estancada. Pero si puedes cambiar lo que alguien cree que es posible, su vida nunca volverá a ser la misma.

Sueño con un futuro en el que cada vez más personas tengan este don de la posibilidad, sin importar quiénes sean ni dónde hayan nacido. Me he propuesto hacer todo lo que esté en mi mano y desempeñar el papel que sea necesario para que este sueño se convierta en realidad. Si esta idea te apasiona tanto como a mí, si quieres ayudar a implantar la mentalidad de la Tercera Puerta en el mundo, quiero tener noticias tuyas. Llámame, escríbeme. Juntos, podemos cambiar el mundo.

Así que esto es lo que veo en el futuro.

Aunque mis días de buscar entrevistas quizá se hayan terminado, siento que una misión mucho más importante acaba de empezar.

Sobre el autor

El día antes de los exámenes finales de su primer año universitario, Alex Banayan ganó *El precio justo*, se llevó un velero, lo vendió y utilizó el dinero para financiar un viaje para aprender de las personas con más éxito del mundo. Desde entonces, ha sido incluido en la lista *Forbes'* 30 y en la lista de Personas más Poderosas Menores de 30 de *Business Insider*. Ha colaborado con *Fast Company*, el *Washington Post*, *Entrepreneur* y TechCrunch, y ha aparecido en medios importantes como *Fortune*, *Forbes*, *Businessweek*, Bloomberg TV, FoxNews y CBS News. Aclamado conferenciante, Banayan ha presentado las ideas de la Tercera Puerta en congresos empresariales y ha asesorado a equipos directivos de empresas de todo el mundo, entre ellas, Apple, Nike, IBM, Dell, MTV, Harvard, y un sinnúmero de empresas más.

Descubre tu próxima lectura

Si quieres formar parte de nuestra comunidad,
regístrate en **www.megustaleer.club**
y recibirás recomendaciones personalizadas

Penguin
Random House
Grupo Editorial

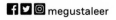 megustaleer